NINA MASSEK

Eine Mama am Rande
des Nervenzusammenbruchs

W0108764

GOLDMANN
Lesen erleben

Das Buch

Was tun, wenn Sie ungestört Ihrer Zuckersucht frönen wollen oder das Kind Sie letzte Nacht beim Sex erwischt hat? Greifen Sie dann auch manchmal zu einer kleinen Notlüge? Das ist gar nicht schlimm. Denn seien wir doch mal ehrlich, liebe Mamis und Papis. Lügen im Familienalltag sind das Fundament jeder erfolgreichen Erziehung! Diskussionen mit einer Dreijährigen, die Sandalen im Winter anziehen will? Verhandlungen mit einem Achtjährigen, der sich jeden Tag ein neues Haustier wünscht? Das kostet viel zu viel an Nerven, Kraft und Zeit.

Nina Massek hat es aufgegeben, ein perfektes Vorbild für ihre Kinder sein zu wollen. Ihre Autorität gibt sie gerne an den Weihnachtsmann oder die Schnullerfee ab – denn unperfekt lebt es sich einfach herrlich entspannt!

Die Autorin

Nina Massek, geb. 1974, studierte Neuere Deutsche Literatur und Medien sowie Amerikanistik in Marburg. Danach war sie zehn Jahre lang im Bereich PR und Kommunikation tätig. Seit vier Jahren betreibt sie den erfolgreichen Blog »Frau Mutter. Eine Mama am Rande des Nervenzusammenbruchs«. Zusammen mit ihrer Familie lebt sie in Berlin.

Nina Massek

Eine Mama am Rande des Nervenzusammen- bruchs

20 wunderbare Flunkereien,
die Eltern das Leben
erleichtern

GOLDMANN

Originalausgabe

Dieses Buch ist auch als E-Book erhältlich

Verlagsgruppe Random House FSC® N001967
Das FSC®-zertifizierte Papier *Holmen Book Cream* für dieses Buch
liefert Holmen Paper, Hallstavik, Schweden.

2. Auflage
Originalausgabe Dezember 2015
Copyright © 2015 by Wilhelm Goldmann Verlag, München,
in der Verlagsgruppe Random House GmbH
Umschlaggestaltung: UNO Werbeagentur, München,
unter Verwendung von Motiven von FinePic®, München
Lektorat: Doreen Fröhlich
DF · Herstellung: Str.
Satz: Uhl + Massopust, Aalen
Druck und Einband: GGP Media GmbH, Pößneck
Printed in Germany
ISBN: 978-3-442-15864-5
www.goldmann-verlag.de

Besuchen Sie den Goldmann Verlag im Netz:

Für Clemens und Sophia

Inhalt

Vorwort

Darf man seine Kinder anlügen? Eher nicht, oder? Wir wollen schließlich auch nicht angeflunkert werden. »Lüge«, das ist ein ganz schlimmes »Bäh-Wort«. Sollten wir, statt unsere Kinder anzuflunkern, ihnen nicht Werte wie Aufrichtigkeit und Wahrheit vermitteln?

Nun ja... eigentlich schon. Nur: Manchmal geht es nicht anders. Das Kind erwischt uns beim Sex, wir wollen einfach kein Haustier, nein, auch nicht den süßen Goldfisch. Und von Mia, der angriffslustigen Freundin des Sohnes, möchten wir uns heute ausnahmsweise mal nicht die Wohnung zerlegen lassen.

Aber seien wir doch mal ehrlich. Lügen im Familienalltag sind das Fundament der erfolgreichen Erziehung! Denn die Wahrheit kann manchmal eine zu schwere Last für schmale Kinderschultern sein. Nach acht Jahren Mutterschaft habe ich kein schlechtes Gewissen mehr, wenn ich meine Kinder gelegentlich anschwindele. Und genau genommen habe ich auch nicht mehr die Kraft für eine »Erziehung auf Augenhöhe«, oder wie Experten das nennen würden. Diskussionen mit einer Dreijährigen, die Sandalen im Winter anziehen will? Verhandlungen mit einem Achtjährigen, der sich jeden Tag ein neues Haustier wünscht? Das kostet viel zu viel an Nerven, Kraft und Zeit. Ich habe es aufgegeben, ein perfektes Vorbild sein zu wollen. Autorität habe ich auch keine mehr, weil ich diese gerne an den Weihnachtsmann oder die Schnullerfee abgebe. Egal. Dafür lebt es sich so herrlich entspannt!

Dieses Buch ist KEIN Erziehungsratgeber und auch nicht politisch korrekt. Sie werden kein vorbildhaftes Verhalten von Eltern darin finden, stattdessen Satire, Ironie, Übertreibung. Und massenweise Zucker. Die meisten Geschichten in diesem Buch sind wahr, einige erfunden. Bei einem Buch über das Lügen darf man auch nichts anderes erwarten. Alle handelnden Personen mit Ausnahme meiner Familie sind fiktiv. Ähnlichkeiten mit realen Personen sind unbeabsichtigt und rein zufällig.

1

»Meine Mama lügt nie, das weiß ich!«

Die Autorin besucht den Religionsunterricht ihres
Sohnes und befragt die Schüler nach ihren Ansichten
zu Wahrheit und Lüge: Darf man lügen, um jemanden
nicht zu verletzen? Ist es verboten, die Eltern anzu-
schwindeln? Lügen Erwachsene manchmal auch?
Eine Umfrage mit überraschenden Ergebnissen...

»Ich bin mir nicht sicher mit dem Weihnachtsmann, das ist
bestimmt eine Lüge. Das mit den Rentieren und dem Schlitten, und dann kommen die alle durch den Kamin gesaust...
Nee, irgendwie stimmt das nicht. Aber mein kleiner Bruder
glaubt ja noch daran, und dann sage ich natürlich nichts.
Aber den Nikolaus, den gibt es! Weißt du, warum ich das
weiß?«

»Nee, sach ma!«

»Also, wir legen dem immer einen Apfel vor die Tür, und
wenn der dann da war und die Geschenke gebracht hat, ist
IMMER ein Zahnabdruck im Apfel. Also dann muss er ja
da gewesen sein, oder?«

Ich muss mir das Lachen verkneifen und nicke stattdessen. Ich sitze im Klassenraum meines Sohnes und führe mit
ihm und seinen Schulkameraden Interviews zum Thema
Lüge. Die Eltern meiner kleinen blonden Gesprächspartnerin haben wohl alles richtig gemacht mit der klassischsten
aller Eltern-Lügen. Das »Weihnachtsmann-Nikolaus-Oster-
hase-Märchen« funktioniert hier zumindest noch teilweise,

und ich werde den Teufel tun und die Kleine ihrer schönen Illusion berauben.

Am nächsten Tag darf ich die ganze Klasse befragen.

»Die Frau hier schreibt ein Buch, das davon handelt, wie Erwachsene Kinder anlügen.« Bei diesen Worten schaut mich die Religionslehrerin leicht skeptisch an, es scheint, als sei ich ihr nicht so ganz geheuer. Offenbar habe ich ihr mein Buchprojekt vor meinem Auftritt nicht richtig erklärt. Außerdem bin ich ein wenig aufgeregt. An den Wänden Bilder mit Bibelszenen, von den Kindern gemalt. Maria, Josef und das Jesuskind, viele Engel sind zu sehen, und ich erkenne auch Moses im Weidenkorb. Ein Kind hat ein Plakat gemalt, auf dem ich lese: »Die tsehn Gebohte«. Auweia, die Kleinen sind also schon ethisch-moralisch aufgeklärt. Wie soll ich mich ihnen erklären? Und wie denken Kinder überhaupt über das Thema Wahrheit und Lüge? Sind sie noch vollkommen »unschuldig«, oder gibt es eventuell schon »Mini-Machiavellis« unter ihnen? Lügen Kinder also schon ziel- oder machtbewusst? Ist Lügen bei ihnen zweckgebunden? Die Kids schauen mich mit einer Mischung aus Interesse und Vorsicht an.

Ich lächele, stelle mich mit fester Stimme vor und bleibe erst mal bei der Wahrheit: »Hallo, ja genau, ich schreibe ein Buch. Und dafür würde ich gern von euch wissen, ob eure Eltern euch ab und zu anlügen und wie ihr das so findet. Also bei mir ist das so: Ich sage meinen Kindern manchmal nicht die Wahrheit.«

Nun sind alle still, die Neugierde ist geweckt. Eine Erwachsene, die offen zugibt, dass sie lügt? Wo gibt's denn so was? Ein Mädchen mit langen braunen Locken namens

Victoria schaut sehr kritisch drein und meldet sich zu Wort. »Das ist dann aber voll gemein. Meine Mama lügt nie, das weiß ich!«

Tja, was mache ich nun? Ich will ihr diesen Zahn jetzt nicht ziehen und sie daran erinnern, dass auch ihre Mutter sie vielleicht früher beim Trödeln mit den Worten »Dann gehe ich halt allein« mit einer Lüge zur Eile angetrieben hat. Als ob irgendeine Mama ein Kleinkind unbeaufsichtigt zu Hause lassen würde. Man stelle sich das mal vor. Was würde die oder der Kleine denn dann tun? Sicher, schon mal die Wäsche zusammenlegen und die Steuererklärung machen, das wäre praktisch.

Eltern sind teilweise sehr unkreativ, wenn es darum geht, ihre Kinder anzulügen. Und die »Dann-gehe-ich-halt-alleine-Lüge« geht leider auf lange Sicht nicht gut. Spätestens wenn der Nachwuchs älter wird, ist dieses Verfahren nämlich eher kontraproduktiv. »Komm, Schatz, wir müssen jetzt Leergut wegbringen. Wenn du nicht kommst, gehe ich eben allein.«

»Au ja, dann spiele ich ein bisschen mit den Küchenmessern und zünde alle Kerzen an.«

Man muss schon genau aufpassen, was man so sagt als Mama. Und ich muss mir nun auch genau überlegen, wie ich mit der Klasse über mich spreche. Es ist sehr unwahrscheinlich, dass die Mutter des braun gelockten Mädchens noch nie eine Lüge angewandt hat, aber das muss Victoria ja nicht von mir erfahren.

»Das ist ja toll, dass deine Mama so ehrlich ist«, sage ich also zunächst einmal, um Zeit zu schinden.

Doch das Mädchen holt ohne mit der Wimper zu zucken

zum nächsten Schlag aus. »Weiß Sebastian, dass du ihn anlügst?« Sie schaut erst meinen Sohn prüfend an, um dann mich sehr streng zu fixieren.

Okay, das war irgendwie anders geplant. Jetzt werde also ich gegrillt. »Nein, man lügt ja auch oft, weil man jemanden nicht enttäuschen will… Also das ist dann eine ›gute Lüge‹, eine Notlüge. Weißt du schon, was das ist?« Hoffentlich funktioniert die Ablenkung.

Aber das »Verhör« ist noch nicht beendet. Nun befragt Victoria ihren Kronzeugen: »Sebastian, was sagst du denn dazu?«

»Meine Mama lügt immer bei Süßigkeiten«, legt er auch gleich wie aus der Pistole geschossen los. »Sie sagt zum Beispiel: ›An diesem Nachmittag haben alle Zuckerverbot‹, und dann isst sie doch was.« Die Zuhörer prusten los vor Lachen.

Hallooo, ich bin auch noch da? Die sorgfältig geplante Umfrage mit den Kindern geht gerade gründlich schief. Die Autorität ist futsch, also bleibt mir nur noch, meinen Sohn zu fragen: »Und wie hast du herausgefunden, dass ich lüge?«

»Ich weiß es einfach.«

Ich bin also überführt. Von meinem eigenen Sohn. Wie genau er das getan hat, wird später noch Thema sein. Mir ist das alles hochnotpeinlich, und ich bereue mein Fehlverhalten zutiefst. Nun hat er die Mama mit ihren Schwächen durchschaut und vor allem: ihre fehlende Souveränität erkannt. Mein Image ist angekratzt. Und was das Schlimmste ist: Meine Deckung ist vor versammelter Mannschaft aufgeflogen.

Natürlich ist die Miniaturausgabe einer angehenden

Staatsanwältin/Kriminalkommissarin mit dieser Entwicklung der Dinge mehr als zufrieden. »Dann weißt du ja jetzt, dass Lügen schlecht ist«, informiert sie mich selbstzufrieden.

Ob Victoria mich nun über meine Rechte aufklärt und in Handschellen legt? Hoffentlich scheitert mein Unterrichtsprojekt nicht schon zu Beginn. Das Mädchen ist aber noch lange nicht fertig, mir ihre perfekten Eltern unter die Nase zu reiben.

»Mein Papa sagt, wer immer schön den Müll rausbringt, bekommt auch ein neues Fahrrad. Das ist die Regel.«

Ich bringe auch immer schön den Müll raus, fällt mir da ein. Kann mal jemand Angela Merkel sagen, dass ich deswegen ein neues Auto bekomme, wenn es doch die »Regel« ist? Aber ich verstehe ja Victorias Papa. Ich mache es genauso mit meinen Kindern. Ich stelle allgemeingültige Maximen auf wie »Gummibärchen dürfen nicht vor 14 Uhr nachmittags gegessen werden«, und das ist dann die »Regel«. Für die Kinder jedenfalls.

»Dein Papa hat ja sooo recht, genauso ist es!«

Victoria nickt zufrieden, gleichzeitig beäugt sie mich weiterhin kritisch. Wahrscheinlich überlegt sie sich gerade, wie froh sie ist, so ehrliche und nette Eltern und nicht etwa mich als Mutter zu haben. Für den Moment hat sie mich glücklicherweise genug in die Zange genommen und sieht von weiteren Vernehmungen ab.

Ein Junge mit *Superman*-T-Shirt meldet sich. »Sagst du das dann alles meiner Mama, was wir dir erzählen?«, will er wissen.

»Ähm, also… nein… ja… NEIN! Ich würde das so schreiben, dass keiner herausfindet, wer du bist. Auch nicht deine Mama.«

»Versprochen?«

»Versprochen.«

»Aber wie schreibst du das dann?«

»Man könnte zum Beispiel sagen: ›Einige aus der 3b lügen manchmal‹ oder ›Im Dunstkreis der 3b wird nicht immer die Wahrheit gesagt‹ oder ›Sichere Quellen gehen davon aus, dass es Personen im Umfeld der 3b gibt, die manchmal flunkern‹. Du kannst mir also alles erzählen!«

»Oder du könntest mich auch anders nennen, so wie die Agenten das machen?«

Ich einige mich mit meinem neuen »Informanten« auf einen Decknamen. Nach langem Abwägen zwischen »Superman« (seine Mutter wüsste sofort Bescheid) und »Bastian Schweinsteiger« (den gibt es ja schon »in echt«) einigen wir uns auf »Greg« (wie der witzige Junge aus *Gregs Tagebuch*).

Mein Blick fällt auf das Bild an der Wand mit Moses im Weidenkorb. Vielleicht geht es zur Abwechslung ja jetzt mal pädagogisch wertvoll.

»Kinder, kennt ihr die Geschichte von Moses? Wie er die Israeliten aus Ägypten herausgeführt hat und ihnen die Zehn Gebote von Gott überbrachte?«

Eifriges Nicken, teilweise wird gegähnt. Agentennamen aussuchen war wohl spannender.

»Wer von euch kennt denn das achte Gebot?«

»Dass man den Ochsen vom Nachbarn nicht stehlen soll?«, vermutet ein blonder Junge.

»Nicht ganz«, sage ich.

»Dass man nicht die Frau vom Nachbarn heiraten soll?«

»Schon sehr nahe dran, aber leider nein.«

Ich lese den Kindern das achte Gebot aus der Bibel vor,

denn spontan kriege ich den Wortlaut auch nicht mehr so gut zusammen: »Du sollst nicht falsch Zeugnis reden wider deinen Nächsten.«

Mein Informant »Greg« meldet sich: »Aber wir haben noch gar keine Zeugnisse, nur so halb ausgemalte Kreise mit Einschätzungen.«

Auch wieder wahr.

Nun kommen die Kinder ins Erzählen und berichten mir von ihren Ausflügen ins Land der Lügen. Greg ist redselig: »Also wenn man sagt, der Kuchen schmeckt mir, und er schmeckt gar nicht, ist das freundlich. Das Problem ist aber, wenn man den ekligen Kuchen schon im Mund hat. Muss man den dann runterschlucken? Dann muss man ja würgen und so.« Das stimmt, an einer (Not-)Lüge kann man sich verschlucken.

Es gibt auch einige »Robin-Hood-Lügner« unter den Kindern in Sebastians Klasse. Ein Junge namens »Shaun das Schaf« zum Beispiel erinnert sich, dass er im Kindergarten den kleineren Kindern immer erzählte, im Baumhaus würden gruselige Monster wohnen, um sie von waghalsigen Kletteraktionen abzuhalten. Er will sogar, wenn er später Arzt ist, immer seine Patienten anlügen. »Damit die nicht merken, dass sie krank sind und nicht traurig werden.«

Alle Jungs haben, laut meiner Umfrage, in letzter Zeit »überhaupt nicht« gelogen oder wenn, dann nur zwei bis drei Mal. Aha. Greg ist so ehrlich, mir zu sagen, dass es wohl Glück war, dass er bisher nicht häufiger erwischt wurde.

Mein Informant »Spiderman« hingegen beteuert, noch

nie geschwindelt zu haben und erst recht nicht in der Schule, man könne ja schließlich nicht seine eigene Lehrerin anlügen. Meinen Lügendetektor habe ich gerade nicht dabei, und das ist vielleicht auch gut so.

Mein eigener Sohn, der sich unbedingt den Decknamen »Dr. Furz« zulegen will, gesteht mir im Beisein seiner Klassenkameraden die infame Lüge, einmal behauptet zu haben, in den Rasensprenger gefallen zu sein. Obwohl er »für extra« durch ihn durchgesprungen ist.

Bei allen Kindern kann ich einen freundlichen, milden Pragmatismus feststellen. Wenn sie beim Lügen erwischt werden oder einen Freund dabei ertappen, wird entweder darüber geredet und befunden, es nicht mehr zu tun (Mädchen) oder einfach zur Tagesordnung übergegangen (Jungs).

Ein Mädchen namens »lila Filly-Pferd« erzählt mir: »Ich wollte mich zuerst rächen, als meine Freundin mich angelogen hat. Aber dann dachte ich, das ist vielleicht doch nicht so gut, und dann habe ich es gelassen.«

Auch spannend ist, wie die Ehrlichkeit der Erwachsenen eingeschätzt wird. Während der Großteil der Kinder davon ausgeht, dass Erwachsene fast nie lügen und die Eltern schon mal gar nicht, hat »Dr. Furz« eine andere Meinung dazu – wie zu erwarten war.

»Erwachsene haben mehr Erfahrung mit Geschichten erzählen und lügen nur, wenn es ganz sicher ist, dass sie nicht erwischt werden. Obwohl du es ja meistens nicht so schlau machst.«

Soso. Kinder halten uns einen Spiegel vor, insbesondere mein Sohn. Er grinst wieder wie ein Honigkuchenpferd, er wirkt fast stolz. Er lernt in meinem »Unterrichtsprojekt«

gerade etwas Wichtiges: Seine Mutter ist fehlbar. Sie hat Mängel, die sie zu vertuschen sucht. Wenn ich bis dato auf einem Sockel stand, spätestens jetzt ist er umgeworfen worden. Sebastians Abnabelungsprozess beginnt an diesem Tag, ich kann es in seinen Augen sehen. Und das alles nur wegen meiner Schwäche für Süßigkeiten!

Beim Thema »Wahrheit und Lüge« befinden wir Eltern uns offenbar in einem großen Erziehungsdilemma. Moral und Religion geben uns vor, man müsse immer bei der Wahrheit bleiben. Und auch wir selbst verlangen von unseren Kindern Wahrhaftigkeit und werden äußerst ungern angeschwindelt. Offensichtliche Lügen müssen zugegeben werden. Eine Erzieherin aus dem Kindergarten meiner Tochter Constanze berichtete mir, dass sie ein Kind, das sich ehrlich zu seinem Fehlverhalten bekennt, immer besonders lobt. Aber wie sieht es eigentlich in der Welt der Erwachsenen aus? Reden wir uns nicht auch ganz gerne mal raus?

»Ich habe Frau Schmidt heute schon zehnmal angerufen, aber leider nicht erreicht.«
   (Ich habe einfach keinen BOCK, Frau Schmidt anzurufen. Frau Schmidt will auch keine unserer dusseligen Versicherungen kaufen. RAFF es endlich, Chef!)

»Natürlich ist der Kuchen selbst gebacken!«
   (Die Backmischungen sind heutzutage hervorragend und praktisch täuschend echt, liebe Schwiegermama.)

»Ich war ja eine ganz tolle Schülerin früher.«
(Note to Self: Zeugnisse vor Kindern verstecken.)

Auch Erwachsene wollen grundsätzlich gerne ehrlich sein, nur kommt uns das echte, reale Leben leider immer wieder dazwischen. Wir werden selten von unseren »Erziehern«, also vom Chef, gelobt, wenn wir einen Fehler zugeben. Sondern sind dann eher der Depp, der auf der Liste der Gehaltserhöhungen nach unten rückt. Ehrliches Verhalten wird nicht belohnt. Und oft ist es doch auch einfach schneller und vor allem unkomplizierter, die Wahrheit etwas zu dehnen. Man will ja seine Mitmenschen auch nicht unnötig vor den Kopf stoßen (»Ach, du hast angerufen? Das muss ich wohl überhört haben«). Sollte man seine Kinder nicht auf die Anforderungen des realen Lebens vorbereiten? Moral und Ethik sind toll, in der Theorie. Gehört geschicktes Not-Lügen aber nicht auch zur allgemeinen Alltagskompetenz? Denn Lügen ist keine angeborene Fähigkeit, sondern erlerntes Verhalten. Experten gehen davon aus, dass man in einer zehnminütigen Konversation circa zwei- bis dreimal angelogen wird. Das ist recht viel und beinhaltet ohne jeden Zweifel höfliche Lügen und auch die zahlreichen Flunkereien, die wir uns im Laufe eines Tages selbst erzählen (»Diese wunderschönen und total unbequemen Schuhe waren ein Schnäppchen!«).

Dass wir täglich so oft einen kleinen oder großen Bogen um die Wahrheit machen, zeigt deutlich, dass Lügen zu unserem Kommunikationsmodus gehört. Die Welt will belogen werden, und das schließt uns selbst mit ein. Wie oft haben wir schon zu jemandem gesagt: »Mich würde jetzt mal ehrlich deine Meinung interessieren.« Und wenn sie dann kommt, die ehrliche Meinung? Wollen wir sie wirklich hören?

Die Kids hingegen gehen ganz unverkrampft ans Thema Lügen heran. Unterm Strich kommt bei meinen Gesprächen in der 3b heraus, dass die Kinder bereits wunderbar zwischen einer guten und einer schlechten Lüge unterscheiden können. Um einen Freund nicht zu verletzen, sind alle bereit, zur Notlüge zu greifen. Das neue Kleid der Freundin? Das Superhelden-T-Shirt des Kumpels? Alles wird um der Höflichkeit willen für gut befunden. Achtjährige Kinder sind offenbar schon kleine Diplomaten, so viel Empathie bringen sie für ihr Gegenüber auf. Sogar in Religion wird ihnen beigebracht, dass Notlügen hilfreich sein können. Da kommt der gute alte Moses zwar mit seinem recht eng gefassten achten Gebot auch nicht weiter, aber warum soll man nicht auch pragmatisch an die Sache gehen?

Ich wusste es zwar schon, aber man kann von Kindern offenbar viel lernen. Selbstgerechtigkeit? Nachtragend sein? Andere belehren wollen? Höre ich während meines Besuches in der Schule alles nicht. Eigenes und fremdes Verfehlen wird verziehen. Danach wird einfach weitergespielt.

Die Schulfreunde meines Sohnes versichern mir, dass, wenn sie ihre Eltern bei einer Lüge erwischen, sie einfach »nett und ruhig mit ihnen sprechen und ihnen sagen würden, dass sie es nicht wieder tun sollen«.

Wichtige Ausnahmen gibt es allerdings auch. Wenn es ums Essen geht, verstehen einige Kinder gar keinen Spaß. Das lila Filly-Pferd bemerkt beispielsweise sehr richtig:

»Wenn meine Eltern sagen würden, dass es morgen Nudeln gibt, und dann gibt es doch Pizza, und übermorgen soll es Lasagne geben, und dann gibt es doch Nudeln… Das würde ich wirklich nicht mögen.«

Nach den Gesprächen wird mir klar, dass die Eltern der anderen Kinder ja sehr aufrichtige Menschen zu sein scheinen. Nie lügen sie ihre Kinder an, höchstens schwindeln sie mal, wenn es um italienische Hauptspeisen geht. Oder um Schokolade.

Das Ergebnis meiner Interviews lässt sich ganz einfach mit der Herbert-Grönemeyer-Formel »Kinder an die Macht« zusammenfassen: »Gebt den Kindern das Kommando!« Kinder lügen (fast) nie, sie setzen Lügen aus Empathie ein und verzeihen Unehrlichkeit von anderen äußerst schnell. Einfach mal locker machen!

Meine dreijährige Tochter Constanze ist beim Lügen noch gänzlich unverkrampft. Kürzlich war der gleichaltrige Nachbarsjunge Theo bei uns zu Besuch. Beide Kinder spielen oben im Kinderzimmer. Manchmal höre ich ihre Stimmen und ihr Lachen. Kaum Streit, bei dem ich eingreifen muss, es ist genau genommen verdächtig ruhig. Endlich mal eine gelungene Verabredung unter Kleinkindern, denke ich. Mein Fehler ist, dass ich leichtsinnig und fahrlässig werde.

Ein bisschen Facebook checken, noch mal bei Twitter vorbeischauen und endlich den Berg von 15 Kilo Wäsche falten und wegräumen – und es ist immer noch still im Kinderzimmer!

»Kinder, was spielt ihr denn Schönes?«

»Ninja und Bibi und Tina.«

Na, da kann doch nichts schiefgehen, oder? Am Abend, beim Zubettgehen, sehe ich das Ergebnis des nachmittäglichen Zeitvertreibs: Die Kinderzimmerwand ist vollkommen mit Bleistift bekritzelt. Hatten die Ninjas einen kreativen Schub bekommen, oder sind Bibi und Tina im tiefsten Inneren Graffitikünstlerinnen? Jedenfalls bin ich recht wütend und stelle Constanze zur Rede: »Du darfst nicht die Wand anmalen. Warum machst du das überhaupt? Wir malen auf Papier!«

»Ich habe GAR nicht die Wand angemalt«, nuschelt sie leicht verlegen.

»Doch, HAST du.«

»Nein.«

»Doch.«

Neindochneindochneindoch.

Nach dem letzten beherzten »Nein« frage ich sie noch mal: »Hast du die Wand angemalt?«

Sie antwortet genervt: »Jaha.« (Raff es doch mal endlich, Mama!)

»Also, das darfst du nicht.«

»Aber es ist doch nur die Wand.« (Mama, echt jetzt, warum regst du dich eigentlich so auf?)

Ich kann mir von meiner dreijährigen Tochter noch eine Scheibe abschneiden. Wenn nichts mehr abzustreiten ist, einfach das Vergehen obercool zugeben und es kleinreden. So what, habe ich eben die Wand angemalt! Wo ist das Problem?

Die folgenden Kapitel geben einen kleinen Überblick über meine Lügen und Schummeleien, die ich anwende, um mich aus meinen Erziehungsdilemmas zu befreien. Sie sind oftmals nicht so altruistisch und harmlos wie bei dem »lila Filly-Pferd«, bei »Spiderman« oder »Greg«.

Viele meiner Lügen, die zweifellos uns allen den Familienalltag erleichtern, entstammen den Kategorien »Ich will jetzt gerade nicht diskutieren, aber wir müssen los« oder »Meine Schwächen wirst du noch früh genug erkennen, aber bis zur Pubertät haben wir noch viel Zeit«. Vielleicht können wir uns darauf einigen, dass trotzdem alle davon »gut« sind, denn sie sind wirkliche Not-Lügen. In der Tat habe ich Not, immer die perfekte Mama zu sein. Es ist einfach so viel einfacher mit einer klitzekleinen Flunkerei hier und da.

Übrigens stelle ich mir natürlich die Frage, ob es richtig ist, im Familienalltag zu lügen. Das achte Gebot, die Moral. Welches Vorbild gebe ich meinen Kindern, denn sie lernen ja von mir? Wenn ein durchschnittlicher Mensch so oft am Tag lügt, ist klar, dass eine Mutter dies auch tut, denn wir sind ja auch nur Menschen. Je mehr Zeit sie zu Hause mit den Kindern verbringt, desto mehr Gelegenheit hat sie, die Kleinen anzuflunkern. Wenn man das nicht möchte, kann man sein Lügen vielleicht auf die Zeiten im Büro verlegen. Als Teilzeitkraft muss man dann recht viel Schummeleien in der Arbeitszeit ableisten und lügt dafür vielleicht weniger zu Hause.

Ich finde ja, man sollte Lügen mal durch eine ganz andere Brille betrachten und es als eine natürliche Form der Kommunikation akzeptieren. Das gemeinsame Leben ist einfacher und läuft reibungsloser ab, wenn ich flunkere. Man stelle sich einmal vor, eine Familie, die an Weihnachten mit Oma, Opa, Tanten und Onkels zusammenkommt, würde einander schonungslos die Wahrheit an den Kopf knallen.

Die Fetzen würden fliegen. Da könnte noch nicht einmal der Weihnachtsmann helfen. Ganz ehrlich, ohne Lügen im Familienalltag geht es einfach nicht.

2

»Das ist keine Praline, sondern eine Kopfschmerztablette!«

Wie Mama weiterhin Süßigkeiten isst, die Kinder aber vorbildlich und möglichst zuckerfrei ernährt.

»Mama, was machst du da?«

»Nomnomnom… wieso? Nix mache ich.«

Mein Sohn steht vom Esstisch auf, an dem er gerade seine Hausaufgaben macht, und kommt skeptischen Blickes zu mir in die Küche. In einer vermeintlich unbeobachteten Minute habe ich den Schrank aufgemacht, mir das vorletzte Raffaello geschnappt und mich damit hinter Cornflakes und Müslipackungen verbarrikadiert. Beschämt wische ich mir nun die verbleibenden Spuren der verräterischen Kokosraspeln aus dem Mundwinkel. Es ist 15 Uhr nachmittags, und mein Blutzuckerspiegel braucht dringend einen Schub.

Erschwerend kommt hinzu, dass Sebastian und ich gerade Mathe üben und ich bedauerlicherweise feststellen muss, dass mich Textaufgaben aus der dritten Klasse total schläfrig machen: »Paul kauft 100 g Käse. Der Käse kostet 3 Euro. Wie viel kosten dann 250 g? Wenn Paul nun seinen drei Freunden zu gleichen Teilen von dem Käse abgeben will, wie viel bekommt dann jeder?«

Schnaaaaarch. Ich habe Textaufgaben schon immer gehasst. Warum kann der Autor des Mathebuchs nicht einfach kreativer sein? Warum kaufen immer alle nur Käse, Äpfel oder Birnen? Und was passiert eigentlich, nachdem

Paul den Käse verteilt hat? Hat er geschmeckt? War er aus Rohmilch? Und wie heißen Pauls Freunde? Puhhhh, Textaufgaben sind eine so lästige und langweilige Beschäftigung wie die Steuererklärung. Ich variiere dann gern ein wenig den Wortlaut, um es für uns alle erträglicher zu machen.

»Darth Vader hält drei Jedi-Ritter gefangen. Zwei lässt er frei. Wie viele hat er dann noch? Nach dem Mittagessen fängt er 132 weitere Jedi-Ritter. 97 können sich mit Hilfe von neuen Laserschwertern befreien. Bitte subtrahiere nach der Todesstern-Methode!«

Während mein Sohn nun wesentlich vergnügter vor sich hin knobelt, gehe ich unauffällig wieder in die Küche.

Bei unseren kreativen Matheaufgaben helfen mir meine kleinen Zwischenstationen am Küchenschrank sehr. Aber mein Sohn erwischt mich meistens, so wie auch dieses Mal: »Mama, du isst ja schon wieder was Süßes! Da, wo hast du deine Hand?«

Hinter einem Sichtschutz aus Kakaodose und Müslipackung öffne ich gerade hastig die knisternde Verpackung der köstlichen Raffaellos. Mittlerweile bin ich beim letzten angelangt. Warum machen die beim Auspacken auch solch einen Höllenlärm? Die weißen Dinger sollen doch laut Werbung total »leicht und luftig« sein.

»Das … ähm … Das ist eine Kopfschmerztablette!«

Mein Sohn verdreht die Augen. »Tabletten sind viel kleiner, das da ist viel zu groß.«

»Ich habe ganz dolles Kopfweh, also habe ich mir eine extragroße Tablette geholt.«

Um weitere Fragen zu vermeiden, stecke ich mir die Praline in den Mund und schlucke sie nach einem Bissen hastig hinunter. Ich verhalte mich genauso wie meine Tochter, wenn sie unerlaubterweise zu viele Gummibärchen in sich hineingestopft hat.

Zum Beweis für die waghalsige Behauptung, die ich eben aufgestellt habe, öffne ich meinen Mund: »Siehst du, alles weg. Mir geht's auch gleich schon wieder besser.«

Ich schiebe den Schrank schnell zu, damit mein Sohn nicht meine weiteren Süßigkeitenverstecke entdecken kann. Meine Pralinensammlung schummle ich in der Regel in den Reis oder zwischen die Nudeln, sicher ist sicher. Das tue ich übrigens aus purem Verantwortungsgefühl. Meine Kinder will ich ja gut ernähren.

Meine Sucht habe ich bisher noch nicht in den Griff gekriegt. Nichts Süßes ist vor mir sicher.

Leider bin ich auch nicht besonders anspruchsvoll. Mitnichten finden nur edle Pralinen und hochwertige Schokoladen den Weg in meinen Mund. Das ist ja das Schlimme. Weiße Mäuse, Frösche, Brausebrocken, saure Schnüre, all diese Herrlichkeiten liebe ich genauso heiß und innig wie meine Kinder. Das Packen von »Mitgebseltüten« für Kindergeburtstage ist eine echte Qual für mich, und natürlich zwacke ich heimlich auch was für mich ab. Und wie für die Kinder ist auch für mich das Highlight einer Geburtstagsparty, wenn ich abends endlich meine Tüte plündern darf. Denn ich bekomme bei den Partys, die ich für meine Kinder ausrichte, auch eine Tüte, das ist ja wohl klar.

Mein Sohn lässt nicht locker. »Tabletten schluckt man mit Wasser runter, Mama, das weißt du doch.« Er kommt immer näher. Als er direkt vor meinem Gesicht ist, gibt er mir einen Kuss. Ein Hauch von Kokos liegt in der Luft.

»Du lüüüügst, Mama! Du hast was Süßes gegessen! Ich will auch! Wo ist das, gib das sofort her!«

»Aber Schatzi, wie … warum … Woher weißt du das?«

Sebastian zeigt auf meinen Mund und geht ganz nah an mein Gesicht heran. »Ich kann es riechen!«

Ertappt! Mein Sohn hat mich überführt wie ein kleiner Profiler. Nun hat er die Mama durchschaut mit ihrer großen Schwäche und ihrer fehlenden Souveränität. Mein Image ist angekratzt, und ich bereue wie eine Verdächtige im Verhör.

»Ich hatte keine Wahl. Ich bin eine Mutter im 15-Uhr-Loch am Nachmittag. Ist das schlimm?«

Er seufzt und denkt ein wenig nach. »Ich habe dir verziehen, weil du es zugegeben hast.«

Das ist doch eine verkehrte Welt! Warum gestehe ich? Warum fungiert mein Sohn als milder Richter?

Sebastian grinst plötzlich über das ganze Gesicht. »Außerdem kaufst du ja morgen wieder Süßigkeiten. Und die teilst du dann mit uns, das musst du jetzt versprechen.«

»Ja, aber dann kommen doch Karies und Baktus, und eure Zähne gehen kaputt«, versuche ich noch zuletzt, eine klassische Eltern-Notlüge aus meinem Ärmel zu zaubern.

»Daran glauben eh nur Babys«, sagt mein Sohn verächtlich.

»Also gut, ich verspreche es. Morgen bekommt ihr eine Packung Gummibärchen.«

Mein Sohn zieht eine Augenbraue hoch und verschränkt die Arme.

»Okay, die XXL-Packung.« Auch als Mutter muss man Niederlagen einstecken können.

Wir verbringen den Rest des Nachmittags damit, noch mehr spannende Textaufgaben zu erfinden, und meine Kinder freuen sich auf den nächsten Tag, wenn ihre jeweiligen Süßigkeitenboxen von ihrer Mutter mit viel Zucker (und schlechtem Gewissen) wieder aufgefüllt sein werden.

»Wenn Mama fünf Packungen Pralinen kauft und eine davon im Schrank versteckt, wie viele Packungen bekommen dann die Kinder?« So könnte auch eine neue, kreative Textaufgabe lauten.

Das Ergebnis: alle! Denn die Kinder kennen ja jetzt meine Schatzkammer, und Mama muss sich etwas Besseres überlegen. Eventuell ist der Werkzeugkasten eine Option? Oder der Waschkeller? Nein, weiße Trüffel mit feinem Waschpulveraroma und metallischer Note im Abgang sind wahrscheinlich nicht so delikat.

Mein Sohn ist seit dem Pralinen-Tabletten-Debakel misstrauisch geworden. Sobald er aus der Schule kommt, werden neuerdings Kontrollgänge zum Küchenschrank und zu den Süßigkeitenboxen der Kinder unternommen. Er traut mir einfach nicht mehr. Wo der Rest der Kinderschokolade ist? Keine Ahnung, wirklich nicht. Die letzten drei Smarties? Hat der Papa aufgegessen ... glaube ich.

»Es ist nichts mehr da, und ich weiß auch, warum. Das kann nur Mama gewesen sein«, sagt Sebastian.

»Nein, nein, ich war's nicht.« Schnell greife ich mir einen Lappen und wische unauffällig einmal über den Küchentisch, um eventuelle Schokoladenspuren zu vertuschen. Mein Kind lächelt mitleidig. Er hat mich mittlerweile durchschaut. Ein Blick in den Mülleimer genügt, nichts ist mehr sicher! Sebastian öffnet ihn und stochert mit einem Koch-

löffel darin herum. Als er auf zwei Schokoladenverpackun-
gen stößt, schaut er mich gequält an. Seine Mama ist aber
auch wirklich nicht sehr geschickt. Und ich dachte, ich hätte
eine ausgeklügelte Technik entwickelt, die Verpackungen
durch Vermischen mit Kaffeesatz im Mülleimer zu kaschie-
ren. Auch hatte ich, bevor die Kinder nach Hause kamen,
den Müll mehrmals umgerührt, wobei ich mir schon ziemlich bescheuert vorkam.

Eines Tages fasse ich jedoch einen Entschluss. So kann es
nicht weitergehen. Ich bin immerhin ein Vorbild für meine
Kinder, Besitzerin eines weiteren Speckröllchens um meine
Taille, und all diese Zuckermengen sind auch überhaupt
nicht gesund. Die anderen schaffen es doch auch, sich und
ihre Familien gut zu ernähren. Was mir fehlt, ist ein kleines bisschen mehr Disziplin – und ein strahlendes Vorbild,
dem ich nacheifern kann. Ich denke sofort an meine super-
gesunde und schlanke Arbeitskollegin Heike. Die ernährt
sich komplett zuckerfrei und berichtet in der Kaffeeküche
unseres Büros regelmäßig von ihrer Energie und ihren besseren Marathonzeiten. Auch ihre Kinder sind weitestgehend
entzuckert und dadurch, laut Heike, deutlich weniger ver-
quengelt. Was für eine wunderbare Vorstellung!

»Wenn du einmal damit aufhörst, Nina, verlangt dein
Körper auch gar nicht mehr danach. Und wenn du etwas
Süßes willst, dann trink doch einfach mal einen grünen
Smoothie. Da kannst du alles Grüne reintun, auch Unkraut
wie Giersch oder frisches Gras. Du als Anfängerin könntest
auch ein bisschen Agavendicksaft einrühren, als Zucker-
ersatz.«

Mir wird schwindlig. Ob es wohl auch grüne Smoothies

für Anfänger auf Zuckerentzug gibt? Aus grünen sauren Zungen? Das klingt aber irgendwie nicht wirklich lecker, und so beiße ich in Gedanken in ein großes Karamellbonbon.

Leute wie Heike beneide ich ja leidenschaftlich. Ich weiß nicht, wie sie das schafft, aber sie glaubt an die Wirkung ihrer Smoothies. Dieser Glaube scheint beim Thema gesunde Ernährung ganz wichtig zu sein. Vielleicht klappt das mit der Autosuggestion ja doch bei mir?

Neulich beim Einkaufen versuchte ich dann auch, mir meine Sucht bildlich vorzustellen, um ihrer Herr zu werden. Von diesem Trick habe ich mal in einem Psychologieratgeber gelesen.

»Tachchen, Süßwarenregal«, spreche ich also meinen ewig lockenden Gegner ganz gewagt an. »Du interessiert mich heute ÜBERHAUPT nicht. Du kannst da ruhig stehen bleiben und bunt und verlockend blinken. Ich gehe jetzt gaaanz locker an dir vorbei. Ach, guck mal, hier steht ja das Trockenobst. Hallo, Backpflaumen, ihr schmeckt doch genauso gut. Und hier der tolle Salat! Tschüssi, du dummes Süßwarenregal, ich gehe jetzt den Rasen mähen und mache mir daraus einen leckeren Smoothie.«

Das Süßwarenregal lässt sich aber nicht aus der Ruhe bringen und steht weiterhin ungerührt an seinem Platz. Ironisch lächelt es mich durch Gummibärchentüten und Pralinenpackungen an. Es kann sich diese Überheblichkeit leisten, denn es weiß ja sowieso, dass ich nach dem Verzehr des Smoothies noch am selben Tag wiederkehren werde, um den Chlorophyllnachgeschmack der Salat-Gras-Mixtur mit grünen Gummifröschen zu neutralisieren. Kalter Zuckerentzug ist wirklich ganz böse und vernebelt das Denken immens.

Bevor ich noch anfange, im Supermarkt regelmäßig Gespräche mit dem Süßwarenregal zu führen, muss eine andere Strategie her, um nicht nur mich, sondern auch gleich die ganze Familie gesünder zu ernähren. Zunächst mache ich Inventur in unserem Kühlschrank. Vor mir sehe ich unser tägliches Frühstück. Heikes Albtraum! Zucker, Glukosesirup sowie Fruchtzucker in Form von Marmelade und Haselnuss-Creme. Das alles landet jeden Morgen auf dicken Scheiben knusprigen Brotes. Immerhin, irgendwo weiter hinten sichte ich eine Alibiflasche des von meiner Kollegin empfohlenen Agavendicksaftes. Ich zähle außerdem viele Fläschchen mit süßem Inhalt, der angeblich die Darmflora anregt und Völlegefühl beseitigt. Und eine Batterie an kleinen bunten Joghurttöpfchen, die laut Produktbeschreibung den Proteingehalt einer halben Kuh haben. Aus einer geöffneten Plastikpackung lacht mich ein Bär auf der ebenfalls zuckerhaltigen Kinderwurst an. Ich bin sicher, renommierte Wurstwissenschaftler haben in unabhängigen Aufschnittlabors feststellen können, dass diese Kinderwurst die Gehirnleistung um 0,3 Prozent steigern kann. Genauso funktioniert eben Werbung, und sie funktioniert leider auch bei mir und meinen Kindern.

Wenn ich mit Sohn und Tochter gemeinsam einkaufen gehe und auf dem Joghurtbecher ist eine *Star-Wars*-Figur aufgeklebt, gibt es kein Halten mehr. Der Joghurt wandert in den Einkaufswagen. Warum noch kein Lebensmittelkonzern darauf gekommen ist, extraputzige Kindermortadella in Form eines Einhorns zu erfinden, weiß ich auch nicht. Meine Tochter würde es auf jeden Fall haben wollen.

Ich nehme mir ganz fest vor, bei unserem nächsten gemeinsamen Lebensmitteleinkauf standhaft zu bleiben. Vorher gibt es einen gesunden Dinkelcracker für die Kids, und ich werfe mir noch schnell ein paar Gojibeeren und Cashewnüsse ein. Nach einer kurzen Autofahrt stehen wir nun alle drei vollwertig gestärkt vor dem Supermarkt. Ich fühle mich energetisch! Ob ich auch mal Marathonlaufen probieren soll? Wir betreten den Laden, und beim Obst und Gemüse mache ich mit meinen Kindern gleich ein wenig Sachkunde-Anschauungsunterricht. »Schau mal, Constanze, weißt du, was das hier ist?«

»Eine Bürne?«

»Gar nicht so schlecht. Das ist aber eine Avocado! Man kann übrigens auch Alligatorbirne dazu sagen. Die Schale der Avocado erinnert ein bisschen an ein Krokodil. Viele denken auch, Avocados wären Gemüse. Avocados sind aber streng genommen Beeren...«

Mit Hilfe von Smartphone und Wikipedia kann man wirklich hervorragend so tun, als sei man umfassend gebildet. Meiner Tochter wird es allerdings schnell langweilig.

»Dann kaufen wir jetzt die Agogado und gehen dann zu den Bumbibärchen, ja?«

Oh nein. Dieses Mal nicht. Ich werde standhaft bleiben. Meine Kinder und ich werden den Verlockungen des bösen Süßigkeitenregals widerstehen. Deswegen umfahre ich weiträumig das Zuckerdepot, und wir gelangen zum Trockenobst.

»Mennoo, hier will ich nichts«, nölt mein Sohn.

»Will BUMBIBÄRCHEN!«, befiehlt meine Tochter lautstark.

»Schaut doch mal, die Apfelringe hier, die schmecken toll

und sind so gesund. Heute machen wir alles mal GANZ anders und kaufen nur gesunde Sachen. Spannend, oder?«

Während ich ungeschwefelte Aprikosen und getrocknete Mangos in den Einkaufswagen packe und dabei versuche, begeistert auszusehen, entwischen Sohn und Tochter ins Feindesland.

Nach kurzer Zeit sind sie wieder bei mir, und Sebastian präsentiert mir eine Tüte mit dem Snack seiner Wahl: Apfelringe, allerdings in der süß-sauren Gummiversion.

»Das geht leider nicht, Schatz. Wir müssen besser auf unsere Ernährung achten. Jeder von euch kann sich jetzt zwei Snacks aus diesem Regal hier aussuchen.« Nach anfänglichem Zögern packen Sebastian und Constanze eine wirklich gesunde Auswahl an Nüssen und Früchten in den Wagen.

Ich bin richtig stolz auf meine Kinder – bis wir an der Kasse ankommen.

»Mama, guck mal, da gibt's *Hello-Kitty*-Brause.« Meine Tochter deutet auf eine katzenförmige rosa Plastikverpackung.

»Alta … *Star-Wars*-Kaugummi!« Mein Sohn greift begeistert nach einem Darth Vader, dessen Plastikkörper mit Hubba Bubba gefüllt ist.

Jetzt bloß nicht schwach werden! Wir waren bis auf die eine Tüte Gummi-Apfelringe alle so tapfer eben und wollen unseren gesunden Einkauf jetzt nicht durch zusätzliche Quengelware gefährden.

»Heute nicht, Kinder. Wir wollen ja jetzt gesünder leben.«

»Ach, so eine kleine Süßigkeit hat noch keinem Kind geschadet«, meldet sich die Kassiererin zu Wort. »Wenn euch die Mama das erlaubt, kriegt ihr von mir was. Wir haben gerade unsere Dino-Aktion mit passendem Sammelkartenalbum. Und da gibt es für jeden von euch einen Schoko-Dino dazu.« Die subversiven Gegenstände baumeln bereits vor den Gesichtern meiner Kinder.

»Mama, dürfen wir? Büüüüütte?«

Na toll. Wenn ich nicht die ganze Schlange hinter mir durch lautstarke Diskussionen mit meinen Kindern aufhalten will, muss ich jetzt handeln. Hart bleiben oder nachgeben. Oder gibt es vielleicht einen Mittelweg? Mir fällt zum Glück eine List ein: »Das geht leider nicht. In Schoko-Dinos ist Alkohol drin.«

Die Kassiererin schaut mich konsterniert an. Mit Widerworten hat sie wohl nicht gerechnet.

Sammelkartenalben mit gratis Süßigkeiten an hilflose Kinder verschachern und meine Gesundheitspläne durchkreuzen, so weit kommt's noch. Nicht mit mir! So haben wir nicht gewettet, Fräulein, denke ich mir insgeheim.

»Ja klar, wussten Sie denn nicht, dass heutzutage in Brause, Gummibärchen und sogar in weißen Mäusen Spuren von Alkohol enthalten sind?« Ich bin total stolz auf meine pseudoernährungswissenschaftliche Erklärung. Mit der muss die Kassiererin erst mal klarkommen.

»Das habe ich ja noch nie gehört. Na ja, ist gut, dann eben nicht. Das macht dann 16,55 Euro. Sammeln Sie Herzchen, oder haben Sie eine Payback-Karte?«

Ablenken gilt nicht. Diese Dame habe ich jetzt am Haken. »Nichts dergleichen, aber geben Sie mir die Schoko-Dinos trotzdem. Wissen Sie, früher gab es ja die Williams-Christ-Birnen, die haben meiner Mutter immer so gut geschmeckt. Wie sind denn heutzutage die Dinos gefüllt, mit Amaretto?«

Die Supermarktangestellte wirft mir einen sauren Blick zu und knallt mir zwei Schoko-Dinos auf das Kassenband, die ich sofort in meiner Handtasche verschwinden lasse. Ich werde sie zu Hause im Mülleimer entsorgen, das nehme ich mir ganz fest vor, schon allein, um die Dame an der Kasse nicht gewinnen zu lassen. Als ich bezahlt habe und wir hinausgehen wollen, treffen wir tatsächlich Heike, meine gesunde Kollegin.

»Hallo, Nina. Wie geht's denn so? Hast du wieder Zucker getankt?« Sehr witzig, Heike. Sehr, sehr witzig.

»Ganz im Gegenteil, denn ich bin deinem Rat gefolgt.« Stolz zeige ich ihr meine erworbenen Lebensmittel. Trockenobst, Nüsse, Grünzeug zum Entsaften.

Heike beugt sich interessiert über meinen Einkauf. »Und was ist denn das hier, bitte?« Sie hat einen verdächtigen Gegenstand entdeckt und fischt ihn aus dem Wagen. Die Kinder sind plötzlich ebenfalls sehr interessiert.

Mein Sohn liest das Etikett der weißen Tube vor: »Milchmädchen. Mamaaaaa…? Ist das… hast du etwa…?«

»Das ist eine ganz tolle neue Zahncreme, von der ich in der Werbung gehört hatte. Zähne so weiß wie die eines Milchmädchens. Die wollte ich einfach mal ausprobieren.«

Mistmistmist. Erwischt, schon wieder. Heike schüttelt belustigt den Kopf. Bevor ich es abwenden kann, hat mein Sohn die Tube geöffnet, das Siegel blitzschnell abgepult und schnüffelt daran. Mein kleiner Profiler eben.

»Mama, das ist was SÜSSES! Du lügst. Schon wieder!«

Ohneinohneinohnein. Wie peinlich. Ich verabschiede mich hektisch von Heike und gehe mit meinen Kindern zurück in den Supermarkt. Schuldbewusst steuern wir die Kasse an, wo sie sich großzügig *Darth-Vader*-Kaugummis und *Hello-Kitty*-Brause aufs Band laden. Die Kassiererin gibt freudestrahlend noch vier Schoko-Dinos dazu. Mein schlechtes Gewissen bezahlt.

Die Vernunft kann bei mir offenbar nicht siegen, und mir Heike zum Vorbild zu nehmen hat auch nicht dazu geführt, dass ich mich bewusster ernähre. Ich musste mich und uns wohl oder übel überlisten. Nur wie machte ich das jetzt? Einfach die Süßigkeiten nicht zu kaufen ist ja ganz offensichtlich auch keine Lösung.

Ich habe eine Idee. In meiner Familie gibt es seit jeher eine wunderbare Tradition namens »alter Wein in neuen Schläuchen«. Oder, in familieneigener Abwandlung, »oller Fusel in edler Flasche«.

Meiner Großmutter war ihr Image als Frau eines Arztes sehr wichtig. Man leistete sich etwas, auch wenn nach dem Krieg erst einmal kein Geld für edle Tropfen da war. Zum Glück hatte sie aber im Jahr 1936 eine Flasche besten Cognacs geschenkt bekommen, ein Ausweis ihres feinen Lebensstils. Wenn also noch Jahrzehnte später Gäste da waren, wurde ihnen immer ein Gläschen »Hennessy« angeboten – obwohl die ahnungslosen Menschen gerade einen Discounter-Weinbrand namens »Diplomat 1913« oder »Lord Wellington« tranken (den sie wahrscheinlich trotzdem am Geschmack erkannten). Diese Angewohnheit behielt meine Großmutter bei, auch als die arme Zeit schon längst vorüber war.

Und ich habe dieses Vorgehen nun bestens in die Gegenwart übertragen können. Und zwar in der gesundheitsbewussten Variante. Und ich muss sagen, es klappt ganz hervorragend.

In die Actimel-Fläschchen gieße ich Milch, nachdem ich

sie ausgetrunken habe, und überliste meine Kinder und vor allem mich selbst damit. Ich sage nur: Autosuggestion! Bei den Fruchtzwergen für die Kids schummele ich einfach zwei Löffel Naturjoghurt mit rein. Die Aludeckel klebe ich nachträglich mit Tesafilm wieder an, das ist ziemlich einfach und fällt kaum auf. Der Knisterjoghurt hingegen ist eine größere Herausforderung. Mit etwas Kreativität lassen sich die zuckerhaltigen Knisterpartikel aber mit Hilfe von gehackten Mandeln und Granatapfelsamen imitieren. Allerdings habe ich noch keine Lösung für die Neonfarbe der Knister gefunden. Meine Vorliebe für gezuckerte Kondensmilch aus der Tube konnte ich auch erfolgreich in den Griff kriegen. Meine eigene Lüge, dass ich mir damit die Zähne putze, schmeckte mir buchstäblich nach ein paar Tagen nicht mehr. Für das Zähneputzen mit einer süßen Masse bin ich wohl doch nicht abgebrüht genug. Und ich finde, man kann es auch übertreiben mit dem Flunkern.

Wahrscheinlich muss ich meiner gesunden Kollegin Heike dafür danken. Ich werde ihr mal einen Kuchen backen. Zuckerfrei, versteht sich.

3

»Der Mama war kalt, ich musste sie wärmen!«

Sex, Nacktheit und verborgene Körperteile:
Welche Ausreden zur Anwendung kommen können,
damit das Kind nicht frühzeitig traumatisiert wird.

»Was macht ihr denn da, warum seid ihr nackich!?« Sebastian ist lautlos aus seinem Bett geglitten und unbemerkt in unser Zimmer geschlichen.

Katastrophe! Eine der Urängste aller Eltern wird Wahrheit: Wir haben Sex und werden erwischt. Von unserem Sohn. Nun steht er in der Tür, Teddy in der Hand, fragender Blick im Gesicht, und reibt sich die Augen. Shitshitshit. Dabei hat der Abend doch so romantisch begonnen.

Es ist 20:30 Uhr. Die Kinder im Bett, die Knetereste vom Sofa gepult, die Spülmaschine gurgelt leise. In spätestens einer halben Stunde werde ich in einen komatösen Schlaf fallen. Seit ich Mutter bin, gehe ich noch zeitiger ins Bett als früher. Irgendwoher müssen die acht Stunden ja kommen. Also fange ich in der Regel weit vor Mitternacht an, sie anzusammeln. Das Schlafdefizit, das man an einem unvernünftigen Abend mit Freunden oder dem Ehemann auftürmt, baut sich erst nach Tagen wieder ab. Daher: Lieber früh in die Kiste, denn spätestens um vier Uhr morgens wandelt sich das Elternbett in ein Familienlager. Meine Tochter Constanze besetzt unsere Schlafstatt, und vorbei ist es mit der verdienten Nachtruhe. Sie kreiselt im Schlaf durchs Bett, und wenn ich wegen ihrer zahlreichen Fußtritte keine blauen Flecken bekomme, habe ich Glück gehabt. Wir spielen dann immer »Familie H.«, denn irgendwann liegt unsere Tochter als Querbalken über unseren Bäuchen, und wir müssen uns dann am äußersten Rand des Bettes festkrallen. Halb neun abends ist also der Zeitpunkt, wo die Kinder bereits schlummern und ich noch halbwegs etwas mitbekomme.

Wir sitzen an jenem Abend also auf der Couch und schauen fern, klassische Abendgestaltung ermatteter Eltern. Denke ich zumindest. Wenn nicht Benedikt mir bereits seit einer halben Stunde vielsagende Blicke zuwerfen würde.

»Schatz, hast du was im Auge, es ist doch noch gar nicht Heuschnupfenzeit«, sage ich.

Er deutet in Richtung Schlafzimmer.

»Also, 20:30 Uhr ist doch ein bisschen früh, oder? Willst du schon schlafen? Lass uns doch heute mal so richtig einen draufmachen und den *Tatort* bis ganz zum Ende angucken. Ohne zu bügeln, einfach so. Ich hab noch Nüsschen irgendwo«, schlage ich vor.

Mein Mann: enttäuscht. Nach zehn Jahren Ehe und zwei Kindern verstehe ich seine subtilen Andeutungen einfach nicht mehr.

»Komm! Zu! Mir!«, sagt er mit Emphase.

Aaaah, jetzt begreife ich. Hach, ist das schön, so viel Liebe und Begehren bei einem »alten Ehepaar«.

Das ist doch auch ein netter Mann, den ich da habe. Hat einen Job, bringt die Kinder jeden Abend ins Bett und manchmal auch den Müll raus, und einen Bauch hat er auch nicht. Ich bin auch noch ganz passabel. Wische durchaus Staub, füttere die Kinder gelegentlich mit Gemüse und wasche mir noch immer regelmäßig die Haare. Eigentlich sind wir doch ein schönes Paar! Und nicht nur eine Wohngemeinschaft mit zwei sehr, sehr jungen Hausbesetzern, die ständig die Wände mit Wachsstiften vollkritzeln und niemals aufräumen.

Vielleicht können wir ja wirklich mal wieder... Wie heißt das noch mal, was Leute ohne Kinder als Hobby haben? Golfen? Nee... frühstücken gehen? Auch nicht. Was, wie...? Ach, Sex, jaa, stimmt! Ich erinnere mich, so kamen wir ja erst in diese Kindersituation hier.

Das Zeitfenster ist günstig, wenn auch knapp, also los jetzt! Wir spurten vom Wohnbereich ins Schlafzimmer – kurzer Check der Kinderatmung: gut, tief, ruhig. Keine Gefahr droht, und wir entledigen uns geschwind und gar nicht so ungelenk unserer Bekleidung (das habe ich mir neulich in einer Deowerbung abgeschaut).

Doch kaum geht es zur Sache, steht Sebastian in der Tür. Hatte er sich nur schlafend gestellt? Egal, jetzt ist es sowieso zu spät. »Warum macht ihr so Geräusche? Ist euch schlecht?«

Erwischt! In flagranti! Vom eigenen Kind! Dabei machen wir doch nur das, was Kinderlose so oft und ungestört tun können. Hätten wir uns doch nur für Golf entschieden, das könnte man dem Kind jetzt viel leichter erklären. Mein Mann wirft sich hektisch die Bettdecke über, und ich drehe mich schnell auf den Bauch. Als ob jemand eine Handgranate in unser Zimmer geworfen hat, liegen wir da und warten auf den Knall. Wir spielen jetzt so Verstecken wie unsere dreijährige Tochter Constanze, die sich die Hände vor die Augen legt und meint, unsichtbar zu sein. Lächerlich!

Ich fühle mich so ertappt wie damals beim Knutschen

mit meinem ersten Freund, als meine Mutter ins Zimmer hereingeplatzt kam. Seinen eigenen Eltern und Kindern möchte man ja möglichst lange verheimlichen, dass man ein Mensch mit natürlichen Regungen ist.

Es hilft alles nichts. Wenn Sebastian jetzt kein Trauma davontragen soll oder wir auch nicht als großes Gesprächsthema für den Pausenhof herhalten wollen, muss gelogen werden – und zwar so richtig!

»Jaaa, Sebastian, mir ist ganz schlecht. Der Papa tröstet mich jetzt. Mach dir keine Sorgen, du kannst wieder ins Bett gehen.«

Mein Sohn schaut ungläubig. Der erste Versuch geht schon mal schief. Wir verstricken uns weiter.

»Also, mir war nicht nur schlecht, sondern auch warm, und da musste ich mich ausziehen!« Ich fächere mir Luft zu, als wäre im Schlafzimmer kurzfristig eine Hitzewelle ausgebrochen.

Mein Mann kommt mir zu Hilfe: »Das war so, die Mama hatte Bauchweh, ich habe ihr also eine Wärmflasche besorgt, und da ist mir das ganze Wasser auf die Hose gelaufen, und dann habe ich mich ausgezogen, aber die Mama hat so doll geweint, dass ich schnell nackt hochgerannt bin und…«

»Wo ist denn die Wärmflasche?« Warum muss unser Sohn auch immer so genau nachfragen!

»Die… habe ich… aufgegessen. Ist so eine neue Flasche, die ist aus Kaugummi, und wenn man das Wasser rauslässt, kann man die essen. Die hier war Himbeer. Echt lecker.«

Was für ein super Einfall, unser Sohn ist doch kein Volldepp! Langsam komme auch ich nicht mehr mit bei unserer Lügengeschichte. Was ist wann passiert? Habe ich sonst noch irgendwelche Beschwerden? Das Lügengebäude gerät ins Wanken.

Sebastian: völlig verwirrt.

»Hä, Mama hat doch gesagt, ihr wäre warm. Warum will sie dann noch eine Wärmflasche?«

»Als ich die Flasche aufgegessen habe, wollte sie halt von mir gewärmt werden. Weil ich bin so ein toller ... Wärmer«, sagt mein Mann.

»Und warum bist du auch nackich, Papa?«

»Ich musste die Mama wärmen, der wurde ja dann kalt, nachdem ihr warm war ... und sie brechen musste.«

Igitt, wie eklig. Brechen. Musste das sein?

»Das war bestimmt Sex, das hat mir der Leon erklärt«, ist Sebastians Urteil nach der letzten Flunkerei.

»Der Leon hat doch gar keine Ahnung davon.« Ein letzter, hoffnungsloser Versuch meinerseits.

Die Rollen haben sich in diesem Moment umgekehrt. Unser Sohn, der strenge Richter, und wir zwei kleine Kinder, die mit Schokolade um den Mund herum behaupten, sie hätten wirklich nichts genascht.

»Doch, das machen Leons Eltern genauso. Wenn Leon im Bett ist, machen die sich nackich, und dann KNUTSCHEN die, und dann kriegt man Geschwister, sagt der Leon. Iiiiigitt!«

Genau. Igitt. Knutschen, Kinderkriegen. Von alldem will ich doch meinen unschuldigen Sohn noch fernhalten. Morgen weiß es bestimmt jeder. Was werden die Nachbarn sagen, die Freunde, die gesamte Schule? Schrecklich, schrecklich. »Sebastians Eltern tun es. Immer kurz nach der *Tagesschau*. Und dann so komische Wasserspiele!«

Na bravo, das wird sicher lustig.

»Schatz, jetzt ist wirklich Schlafenszeit. Geh bitte wieder in dein Bett.«

Sebastian lächelt schief, schüttelt den Kopf und räumt das Feld. Keine Frage, er hat uns kein einziges Wort geglaubt. Vollkommen ermattet fallen wir in die zerwühlten Kissen. Das wird ein Nachspiel haben, und zwar für uns, so viel steht fest.

»Liebster, bis morgen muss uns wirklich was Besseres einfallen als Brechen und Wärmen, das war ja wirklich erbärmlich«, sage ich zu Benedikt.

Der Mann in meinem Bett: beleidigt. Erst wurde sein mühsam eingefädeltes Liebesspiel unterbrochen. Und jetzt muss er sich auch noch Vorwürfe anhören.

»Du hast das doch angefangen mit den Lügengeschichten, da musste ich das auch zu Ende bringen«, verteidigt er sich.

Stimmt auch wieder, das hatte ich schon ganz verdrängt. Aber wenn man sich schon auf moralisches Glatteis begibt, sollte man eislaufen können.

»Liebling, auch Constanze wird uns vielleicht noch einmal in flagranti erwischen. Wir sollten uns eine Lüge überlegen, die noch oft funktionieren kann.«

In der kommenden halben Stunde reift in uns ein Plan. Dass wir Sebastian die Wahrheit sagen, kommt jedenfalls nicht in Frage. Dafür ist er einfach noch nicht bereit. Und wir schon gar nicht. Aufklärung, um Gottes willen, sind wir denn wirklich schon so weit? Sebastian ist sieben! Und außerdem: Das machen Kinder doch heute sowieso unter sich aus. Dazu brauchen die doch keine Greise, die ihnen kichernd und mit hochrotem Gesicht irgendein Märchen erzählen.

Über Fortpflanzung zu sprechen fiel mir sowieso schon immer sehr schwer. Als Sebastian fünf war, führte ich mit ihm notgedrungen die von Eltern so geliebte Unterhaltung über die Bienchen und die Blümchen.

»Mama, wie war das eigentlich, als ich als Baby aus deinem Bein herausgekommen bin?«

O.k. Das traf den Kern der Sache zwar nicht ganz, immerhin wusste ich jetzt aber, dass der Junge schon etwas erfahren hatte und die richtige Körperregion ungefähr orten konnte. Nun, da musste man dann ja nicht mehr um den heißen Brei herumreden. Ich fasste mir ein Herz und sprach sie aus, die nackte Wahrheit.

»Weißt du, ein Baby kommt zwischen den Beinen der Mutter raus!«

»Häääää?«

»Ja, also, ein Baby kommt aus der Vagina der Mama raus, zwischen den Beinen sozusagen.«

Raus war es. Und ich hatte sogar »Vagina« gesagt. Oh Gott, hatte ich jetzt meinen armen Jungen für immer traumatisiert?

»Das DARF das Baby nicht! Außerdem hat Papa ja deinen Bauchnabel aufgemacht, und dann ist das Baby da reingesaust.«

Aha. Ich merkte: Die anatomischen Kenntnisse beim Junior ließen auf weitere Nachfrage doch deutlich zu wünschen übrig. Aber wenn man einmal angefangen hatte mit dem Biologieunterricht, musste man ja auch weitermachen.

»Mhh, also, ja, äh ... Weißt du, so ein Baby entsteht aus dem Ei der Mama und dem Samen des Papas. Beide kommen zusammen, und dann entsteht ein Baby.«

Na, wenn das mal nicht eine kindgerechte und trotzdem wahrhaftige Erklärung des Zeugungsaktes war!

»Wie kommen die denn zusammen?«

Mist. Ich konnte doch jetzt nicht erklären, wie das in Wirklichkeit vor sich geht... Vielleicht doch etwas vom Wettlauf der Spermien erzählen? Nein, ich hab's!

»Also, das ist ein Wunder, das weiß nur der liebe Gott.« Wenn man gar nicht mehr weiterwusste, half der liebe Gott im Himmel, so ist es doch. Ich fragte mich, ob der sich eigentlich freute, so oft, wie ich ihn in der Kindererziehung erwähnte.

»Wo wohnt der Samen eigentlich?«

Hiiilfe. Woher sollte ich das denn wissen? Keine Ahnung, wo der liebe Gott ihn hingesteckt hat... Moment mal! Wozu hatte ich ein Smartphone? Ein Klick, und Wikipedia hatte die Antwort. Ich las und übersetzte quasi simultan.

»Der wohnt... im Pipimann. Also, da in der Nähe. Rechts... äh... also, hinter dem Pipimann im... Nebenhoden, glaube ich.«

»Und wo wohnt das Ei?«

»Im Bauch von Mama, sozusagen.«

Nun wollte ich das Thema aber mal beenden. So viel Anatomie an einem Tag, das hat mich doch schon früher im Biologieunterricht überfordert.

»Der Pipimann wohnt in der Unterhose, das weiß ich!«

»Richtig, da hat er es sich gemütlich eingerichtet, und jetzt darfst du ein bisschen KIKA schauen!« Das Angebot fernzusehen klappte IMMER. An diesem Tag nicht. Mein Sohn blieb hartnäckig.

»Wie kommt der Samen aus der Unterhose in den Bauch von der Mama?«

»Äh… also, das schafft der schon, also… mhh… der bahnt sich schon seinen Weg… der ist sehr, sehr schlau.«

»Und dann isst das Baby im Bauch den Blutkuchen auf!«

»Den MUTTERkuchen.«

»Sind da Smarties drauf?«

»Nein, natürlich nicht!«

»Da ist das Baby bestimmt traurig!«

Hier habe ich die Konversation abgebrochen und noch lange darüber nachgedacht, warum der liebe Gott es nicht so einrichten konnte, dass die Plazenta ein Muffin mit vielen bunten Streuseln ist.

Aber heute Abend, da müssen wir uns einen Schlachtplan zurechtlegen, denn morgen werden wir noch einige Fragen beantworten müssen, das steht fest.

»Die Idee mit der Wärmflasche ist doch eine gute Basis, die können wir ausbauen«, sagt mein Mann. »Also, mein Vorschlag: Wir haben ausprobiert, wer sich am schnellsten mit der Wärmflasche nass machen kann und dann nackig unter der Bettdecke liegt, als Spiel sozusagen.« Mir fällt auch nichts Besseres ein, also willige ich ein. Der Morgen wird schrecklich, das ist klar.

Wie erwartet, nimmt am Frühstückstisch mein Sohn das unangenehme Gespräch nahtlos wieder auf.

»Also warum wart ihr jetzt in echt nackich, und der Papa hat so über der Mama gelegen?«

»Das ist ein neues Spiel, das wir ausprobiert haben«, lügt mein Mann drauflos.

Sebastian schaut skeptisch.

»*Memory* wurde uns gestern Abend zu langweilig, also haben wir uns die Wärmflaschen-Bett-Rallye ausgedacht. Das ist so ähnlich wie die Reise nach Jerusalem«, erkläre ich meinem Sohn.

»Cool, wie geht das Spiel?«

»Die Wärmflaschen-Bett-Rallye geht so: Derjenige, der sich am dollsten mit der Wärmflasche nass macht, sich am schnellsten auszieht und als Erster unter der Bettdecke ist, hat gewonnen. Am Ende gibt es für die Mitspieler aber nur noch eine Bettdecke und man muss sich aufeinanderwerfen, um unter die Decke zu kommen. Gestern hat Papa gewonnen.«

Mein Mann schaut mich stolz an. Seine Frau kann offenbar auch so richtig gut lügen.

»Super! Mama, können wir das auf meinem Kindergeburtstag spielen? Das Spiel kennen meine Freunde noch gar nicht!«

Ich hoffe inständig, dass mein Sohn diese Spielidee bis zu seinem nächsten Geburtstagsfest wieder vergisst. Jetzt aber sind wir erleichtert. Merke: Beim Lügen muss man kreativ sein und nah an der Erlebniswelt des Kindes bleiben. Dann klappt es.

Trotzdem werden wir in der nächsten Zeit so ängstlich, dass die entspannten romantischen Abende erst einmal futsch sind. Wir stellen jetzt immer abends eine Wärmflasche ans Bett, um jederzeit die Wärmflaschen-Bett-Rallye möglichst authentisch nachspielen zu können.

Was tun? Vor dem Aufstehen wäre Sex nur unter größten logistischen Anstrengungen möglich, im ziemlich unattraktiven Zeitfenster von vier bis fünf Uhr morgens. Ansonsten entgleitet uns das straffe Morgenprogramm, und Sebastian kommt zu spät zur Schule. Die einzige Möglichkeit für die Liebe ist also das Wochenende und auch da eigentlich nur der Nachmittag. Die Kinder einfach rauszuschicken ist zu riskant. Meistens klingeln sie schon nach drei Minuten und wollen doch lieber drinnen spielen – und dann leicht bekleidet zur Tür zu hetzen ist keine gute Idee.

Wir sind deshalb auf die Idee gekommen, den Fernseher als paarungsbegünstigende Maßnahme zu Hilfe zu nehmen. Wir nennen es Frühförderung, modernes Infotainment, aber das Ganze ist zugegebenermaßen noch in der Testphase. Mit dieser Methode könnten wir theoretisch zwei Fliegen mit einer Klappe schlagen. Wir multitasken, werden uns UND unseren Kindern gerecht. Was sind wir doch sooo modern!

Sebastian verabreden wir samstagnachmittags nun gerne mit einem Freund, natürlich möglichst weit weg, und Constanze darf ihre Lieblings-DVD »Baby Einstein – Tiere des Meeres« anschauen. Es ist ja auch sehr wichtig, schon als Kleinkind mehr über das Leben unter Wasser zu erfahren. Wir als typische verunsicherte Mittelschichteltern sind ja sofort bereit, uns jeglichen Quatsch aufschwatzen zu lassen, wenn es darum geht, den Nachwuchs anständig zu fördern. Constanze wird bestimmt auch mal Meeresbiologin. Doch genau genommen belügen wir uns selbst. Wenn uns das Produkt noch dazu ein bisschen, ähem, Privatsphäre verspricht, umso besser.

»Das ist ein Hummer. H wie Hummer«, tönt es aus dem Wohnzimmer. Das ABC wird durchdekliniert, und wir wissen mittlerweile, dass »K wie Kraken« eine gute Session ist. Bei »M wie Muräne« sind wir meistens fertig.

Effizienz, das lernt man als junge Eltern, beginnt ja im Schlafzimmer. »Baby Einstein« verspricht die Entwicklung des Babys zu fördern. »Great minds start little« ist der Marketing-Slogan. Ich würde ja noch eins draufsetzen: »Great sex life for parents starts here.«

Schaffen wir es hingegen nur bis »D wie Dorsch«, bedeutet dies, dass irgendwas schiefgelaufen ist. Entweder der Fernseher hakt, oder Constanze hat sich außerplanmäßig auf Wanderschaft begeben. Für meine Tochter ist es nämlich prima, wenn sie mal ganz allein durchs Haus spazieren und alle Schränke ungestört ausräumen kann. Macht das einen Spaß, den Reis und den losen Tee auszukippen, und, mhh, das schmeckt auch gut. Toll, wenn die Eltern sich auch einfach mal mit sich selbst beschäftigen! Die freuen sich danach umso mehr, das Kind zwischen ausgeleerten Cornflakes, gefühlten zweitausend verstreuten Streichhölzern und leeren Bierflaschen auf den Küchenfliesen vorzufinden.

DVD klappt also auf Dauer auch nicht so zuverlässig. Und dass TV-Glotzen lehrreich ist, kann man eigentlich auch nur jungen Erstlingseltern weismachen. Außerdem fordert mein Sohn dann der Gerechtigkeit wegen gleichwertige DVD-Einheiten mit *Star Wars* ein. Und ob er damit Astronaut wird, ist leider fraglich. Nach wochenlanger Enthaltsamkeit finden wir endlich die Lösung: MS-Office. Excel-Tabellen sind ja unglaublich nützlich im Berufsleben und können auch durchaus die Planung und Durchführung des elterlichen Liebeslebens optimieren. Nach einer beruflichen Weiterbildungsmaßnahme beschließe ich, das Gelernte sogleich auch für den häuslichen Bereich anzuwenden, und lege einen umfassenden Jahresplan für sogenannte »date nights« an. Ich bin sehr stolz auf meine Excel-Datei, die ein perfekter Liebeszeitplan für das nächste Jahr ist. Diese Tabelle habe ich mit den Kalendern der Kinder synchronisiert, so dass ich immer sehen kann, wann wir als Eltern sturmfreie Bude haben. Man kann sogar einen Filter setzen, um beispielsweise darüber informiert zu sein, dass wir am zweiten Samstag im kommenden Mai nachmittags um 16 Uhr Sex haben werden, da beide Kinder auf Kindergeburtstagen außer Haus sind. Auch wichtige To-dos, wie die Steuererklärung oder Recycling, sind eingepflegt, so dass man seine Freizeit als Eltern wirklich optimal nutzen kann. Daraus ließe sich sicherlich auch eine erfolgreiche App entwickeln. Die »Tändel-App« für Eltern. Eine Abwandlung von Tinder, nur eben für ältere Semester. Auf unseren Smartphones werden uns dann zum passenden Zeitpunkt Fotos voneinander angeboten. »Ich bin in der Waschküche und trage eine Fleecejacke.« Heiß! Oder: »Gerade total lässig und sexy meine Schrauben- und Dübelsammlung in der Werkstatt sortiert, Lust auf ein Date?« Einmal »like« klicken und schwups: »It's a match.« Ich muss das mal als Patent anmelden, denke ich.

Tatsächlich muss ich mich aber fragen, ob ich eigentlich total spießig geworden bin. Sex mit Hilfe einer Excel-Tabelle!?

Ja, und ich stehe dazu! Spontaneität in der Liebe mit kleinen Kindern im Haus geht einfach nicht. Prüde sind wir auch geworden, seit Sebastian uns ertappt hat. Ständig beäugt er mich und meinen Mann kritisch und kommentiert unsere Körper, als ob er zu Gast in einer Freakshow wäre.

Warum ist dort eine Falte und hier eine Delle? Und guck mal, du hast ja ein weißes Haar! Meine Kinder nehmen nämlich kein Blatt vor den Mund, wenn es um schonungslose Wahrheiten geht. Diplomatische Notlügen haben sie nicht im Repertoire.

Ach, manchmal wünsche ich mich ins 20. Jahrhundert zurück. Oma und Opa haben es doch richtig gemacht! Was soll die ganze liberale Erziehung, wenn man am Ende dauernd unschöne Fragen der Kinder beantworten muss und sich einen Lottogewinn für eine umfassende körperliche Runderneuerung per Schönheitschirurg wünscht? Ich lerne: Zu viel Nacktheit schadet nur, und man muss immer viel zu viel erklären. Deshalb mag ich mich vor meinen Kindern einfach nicht mehr ausziehen und trage, wenn ich mich nicht gerade in der Dusche befinde, hochgeschlossene Bademäntel, die meiner Urgroßmutter würdig wären.

»Alta, ich seh deinen Busen!«, tönte mir letztens entgegen, als ich den Bademantel abwerfe, um in meine Klamotten zu steigen. Zu diesem Ausspruch meines Sohnes kann ich allerdings recht trocken bemerken, dass er diesen Körperteil von mir ja schon seit seiner ersten Lebensminute gesehen hat. Und er heute nur deshalb so groß und stark ist, weil ich ihn gestillt habe. Jawoll. Ein kleines bisschen mehr Dankbarkeit, bitte.

Und in spätestens zehn Jahren platze ich ja sowieso dann in sein Zimmer, wenn er Besuch von seiner Freundin hat, und rufe: »Was macht ihr denn da, warum seid ihr nackich?« Er weiß es nur noch nicht. Aber ich freu mich da heute schon drauf!

4

»Gegen Goldfische bin ich leider allergisch.«

Wie man sich nachhaltig gegen Haustiere wehrt.

Der Mittwoch ist mein Lieblingstag. Um genau zu sein, der Mittwoch von 14 bis 16 Uhr. Denn dann ist bei uns gerade geputzt worden. Bis 14 Uhr habe ich das Haus auf Vordermann gebracht. Um 16 Uhr kommen die Kinder wieder. Somit bleiben mir genau zwei Stunden. Wenn man nicht manchmal noch einen verlorenen Lego-Stein im Brotkasten finden würde, könnte man in diesem Zeitfenster meinen, dass hier gar keine Familie lebt. Alle Dreckspuren der letzten Woche sind beseitigt. Schulbrotreste, mehrere Kubikmeter Sand vom Spielplatz, circa 535 Stöckchen und Steine meiner Tochter, die sie während des letzten Kindergartenausflugs zusammengesammelt hat, gelegentlich auch mal die Überbleibsel der nicht aufgegessenen Fischstäbchen vom Tag zuvor. Das Haus glänzt, die Wäsche ist gewaschen, gefaltet und weggeräumt. Mit ganz viel Fantasie sehen einzelne Räume aus wie in *Schöner Wohnen*. Wenn ich richtig gut drauf bin, ertappe ich mich sogar dabei, wie ich die perfekte Falte in die Sofakissen modelliere. In absehbarer Zeit halten sie eh wieder als Bausteine für eine Ritterburg her, aber von mittwochs 14 bis 16 Uhr kommen auch sie in den Genuss meiner Ordnungsliebe. Na ja, und demonstrieren so auch ein bisschen Restspießigkeit, aber was soll's. Wenn ich mir dann mein sauberes Heim so ansehe, wird mir eines klar: Hätten wir ein Haustier, wie Sebastian und Constanze es sich so leidenschaftlich wünschen, würden unsere heiligen Hallen noch nicht mal mittwochs am frühen Nachmittag für zwei Stunden so strahlen. Und wer hätte noch viel mehr Arbeit? Nicht die Kinder, nicht mein Mann. Ich.

Wie hart Mama und Papa für ihr schönes, sauberes Zuhause schuften, ist meinen Kindern natürlich komplett schnuppe. Mindestens einmal in der Woche führe ich mit ihnen Verhandlungen über das Anschaffen oder Nichtanschaffen eines Haustieres. Und je älter sie werden, desto komplizierter werden diese Gespräche für mich. Als Constanze und Sebastian noch sehr klein waren, konnte man die Haustierdiskussionen ja noch im Keim ersticken. »Der Hund frisst dein Lego auf« oder »Die *Hello-Kitty*-Katze gibt es nicht in echt« waren da als Argumente tatsächlich wirksam, um ein paar Jahre den tierfreien Haushalt zu wahren.

Meine Felle schwimmen mir aber nun zusehends davon.

»Mama, ich will so gerne einen Hund haben! Könnt ihr mir einen Hund zum Geburtstag schenken?«, fragt mein Sohn oft und wendet seinen schönsten Augenaufschlag an. So muss das damals auch bei mir gewesen sein, erkenne ich mit Schrecken.

Zu meinem achten Geburtstag bekam ich einen süßen Bassetwelpen geschenkt, den wir Fitzwilliam tauften. Fitz-Willi, wie er fortan hieß, hatte einen beachtlichen Stammbaum, der sich mit ein wenig Mühe sicherlich bis zu den vierbeinigen Mitgliedern des Hauses Windsor zurückverfolgen ließ. Fitzwilliam war mein ganzer Stolz und begleitete mich, das Einzelkind, treu durch Kindheit und Pubertät. Alle Sorgen konnte ich ihm anvertrauen. Ärger mit den

Eltern, Stress mit der besten Freundin, und auch als ich mit meinem ersten Freund zusammenkam, musste ich zunächst einmal mit Fitz-Willi Gassi gehen, um meiner Gefühlswallungen Herr zu werden. Wir ergänzten uns wunderbar.

Er war ein wirklicher englischer Gentleman. Stets freundlich, geduldig und von ausgesuchter Contenance. Dabei schaute er mich immer sanft aus braunen Hundeaugen an. Eigentlich wusste Fitzi gar nicht, dass er ein Hund war. Meistens dachte er, er sei ein Pony, so oft bin ich in meiner Pferdephase auf ihm geritten. Als ich mit neun Jahren kurzzeitig eine Karriere als Artistin im Zirkus anstrebte, mutierte Fitz-Willi dann zum Zirkuspferd und musste mit mir eine Tanznummer zu »An der schönen blauen Donau« einstudieren. Auch dies duldete er in seiner gutmütigen Art, sogar die rosa Haarschleifen in seinen langen Ohren nahm er mir nicht übel. Nur für das glitzernde Prinzessinnencape hatte er wenig Verständnis.

Bevor Fitzwilliam zu uns kam, hatten meinerseits ausführliche Bettelaktionen stattgefunden.

»Auf jeden Fall werde ich dreimal täglich mit ihm rausgehen.«

»Ja, natürlich mache ich sein Aa weg.«

Diese Beteuerungen und der Einwand meines Vaters, so ein Hund könne doch das fehlende Geschwisterkind ersetzen und meine sozialen Kompetenzen stärken, stimmten meine Mutter schließlich um. Fitzwilliam kam als acht Wochen alter Welpe zu uns und kackte von Stund an die wertvollen Teppiche voll. Ich bin nie rechtzeitig mit ihm Gassi gegangen, und er verrichtete sein Geschäft wahrscheinlich sowieso lieber auf einem standesgemäßen Untergrund statt auf schnödem Asphalt. Zufällig war ich immer gerade unauffindbar, wenn Fitzi mal wieder Duftmarken auf unseren Teppichen verteilte. Meine Mutter fluchte und schimpfte und verwünschte den Tag, an dem sie Ja zu einem Haustier gesagt hatte. Gleichzeitig konnte man aber Fitz-Willi wirklich nicht böse sein. Keiner konnte so schuldbewusst, sanft und würdevoll schauen wie er nach seinen Teppichaktionen.

Glücklicherweise bekam meine Freundin Nicole zur selben Zeit auch eine Hündin geschenkt, Ricky, eine langbeinige, schwarzhaarige Promenadenmischung. Sie wurden gute Freunde, und wenn Nicole und Ricky bei mir zu Besuch waren, entleerten sich die beiden Hunde auch mal synchron auf die Teppiche. Meine arme Mutter! Die Kameradschaft zu einem Tier und das Training in Sozialkompetenz für mich als Kind waren hart erarbeitet – nämlich von ihr! Mit gerade mal sieben Jahren starb Fitzwilliam aufgrund einer Herzkrankheit. Ich war untröstlich, hatte ich doch den wunderbaren, treuen und duldsamen Begleiter und Freund meiner Kindheit verloren. Der Kommentar meiner Mutter war: »Hoffentlich gibt es im Hundehimmel Perserteppiche.« Damals war ich entsetzt, heute kann ich diese Aussage eher nachvollziehen.

Mein Sohn lässt nun auch nicht locker. »Mama, ich will so einen Hund haben wie du damals, wie hieß der noch mal? Fritzi?«

»Fitzi hieß er, also eigentlich Fitzwilliam. Wir haben ihn auch Fitz-Willi genannt. Das war ein wirklich toller Hund, um den ich mich aber immer SEHR GUT gekümmert habe. So ein Hund bedeutet viel Verantwortung, weißt du.«

Die Verdrehung historischer Tatsachen ist eine Gabe, die man als Eltern besitzen sollte.

»Was ist das, Verantwortung?«, will mein Sohn wissen.

»Für jemanden Verantwortung zu übernehmen bedeutet sich kümmern, also jemandem, der das nicht selbst kann, zu essen geben, ihn sauber machen und auf ihn aufpassen.«

»Also so, wie du das mit Constanze machst?«

Wir schauen beide auf Sebastians kleine dreijährige Schwester, die gerade »Hundi« spielt, auf allen vieren herumkrabbelt und das Bein an meinem heiß geliebten cremefarbenen Lesesessel hebt. Sie hat aber zum Glück eine Windel an. Schlagartig wird mir klar, dass dies auch die bevorzugte Toilette eines Hundes sein könnte. Mein Lesesessel und der Teppich im Wohnzimmer, den mir meine Mutter zum Einzug mit einem leisen Lächeln als Geschenk überreichte.

»Solange Constanze noch in die Windeln macht, kommt mir kein Hund ins Haus. Ich mache schon genug Aa weg.«

»Dann können wir ja erst mal einen Hamster kaufen. Die machen doch Aa, das wie Murmeln aussieht. Und die sind auch soooo süüüß!«

Ein Hamster fehlt mir gerade noch, und ich würde ja ein Haustier auch nicht nach der Konsistenz seines Kotes aussuchen. Aber trotzdem, Hamster? Die schnaufen doch immer so, verstecken sich tagsüber und rennen nachts in ihrem Rad rum. Ein Höllenlärm. Ich vertage die Diskussion, weil es außerdem auch endlich Zeit ist, schlafen zu gehen. Als Gutenachtgeschichte suchen sich die Kinder das Buch »Vom kleinen Maulwurf, der wissen wollte, wer ihm auf den Kopf gemacht hat« aus. Ein Standardwerk für Kinder in der analen Phase – nur dummerweise bietet das Buch gleichzeitig auch einen prima Nährboden für das weitere Verlangen nach Haustieren.

In dieser Nacht träume ich von fleischfressenden Teppichen, die mich verschlingen, und einem Monsterhamster, der mich in einem Rhönrad den Berg hinunterschubst. Man muss nicht erst die Freud'sche Traumdeutung bemühen, um zu erkennen, dass ich als die sich im Hamsterrad des Mutterdaseins befindliche Frau noch nicht bereit bin für Haustiere.

Am nächsten Morgen nehme ich die Diskussion nochmals auf in der Absicht, sie ein für alle Mal zu beenden, denn ich habe einen Geistesblitz.

»Schatzi, es ist wirklich blöd und tut mir auch schrecklich leid, aber ich bin doch gegen Tierhaare allergisch. Das bedeutet, dass wir LEIDER NIE einen Hund, eine Katze, einen Hamster sowie Meerschweinchen, Renn-, Spring- oder Wüstenmäuse haben können.« Ich frage mich, ob ich alle möglichen Haustierwünsche damit im Keim erstickt habe. Meine Kinder werden ja sicherlich nicht mit mir zum Arzt gehen und einen Prick-Test machen wollen, um meine Angaben zu überprüfen.

»Und nie eine Katze? Niemals?« Mein Sohn ist schwer enttäuscht. In den Ferien kümmern wir uns immer um Shirkan, die Nachbarskatze. Ich muss den Minitiger nur sehen, und schon beginne ich mich zu kratzen. Gegen Katzenhaare bin ich wirklich extrem allergisch, das ist noch nicht mal gelogen. So aber haben die Kinder wenigstens zweimal im Jahr für zwei Wochen ein Haustier, auch wenn ich mich dem Tier, wenn es zu den Mahlzeiten zu uns kommt, nur mit Mundschutz nähern kann. Nun ist Shirkan aber so treu und dankbar wie ein Hund. Wer ihm einmal sein stinkendes Futter aus der Dose gekratzt hat, dem ist er Freund für immer. Wenn er mich sieht, streicht er um meine Beine, miaut und verlangt nach Zuwendung. Natürlich hat er mir zum Zeichen seiner Anerkennung auch schon mehrere tote Mäuse und Frösche vor die Tür gelegt. Er fühlt sich in unserem Garten so heimisch, dass er die Buchsbaumhecke gerne als Kratzbaum benutzt und die Steine am Teich als Freiluftkatzenklo. Bei unseren Begegnungen huste und niese ich meistens so intensiv, dass ich gar keine Kraft mehr besitze, ihn zu vertreiben. Irgendwann habe ich angefangen, bei Shirkans besonders langen Sitzungen auf unserem Freiluftkatzenklo den Gartenschlauch sprechen zu lassen, und das hat Wirkung gezeigt. Die Katze macht seitdem glücklicherweise einen Bogen um unser Haus und schaut mich aus der Ferne höchstens sehr skeptisch an. Die Fütterungen zu den Urlaubszeiten habe ich an meinen Mann weitergegeben.

Die Familien in der Nachbarschaft sind da auch nicht hilfreich, denn sie schaffen sich nach und nach zugegebenermaßen supersüße Haustiere an. Oder sie hatten wohl alle nicht so tolle Notlügen parat wie ich. Das schwächt natürlich meine Position erheblich, wenn alle paar Wochen ein neuer niedlicher Vierbeiner um die Ecke kommt.

»Mama, der David aus der Nr. 12 hat einen kleinen Hund, der ist soooo süß. Hast du die Allergie eigentlich für immer? Kannst du mal zum Arzt gehen? Vielleicht können wir auch einen Timmy haben? Büüüüütte?« Tatsächlich kann man dem neuen Hund von Nachbarsjungen David kaum widerstehen. Timmy ist ein kleiner, weißer, flauschiger Rüdenwelpe aus dem Tierheim. Er soll auch nicht größer als ein Dackel werden.

»So ein kleines Tier passt doch noch in jede Wohnung«, erzählte mir Davids Mutter kürzlich. Natürlich im Beisein der Kinder. Herzlichen Dank dafür. Timmys jetzt schon recht lange Beine lassen aber darauf schließen, dass Mama oder Oma ein Golden Retriever war. Als Tierheimbesitzer würde ich aber wahrscheinlich auch jedem Interessenten eine »Dackel oder Yorkshire Terrier Stammbaum«-Geschichte erzählen.

David geht nun jeden Nachmittag stolz mit Timmy an unserem Haus vorbei und nimmt für seinen putzigen Hund die Huldigungen entgegen. Meine Kinder warten schon immer sehnsüchtig auf die beiden, um den Welpen zu streicheln oder auch mal an der Leine herumzuführen. Kleine Hunde sind ja so extrem süß, dass auch ich nicht an mich halten kann. Wenn ich Timmy dann so kraule, überlege ich oft, ob es vielleicht nicht doch gehen würde. Wir wohnen schließlich im Grünen, Constanze und Sebastian wären doch so glücklich, dann schwinge ich eben ein bisschen mehr den Staubsauger, und es ist bestimmt auch gut für das Verantwortungsbewusstsein der Kinder, wenn sie sich um so ein kleines Wesen kümmern müssen.

Der Hund schaut mich dann aus großen braunen Augen treu an, so wie Fitz-William damals, und ich muss mich immer mit aller Macht losreißen. Meistens beende ich die Kuschelsession mit einem Pseudoschnupfenanfall. Die Fassade meiner Allergie muss ja aufrechterhalten werden, was dann immer Timmy sehr erschrecken lässt. Einen dramatisch niesenden Menschen hat er bisher in seinem jungen Hundeleben offenbar noch nicht erlebt. Auch ihm bin ich nicht geheuer, und nun sind es schon zwei Tiere in unserer Siedlung, die mich künftig meiden werden.

Als David und Timmy nach einem neuerlichen Besuch weg sind, schaut mein Sohn wütend drein. »DU bist die einzige Mama mit so einer saublöden Allergie, menno! Ich will auch einen Hund wie David, und außerdem hat er auch schon die Playmobil-Burg.«

»Das ist mir ganz egal, was andere Kinder kriegen, sagen oder machen. Wenn die in den Teltowkanal springen, springst du dann hinterher?«

Oh Mann, jetzt rede ich schon wie meine eigene Mutter. Bei ihr war es zwar der Rhein, aber dieser Satz hat mich schon anno 1985 immer genervt. Und warum soll ein Kind nicht das wollen, was das Nachbarskind hat? Ich will ja schließlich auch den SUV von Davids Mutter.

»NIE KRIEG ICH WAS, MENNO!«

Und auch auf diesen Reiz reagiere ich wie ein Pawlow'scher Hund. »Dir geht es SOOO gut, schau dir mal all die Spielsachen in deinem Zimmer an, mit denen du nicht spielst. Sei mal dankbar, du weißt gar nicht, wie gut du es eigentlich hast. Glaubst du, die armen Kinder in Afrika … hätten … Hunde?«

»JAHA, sogar mehrere!«

Da hat mein Sohn allerdings recht, in Afrika gibt es ja durchaus Hunde. Merke: Beim Eltern-Phrasen-dreschen erst nachdenken, dann reden.

Ich sehe mich selbst in meinem Sohn. Und kann mich an keinen innigeren Wunsch in meiner Kinderzeit erinnern als den nach einem Haustier. Nicht die »Allround«-Adidas-Basketballstiefel habe ich mir so sehr gewünscht, nicht, den *Denver-Clan* schauen zu dürfen, von *Dallas* ganz zu schweigen, und auch der blassrosa Lippenstift hat mich nicht so sehr bewegt. Meine behütete Kindheit in einem Dorf in Rheinland-Pfalz verbinde ich in erster Linie mit der Erinnerung an die vielen Gassigänge mit Fitz-Willi und meiner Freundin. Vielleicht sollte man ja doch mal über ein Haustier nachdenken. Eins ohne Haare, das man nicht Gassi führen muss und das auch keine toten Mäuse vor die Tür legt.

Beim Abendbrottisch fängt mein Sohn wieder an. Vielleicht springt ihm ja sein Vater zur Seite? Der lässt sich ja auch bei Gummibärchen und Kinderriegeln eher erweichen als seine Mutter.

»Dann will ich wenigstens einen Goldfisch, die machen GAR kein Aa«, schlägt Sebastian vor.

Oh Gott, ein Aquarium. Bei Goldfischen erinnere ich mich immer an Peter, mein Nachbarskind von damals. Sein Ein und Alles war dieser Glaskasten mit den Fischen drin. Er konnte auch nur über Fische sprechen, und das waren dann mehr oder weniger auch seine einzigen Freunde.

»Ich bin ja leider auch allergisch gegen Goldfische.«

»Aber die haben doch gar keine Haare, Mama!«

»Goldfische sondern durch ihre Haut radioaktive, ultraviolette, hochtoxische Gase ab, die durch das Wasser des Aquariums in die Atmosphäre abgeleitet werden. Diese Gase können bei Menschen zu Atemnot, Durchfallerkrankungen und Wetterfühligkeit führen.«

Öhm. Wo kam das denn jetzt her? Gar nicht so schlecht, mein pseudobiologisches Gefasel.

»Ich WILL aber ein Haustier. Wenn schon keine Fische, dann was anderes.«

Benedikt bekommt plötzlich so einen melancholisch-nostalgischen Gesichtsausdruck. Auweia, hatte der etwa auch so einen süßen Hund wie ich?

»Ich kann mich noch so gut an Aida erinnern. Was haben wir sie geliebt, dieses schöne Geschöpf.«

Welches Haustier hat denn bitte schön einen solch hochtrabenden Namen?

»Papa wollte, dass wir uns weniger streiten unter den Geschwistern, und dachte, so ein Tier wäre ein gutes Projekt für uns alle gemeinsam. Damit wir lernen, Verantwortung zu übernehmen und andere Lebewesen zu achten.«

»Wer oder was war denn Aida?«, will ich wissen.

»Aida war eine Schildkröte.«

»Ohh, wie süß, ich will auch eine Schildkröte«, meint Constanze.

»Aida kam damals im Herbst zu uns. Das ist ja die Zeit für den Winterschlaf, und wir gaben ihr einen Schuhkarton zum Überwintern, den wir in den Keller stellten. Das fanden wir aber nun ein bisschen langweilig auf Dauer, und wir wollten ja auch mit ihr spielen. Also sind wir jeden Tag runter in den Keller und haben an ihren Schuhkarton geklopft. Aida wurde also dauernd aufgeweckt«, erinnert sich mein Mann.

»Und war sie dann sauer?«, will Sebastian wissen.

Sie war wahrscheinlich so sauer wie ich, wenn mich die Kinder sonntags um 6:30 Uhr wecken, denke ich mir.

»Sie ist leider gestorben aufgrund von Schlafmangel.«

Das arme Tier! Schlafentzug kann tödlich enden, das kann ich als Mutter von Kleinkindern vollkommen nachvollziehen.

»Hatte sie Schmerzen? Und was habt ihr dann mit Aida gemacht?« Die Kinder nehmen regen Anteil am Schicksal der unglücklichen Schildkröte.

»Mein Vater betonierte gerade die neue Terrasse am Haus, und so haben wir sie in ihrem Schuhkarton dort eingemauert.«

»Sie liegt also ganz allein unter der Terrasse von Opa?«

Die arme Schildkröte, hat sie doch ein ähnlich tragisches Schicksal erlitten wie ihre berühmte Namensschwester in der gleichnamigen Verdi-Oper.

Nach Aidas Ableben wurden in der Familie meines Mannes zwei Feuersalamander angeschafft, die namenlos blieben, weil sie noch schneller das Zeitliche segneten als die Schildkröte. Am Tag der Ankunft der Lurche deponierte mein damals neunjähriger Mann die beiden mangels eines Terrariums in einer alten Badewanne, die im Garten als Regentonne genutzt wurde. Meine Schwiegermutter war wohl gerade mit den anderen drei Kindern beschäftigt, so dass sie nicht einschreiten konnte. Nachts regnete es dann leider, und am nächsten Morgen fanden die Kinder heraus, dass Feuersalamander schlechte Schwimmer sind. Mit Reptilien hatte die Familie meines Mannes also schon mal kein Glück. Die Grundsätze des Tier- und Artenschutzes wurden hier leider sehr vernachlässigt, obwohl Benedikt sicher aus seinem Fehler gelernt hat. Salamander wurden in seiner Familie fortan nur noch in Zoos und öffentlichen Aquarien bewundert.

Ja, man muss sich immer wieder hartnäckigen Betteleien und Diskussionen mit seinen Kindern aussetzen, aber am

Ende hat man als Eltern Ruhe und ein sauberes Haus ...
bis man dann eben doch nachgibt. Seit dem achten Geburtstag meines Sohnes lebt nämlich nun Aida II bei uns.
Das ist eine Dame, die sich durch nichts aus der Ruhe bringen lässt. Als sie anfangs bei uns war, vergaßen die Kinder
kurzzeitig, dass sie kein Zirkuspferd ist, sondern eine griechische Landschildkröte. Der Parcours in ihrem Gehege
aus Hindernissen wie Brotdosen und Messerbänkchen sowie einem selbst gebastelten »Feuerring« aus Pappe hat
sie in der Tat nicht gerade zu sportlichen Höchstleistungen
animiert. Sie führt ein gemächliches Leben, ernährt sich
gesund und schläft im Winter acht Wochen lang. Sie wird
mich um Jahre überdauern. Ich muss sagen, dass Aida II
mir zum Vorbild geworden ist. Schildkröten sind keines-
wegs langweilig, sondern können Mentoren für gestresste
Mütter sein.

Durch sie habe ich gelernt, alles langsamer zu tun und
Hektik zu vermeiden. Allein wenn ich das Tier beobachte,
entspannt mich das schon. Einen Meter laufen dauert
fünf Minuten, drei Rucola-Stängel essen mindestens eine
Viertelstunde. Aida II führt mir täglich vor Augen, wie
man ein langes, glückliches Leben lebt. Sie ist auch eine
super Kollegin im Homeoffice, denn sie trinkt mir nicht
den Kaffee leer und lässt mich weitestgehend in Ruhe.
Dank ihres Vorbildes lassen mich meine Kinder sogar
sonntags ausschlafen. »Mama braucht ihren Sonntags-
schlaf. Weißt du nicht mehr, was mit Aida I passierte,
die immer von Papa aus ihrem Winterschlaf aufgeweckt
wurde?«

Nein, eine von Schlafentzug dahingeraffte und unter der Terrasse eingemauerte Mutter wollen meine Kinder nicht. Tiere zu haben ist eben doch lehrreich und fördert das Verantwortungsbewusstsein.

5

»Leons Eltern haben leider kein Telefon mehr, aber du kannst gerne Lena anrufen.«

Wie man den Freundeskreis seines Kindes beeinflusst und bereits im Kindergartenalter vielversprechende Ehen anbahnt.

»Und jetzt spielen wir Arzt im Schlafzimmer.«

»Nein, Mia, ihr spielt heute schön im Kinderzimmer. Memory oder Lego, wir haben genug andere Sachen zum Spielen.«

»Menno, nie dürfen wir was. Bei euch ist es immer total langweilig.«

Ein typisches »Playdate« bei uns zu Hause. Mit Mia. »Schlafzimmer-Mia« ist eine Freundin meines Sohnes, die er noch aus der Krabbelgruppe kennt – und eine Herausforderung. Sie hat wenig am Hut mit Respekt vor Erwachsenen. Außerdem hat sie sehr eng gefasste Spielvorlieben. Arzt, Krankenhaus und »Kiefer-Torpedo« mag sie am liebsten, wahrscheinlich weil ihr Papa beruflich in Zähnen macht. Jedes Mal ist mir aufs Neue wieder klar: Dieser Nachmittag wird mich Nerven kosten.

Sich in die Freundschaften der Kinder mischen, das ist ja eigentlich tabu und auch so was von kleinkariert. Ein immerzu offenes Haus zu haben ist doch viel besser. Die Gäste mit ihren vielen kleinen und großen Macken werden jederzeit toleriert, willkommen geheißen und vielleicht sogar noch abgefüttert. Je nach Gastkind kann das jedoch eine enorme Herausforderung sein.

Bei Mias Besuchen ist klar, wer der Chef ist: Mia eben. Sie hat eine natürliche Autorität, von der ich nur träumen kann. Sobald sie durch die Tür kommt, läuft alles nach ihrem Plan. Erst wird zur Stärkung was gegessen (Süßes ist nach ihrer Ansicht okay, denn davon werden die Zähne ja nur krank und nicht schief). Dann beginnen die Spielvorbereitungen. Oft wird lautstark nach irgendwelchen Utensilien verlangt, wie zu Beispiel meiner Kollektion an Geschirrtüchern.

»Das geht leider nicht, die Geschirrtücher sind alle gerade gewaschen«, versuche ich dann in einem solchen Moment meist, mich durchzusetzen.

»Wir können ja auch *Kika* gucken.«

Mia weiß natürlich ganz genau, dass ich »echtes« Spiel bevorzuge. TV glotzen als Nachmittagsbeschäftigung befindet sich im Wertesystem der modernen Mittelschichtsmutter ganz unten. Am Anfang meiner Gastgeberinnenkarriere für die Freunde meiner Kinder habe ich die Kleinen durchaus mal vor dem Fernseher geparkt. Zwanzig Minuten *Kikaninchen* beruhigen die erhitzten Gemüter von Vierjährigen, bei achtjährigen Jungs wirkt die *Sportschau* Wunder. In meiner grenzenlosen Naivität berichtete ich den Müttern beim Abholen dann meist davon. Hochgezogene Augenbrauen und ein angeknacktes Image meinerseits waren die Folge. Seitdem heißt es bei mir »kreatives Spielen, bis der Arzt kommt«. Oder eben der Kieferorthopäde.

Bei Mias letztem Besuch wurde leider viel zu kreativ gespielt. Ich habe mich mit der *Gala* ins Wohnzimmer zurückgezogen, als ich plötzlich eine verräterische Stille bemerke.

»Kinder, was macht ihr denn so, spielt ihr schön?«, rufe ich also über den Flur.

»Wir spielen Krankenhaus, das macht voll Spaß!«

Was bedeutet das wohl? Lieber mal nachschauen. Angekommen im Kinderzimmer dann der Schock! Es ist leer. Die Kinder sind im Elternschlafzimmer, um sie herum ist das pure Chaos ausgebrochen.

Mia als behandelnde Ärztin sowie meine dreijährige Tochter als OP-Schwester haben sich die Handtücher aus dem Bad auf den Kopf gelegt und beugen sich über den im Bett liegenden Patienten, meinen Sohn. Sie leuchten ihm mit der *Käpt'n-Sharky*-Taschenlampe in den weit geöffneten Rachen. Auf dem Fußboden eine Packung Tampons. Ungefähr vier davon wurden, geschickt von der Folie befreit, in Sebastians Mund versenkt. In die Zahnzwischenräume wurden ihm die Plastikbändchen gesteckt, mit denen ich sonst meine Gefriertüten schließe. »Dr. Mia« gießt meinem Sohn gerade eine mit dem Tuschkasten angerührte braun-grau-blaue Brühe aus dem Zahnputzbecher in den Mund, die aber zum großen Teil auf meiner neuen cremefarbenen, unglaublich schönen Bettwäsche landet, die ich mir letzte Woche für teures Geld geleistet habe.

»Gleich schläfst du ein, dann tut nix mehr weh, und wir operieren dir eine Zahnspange.«

Auf meinem Nachttisch liegt schon ein Tablett mit Constanzes Glitzerhaarspangen in Pink und Lila bereit, die sie großzügig gespendet hat.

Mir reißt endgültig der Geduldsfaden. »Mia, was soll der

Mist, zu Hause darfst du doch auch nicht im Schlafzimmer deiner Eltern spielen! Das ist merzerisierte Baumwolle, das bekomme ich nie wieder raus. Auch nicht bei 60 Grad!«

Mia schaut mir frech ins Gesicht. Meine hausfraulichen Probleme interessieren sie überhaupt nicht.

»Du hast mir gar nichts zu sagen, du bist nicht meine Mama!«

Diese Respektlosigkeit macht mich komplett wütend, die »1950er Hausfrau und Mutter« geht mit mir durch. Und Mias Mama will ich nun erst recht nicht sein.

»Für dich immer noch ›Sie‹, Mia!«

»Hä?«

»In meinem Haus gelten MEINE Regeln: Mein Sohn wird nicht operiert, meine Bettwäsche wird in Ruhe gelassen und RAUS AUS MEINEM BETT!«

»Das Bett gehört doch auch dem Papa vom Sebastian und nicht nur dir. Ist doch voll gelogen.«

So weit kommt's noch. Bin ich hier im Verhör? Kinder können solche Spießbürger sein. Gott sei Dank klingelt es in dem Moment. Sabine, Mias Mama, ist da und erlöst mich davon, mit einer Achtjährigen die Eigentumsverhältnisse meines Bettes zu erörtern. Bevor mich Mias Mutter fragen kann, ob »die Kleinen auch schön gespielt haben«, schleudere ich ihr entgegen: »Ihre Tochter (ich war ab jetzt wieder ›per Sie‹ mit ihr, hatte ich beschlossen) hat meine Satin-Bettwäsche ruiniert, das krieg ich nieee wieder raus!«

»Du kannst die Mia gerne zurechtweisen, wenn dir nicht gefällt, was sie macht. Aber so edle Sachen besitzen wir gar nicht, das ist doch auch unpraktisch.«

Nun bin ich aber verwirrt. Erziehung von Gastkindern ist erwünscht? Und wieso zur Hölle nimmt sich Sabine das

Recht heraus, so frech die Beschaffenheit meiner Bettwäsche zu kommentieren? Vergebens warte ich auf eine Entschuldigung. Sabine bleibt beneidenswert tiefenentspannt. Das ist ja nun die Höhe. Während die Kinder pädagogisch wertvoll gespielt haben, wurde zum Dank meine Bettwäsche ruiniert, und jetzt bin ich die blöde Luxustussi. Und das nur, weil ich meinen Erziehungsauftrag gegenüber Mia nicht richtig wahrgenommen habe!

Vielleicht hätte ich mich als »böse Zahnfee« verkleiden sollen, um meine Zurechtweisung besser vorzubringen, so nach dem Motto: »Lass die Zähne meines Sohnes in Ruhe, sonst zaubere ich dir eine Spange in den Mund, die nie wieder abgeht.«

Spätestens abends hätte Mias Papa, der Fachmann, ihr dann aber die Wahrheit erzählt. Aaaaargh, ist das alles anstrengend!

Die Rolle als entspannteste Mutter bekomme ich sowieso nicht mehr. Mein Image ist bereits lädiert. Vielleicht klappt das mit der Toleranz ja in meinem nächsten Leben. Solange es geht, werde ich versuchen, die Freundschaften meines Sohnes zu beeinflussen. Für mich steht fest: Meine Bettwäsche ist mir wichtiger als mein Ruf als Mama. Mia stört das wenig, denn sie ist weiterhin Chefin in unserem Haus. Immerhin kann ich ein wenig Autorität zurückgewinnen. Ich habe mit Mia für zukünftige Treffen ausgemacht, dass die Kinder nun immer »Intensivstation« in der Garage spielen. Bei diesem Spiel wird der Patient weitestgehend in Ruhe gelassen und »beobachtet«, liegt auf der Gartenliege rum, und der Gartenschlauch zur Beseitigung möglicher Unfälle ist auch nicht weit.

Eine ganz besondere Herausforderung sind ja die »politischen« Freunde meines Sohnes – und ihre Eltern. Sobald Menschen mit einer dezidierten politischen Auffassung durch die Tür kommen, wird es anstrengend. Besonders, weil man ja unter Umständen zwei Welten miteinander versöhnen muss. Die politisch-ökologisch-korrekte und meine. Die Welt einer Wechselwählerin, die den Müll nicht richtig trennt und sich und ihrer Familie zu viel Zucker gewährt. Plastik findet sich auch im Haus, und das nicht nur in Form von Zahnputzbechern. Wenn zum Beispiel Sebastians Kindergartenfreund Leon uns besuchen kommt, gibt es regelmäßig einen Clash der Kulturen.

»Wir machen gerade eine Kur, der Zucker wird aus seinem Körper herausgeleitet. Also bitte nichts Süßes«, höre ich von seiner Mutter, als Leon bei uns zum Spielen abgeliefert wird. Ich kann mir gar nicht vorstellen, dass man so etwas freiwillig tut. Vorsichtshalber erkundige ich mich nach Leons Gesundheitszustand, der einwandfrei sei, wie mir versichert wird.

Es ist 15:30 Uhr, die Zeit, in der unsere auf Zucker programmierten Körper nach Schoko-Reiswaffeln mit Kokosraspeln (Kinder) und Macarons (Mutter) lechzen.

Was soll ich denn jetzt machen? Die Tüte mit den Franzbrötchen, die ich gerade noch für uns alle gekauft habe, unauffällig in den Müll werfen, zumal ohne diesen richtig zu trennen? Unseren Süßigkeitenschrank mit den vielfältigen Zuckervorkommnissen kurzzeitig auf den Speicher hieven? Es wird sicher sinnvoll und vernünftig sein, dass Leons Mutter sich für diese Kur entschieden hat. Ich wünschte, ich wäre auch so konsequent. Diese Mutter macht sich viel Arbeit mit der gesunden Ernährung und hält viel mehr Diskussionen mit den Kindern stand, als ich das jemals tun werde.

Des lieben Friedens willen oder im Sinne des Gastkindes wäre es sicherlich einfacher, für diese zwei Stunden am Nachmittag nach den Lehren Rudolf Steiners zu leben und sich bei der Gelegenheit auch noch mal das Parteiprogramm von Bündnis 90/Die Grünen vorzunehmen. Die habe ich ja schließlich auch schon mal gewählt. Aber das wäre ja auch irgendwie unehrlich… Ist es denn so schlimm, mal zu sündigen? Ich befürchte allerdings, Leons Mutter sieht es genau so und nicht anders.

Vielleicht wäre es ja eine Lösung, meine Ration an Koffein und Zucker auf der Gästetoilette einzunehmen, während die Kinder den Dinkelzwieback mümmeln, den ich kürzlich an der Probiertheke des Supermarktes mitgenommen habe?

»Dann schneide ich uns mal ein bisschen Obst auf«, lüge ich drauflos. Ich bin sicher, dass Leons Mutter mir sowieso nicht glaubt.

Nachdem Leons Mutter gegangen ist, schicke ich die Kids zunächst hoch zum Spielen, vielleicht haben sie ja auch gar keinen Hunger. Ich muss in Ruhe nachdenken. Wie war das eigentlich bei mir damals in den wilden Achtzigern? Es war gesellschaftlich völlig akzeptiert, Champignons aus der Dose zu essen, und der »Karibik-Fruchtcocktail« aus dem Glas ging als Obstzufuhr durch. Ja. Okay. In der Tat bin ich froh, dass diese Absurditäten heutzutage weitestgehend von den Speiseplänen verschwunden sind. Ohne die Ökobewegung der 1980er Jahre würden Leute wie ich wahrscheinlich ernährungstechnisch immer noch auf (Gummi-)Bäumen sitzen und Dosenmandarinen vernaschen.

Es ist gerade so merkwürdig still im Haus. Ich gehe ins Kinderzimmer, um nachzuschauen, was die Jungs machen. Sie stärken sich. Mit dem Inhalt der »Mitgebseltüte« vom letzten Kindergeburtstag. Nun ist es also passiert: Die Kur wurde offensichtlich unterbrochen. Unter meinem Dach. Das Teufelszeug hat Leons Körper infiltriert, weil ich nicht richtig aufgepasst habe. Ob Leon jetzt bald abdreht, weil er ein »Zuckerhigh« hat? Mich plagt sofort ein schlechtes Gewissen. Auch wenn er nichts verraten wird, findet seine Mutter abends beim Zähneputzen bestimmt noch Reste der Frösche und weißen Mäuse zwischen seinen Zähnen...

»Aber der Leon macht doch eine Kur...«, versuche ich, die Kinder zu ermahnen.

»Ich gebe dem Leon was von meinen Süßigkeiten ab, der darf das ja nicht zu Hause.«

Trotz der gewaltigen Ausmaße des Vergehens bin ich gerührt. Denn das Teilen ist eine echte Stärke meines Sohnes. Wenn er etwas Schönes besitzt, denkt er an seine Freunde und gibt gerne und freigiebig davon ab. Leon lächelt dankbar und genießt jeden Bissen der »sauren Zunge«, die er gerade verspeist. Ich kann ihn so gut verstehen.

Dennoch sieht Leons Ernährungsbilanz nun schlecht aus, und ich bin dafür verantwortlich. Ich schicke die Jungs auf den Bolzplatz, in der Hoffnung, der Zucker möge sich bei sportlicher Betätigung irgendwie auflösen. Derweil bereite ich das Abendessen vor. Wir leben ja in unserer Familie nach der Maxime »Iss erst den echten Hering, dann kriegst du auch den aus Lakritz«.

Bei meinen Kindern funktioniert das. Erst Salat, dann Süßes. Leon und Sebastian kommen nach Hause und verleiben sich tatsächlich neben ein bisschen Fisch auch noch eine halbe Tomate und ein Viertel einer Gurke ein. Aber es hilft nichts, denn als Leons Mutter ihren Sohn abholen kommt, sperrt unser Gast erst einmal seinen Mund auf, der hauptsächlich kreischblau aufgrund der sauren Zunge ist.

»Guck mal, Mama.«

Sie beugt sich zu ihm herunter, um an seinen Zähnen zu riechen. Und richtet sich schockiert wieder auf. »Ich hatte doch gesagt, nichts Süßes. Leon macht doch eine KUR.«

»Aber wir haben eben frisches Gemüse gegessen, das neutralisiert doch dann den Zucker quasi…« Oh Mann, welchen ernährungswissenschaftlichen Quatsch verzapfe ich denn da gerade?

»Davon habe ich ja noch nie gehört. Es wäre wirklich schön gewesen, du hättest meinen Wunsch respektiert.«

Orrrrr, ist das anstrengend.

Ich bin froh, als Leon, der Kurgast auf Abwegen, mit seiner Mutter durch die Tür verschwunden ist. Das muss ich mir nun nicht mehr so bald antun. Nach nur zwei Tagen bittet mein Sohn mich jedoch, bei Leons Mama anzurufen und ein neues »Playdate« zu vereinbaren.

»Das würde ich so gern tun, Sebastian. Aber Leons Familie hat ja kein Telefon mehr.«

»Das glaube ich nicht, jeder hat doch ein Telefon.«

»Wenn ich es dir sage.«

»Aber warum denn?«

»Leons Mutter sagt, das Telefon sendet Signale aus, die schlecht sind, wenn man eine Antizuckerkur macht. Wenn ich also anrufen würde, um ein Treffen bei uns auszumachen, würde der Leon sofort wieder Zucker essen wollen. Das will Leons Mama ja nicht.«

»Dann ruf doch auf dem Handy an.«

»Oh Gott, das ist noch viel schlimmer.«

Am nächsten Tag telefoniere ich ausgiebig mit meiner Freundin, die ebenfalls Mutter ist, und berichte ihr vom Zuckerdebakel. Währenddessen haben mein Sohn und meine Tochter sich die Klappleiter aus dem Keller geschnappt und angeln im Süßigkeitenschrank nach Essbarem. Offenbar ist leider meine Lüge mit den Zuckersignalen bei Telefonaten zumindest in unseren vier Wänden Wahrheit geworden.

Wie sehr genieße ich dagegen die Besuche von Sebastians Freundinnen, wenn sie denn nicht gerade Mia heißen. Achtjährige Mädchen sind ja, wenn ich sie mit der Reife meines Sohnes vergleiche, schon gefühlte 42. So eloquent, vernünftig und hilfsbereit. Mehr weiblichen Besuch für meinen Sohn, das ist nun mein Plan. Man kann ja auch nie früh genug anfangen, das Mysterium Frau zu ergründen.

»Du, Sebastian, da ist doch so ein nettes Mädchen in deiner Klasse. Die mit den braunen Haaren, die neben dir sitzt. Willst du dich nicht mal mit ihr verabreden?«

»Och, nöööö.«

»Heißt die nicht… Lisa… Lola… Jetzt hab ich's! Leia! Heißt sie nicht genauso wie die Prinzessin in *Star Wars*? Und sie sieht ihr doch auch ein bisschen ähnlich, oder? Vielleicht mag sie ja mit dir *Star Wars* spielen?«

»Sie heißt Lena und mag *Topmodel*.«

»Ach, versuch es doch wenigstens mal.«

»Okeee.«

Gesagt, getan. Nach einem Anruf bei Lenas Mutter steht die erste Verabredung der beiden. Der Nachmittag läuft gut an. Zunächst machen wir eine ausgedehnte 15-Uhr-Pause mit Schoko-Reiswaffeln, Kakao und Gummibärchen. Da ich ja aus meinen Fehlern lerne, habe ich mich vorher bei Lenas Mutter über die Ernährungsgewohnheiten ihrer Tochter erkundigt. Es gibt keine anstehenden Kuren, und Lena darf sogar fernsehen. Die Familie ist mir sofort sympathisch.

Während sich Gespräche von achtjährigen Jungs ja oft um Pupswitze, Fußball und eben *Star Wars* drehen, kann man mit Lena richtiggehend plaudern. Ihr gefallen meine neuen Kissenbezüge (das Kind hat Geschmack!), und sie unterhält sich mit mir über die Einrichtung ihres Kinderzimmers. Ich erfahre, dass es sich um »Prinzessinenstil mit Shabby Chic« handelt. Mein Sohn verfolgt still und gebannt unsere Konversation. Ich kann die Fragen, die in seinem Kopf kreisen, förmlich auf seinem Gesicht ablesen: Wie kann es sein, dass Frauen so viel reden können? Und was ist »Shabby Chic«? Irgendwann ist es ihm aber zu viel Girl-Talk, und er schreitet ein: »Lena, willst du mein Zimmer sehen? Ich habe ein neues Laserschwert!«

»Ja, gerne.«

Ich bin baff. Ist Lena etwa verliebt in meinen Sohn? Wie kann man sich sonst ihr Interesse an Laserschwertern erklären? Die beiden gehen hoch, machen sich ein Hörspiel an, und Sebastian zeigt ihr seine Kollektion an Laserschwertern.

Alles ist so harmonisch, dass ich nicht nur die *Gala*, sondern auch die *Bunte* komplett durcharbeiten kann. Nach einer Dreiviertelstunde gehe ich nachschauen, was die beiden so treiben. Ich kann es kaum fassen. Lena hat das geschafft, woran ich seit Jahren scheitere. Mein Sohn hat zwar

Unmengen an *Star-Wars*-Sammelbildern, ordnet sie aber natürlich nicht in das dazu passende Album ein. Nun sitzt er einträchtig mit Lena auf dem Kinderzimmerfußboden. Sie machen »Ablage«.

»Die Prinzessin Amidala muss aber auf die zweite Seite.«

»Hier zu Tschäneral Grie-Witsch?«

»GENERAL GRIEVOUS heißt das, und zwar mit weichem D und dann ein sch, das hat uns doch die Frau Scheuerle-Schnappauf in Englisch erklärt!«

»Hab ich vergessen.«

»Kann das sein, dass du mit Paul zu viel Quatsch im Unterricht machst?« Lena zwinkert Sebastian zu und knufft ihn in die Seite.

Hm, interessant. Lena ist vielleicht ein klitzekleines bisschen altklug... Aber: Sebastian muss sich wohl oder übel daran gewöhnen. Später wird ihn seine Frau ja auch zurechtweisen, wenn er mal wieder die Wäsche falsch zusammengelegt oder das Baby nicht richtig angezogen hat. Es scheint ihn auch nicht weiter zu stören.

»Mhh, o.k. Aber wo sollen dann die Droiden hin?«

Die Kinder schauen hoch und sehen mich in der Tür stehen.

»Schau mal, Mama, wie schön ordentlich!«

Seit wann liebt mein Sohn Ordnung? Ich lobe beide Kinder und reiche Gummibärchen mit Apfelspalten. Lena hat ja wirklich positiven Einfluss auf Sebastian, der schon nach nur einer Stunde Zusammensein wirkt. Ich bin begeistert. In den nächsten Wochen organisiere ich noch einige Verabredungen, bei denen Sebastians Legosteine farblich in Tupperdosen sortiert werden und seine Schreibtischschublade endlich mal aufgeräumt wird. Im Gegenzug schaut mein

Sohn mit Lena ihre neue *Topmodel*-Federtasche mit den Glitzerstiften an und lernt mehr über »Shabby Chic«.

Eines schönen Nachmittags, als die beiden die Ablage der Sammelbilder für die Nationalelf machen, frage ich Lena ganz beiläufig: »Und wer ist denn eigentlich der netteste Junge in eurer Klasse?«

»Der sitzt grad neben mir«, sagt sie und strahlt über das ganze Gesicht.

Die Antwort meines Sohnes: »Ej geil, ich hab Schweinsteiger in Glitzer.«

Typisch Mann. Sebastian hat überhaupt nichts mitbekommen von diesem wichtigen Moment. Eins ist ja jetzt klar: Ich habe die Richtige für meinen Sohn gefunden! Einer glücklichen Eheanbahnung steht nun nichts mehr im Wege. So ein bisschen Kuppelei wie im 19. Jahrhundert kann nicht schaden. Mama weiß doch sowieso am besten, was gut für den Sohn ist.

Nachdem Lena abgeholt wurde, suche ich das Gespräch mit Sebastian.

»Weißt du eigentlich, dass ich deinen Vater schon mit zwölf Jahren kennengelernt habe?«

»Nee, wieso jetzt?«

»Die Lena ist ja wirklich ein so nettes und hübsches Mädchen. Jung gefreit, nie bereut, Sebastian!«

»Hä?«

»Nächste Woche will ich mal Lena zusammen mit ihren Eltern einladen.«

»Ich würde aber lieber mal mit der Emilia spielen, die hat so einen schönen blonden Zopf!«

Waas? Das geht ja nun mal gar nicht! Wer weiß, ob Emilia gerne aufräumt oder ob sie Zucker essen darf? So viele Frauen verwirren doch auch nur. Was tun? Emilia muss ihm schleunigst ausgeredet werden.

»Die Haarfarbe blond wird leider bald aussterben, Sebastian. Es gibt dann gar keine blonden Menschen mehr.«

»Aussterben so wie die Dinos?« Er ist schockiert. Ich auch, ob meiner infamen Notlüge.

»Ja, genauso ist es.« Ich nicke mehrmals.

Mein Sohn denkt angestrengt nach. »Aber wenn Emilia bald nicht mehr blond ist, wie sehen ihre Haare denn dann aus?«

»Grün, mein Sohn, froschgrün.«

Nach einem halben Jahr wundert sich mein Sohn zwar manchmal, dass Emilias Haare immer noch weizenblond sind, aber Lena kommt weiterhin oft zu Besuch. Mama ist glücklich.

6

»Der Spielplatz hat heute leider zu!«

Wie man Orte mit viel Sand und Plastik meidet
und stattdessen mit den Kindern einen pädagogisch
wertvollen Ausflug ins Lieblingskaufhaus unter-
nimmt – nur um dann doch wieder die Gummistiefel
anzuziehen.

»Johann… hör auf, mit dem Sand zu werfen… das machen wir nicht… Johann… J…O…H…A…N…N…, geh
mal schaukeln, jetzt.

Schaukeln ist ja viel besser fürs Gehirn, findest du nicht
auch? Wir schaukeln ja regelmäßig, und ich habe auch
schon unglaubliche Fortschritte bei Johanns Zahlenver-
ständnis bemerkt…«

»Ja, also… Constanze und Sebastian fahren am liebsten
mit dem Bobby-Car die Rutsche runter.«

»Oh Gott.« Fast unmerklich ist die andere Mutter, die
mir da gerade eine Unterhaltung aufdrängt, ein bisschen
von mir abgerückt.

Wir befinden uns auf dem Spielplatz, dem Lieblingsort
meiner Kinder. Meiner ist es nicht. So ein Spielplatz kann
ja unter Umständen ein tückisches Elternsoziotop sein. Nirgendwo anders treffen so viele verschiedene Typen und Er-
ziehungsstile aufeinander. Es wird beobachtet und gnaden-
los (ab-)geurteilt.

»Aha, da ist ja wieder die Mutter mit ihrem krawalli-
gen Sohn, der immer den anderen Kindern die Sandschaufel

über den Kopf zieht. Ob sie dieses Mal auch wieder nicht einschreitet?«

»Und dort, die kleine Prinzessin mit den Glitzer-Uggs. So was ist ja total übertrieben. Wir sind doch nicht auf einer Miss-Wahl...«

»Wie man die ganze Zeit an seinem blöden Smartphone herumschrauben kann, ohne einmal nach den Kindern zu sehen, verstehe ich ja auch nicht...«

»Ach, und da ist ja wieder die Mutter, die immer *Gala* liest und sich heimlich Gummibärchen in den Mund stopft... Wie peinlich ist das denn!«

Ich horche auf. Das ging ja wohl eindeutig in meine Richtung. Noch nicht mal in Ruhe Qualitätsjournalismus konsumieren darf man. Dabei ist im Moment doch eigentlich alles ganz entspannt. Johann schaukelt, und mein Sohn schubst seinen Kumpel an. Sie verhandeln gerade, wie lange jeder das Vergnügen haben darf.

Johann: »Also, ich schaukele jetzt noch siebeneinhalb Mal, dann bist du dran.«

Sebastian: »Nein, du kannst noch dreißig Millionen Mal schaukeln, dann geht es schneller.«

Ups. »Mein Sohn hat es nicht so mit Zahlen.« Ich wende mich kurz an die Mutter und will mich dann eigentlich wieder den Monegassen-Prinzessinnen widmen. Doch selbst diese kleine Bemerkung war ein großer Fehler, denn nun beginnt ein typisches Spielplatzgespräch. Andrea, so heißt meine Gesprächspartnerin, entwickelt plötzlich starken Mitteilungsbedarf.

»Mein Sohn rechnet ja sooo gern. Was macht dir denn besonders Spaß in der Schule?«, fragt sie Sebastian.

»Hofpause.«

Andrea lächelt, hält kurz inne und fragt ihren Sohn: »Johann, sag uns doch mal, was 9 + 7 ist.«

»16.«

»Und 25 − 6?«

»19.«

»Schön, der Johann ist also gut in Mathe«, sage ich und hoffe, dass die olle Rechnerei jetzt beendet ist.

Aber die Mutter macht munter weiter. »8 − 9?«

»-1.«

»Und 5 × 5?«

»25.«

Mir reicht die Show jetzt langsam. Lass die Kinder um Himmels willen doch einfach schaukeln. In diesem Moment beginnt der wandelnde Rechenschieber mit seinem Kind Bruchrechnung zu üben, und ich bekomme leichte Schnappatmung. Mein sportlicher Ehrgeiz ist nun geweckt, und ich kann nicht anders: Beherzt trete ich ein in den Wettkampf namens »Wer hat das tollste Kind«.

»Sebastian wurde von gaaanz vielen Mädchen zum Geburtstag eingeladen, so beliebt ist der. Ist ja auch kein Wunder bei diesen langen Wimpern. Guck doch mal, wie hübsch er ist!«

So. Der hab ich's jetzt aber gezeigt.

Doch Gräfin Zahl ignoriert meine Bemerkung und rechnet unbeirrt mit ihrem Sohn weiter. Nun beginnt sie, geometrische Formen abzufragen. Boah, das nervt!

»Ich will mir ja gar nicht ausmalen, wie das in der Pubertät wird. Sebastian wird wahrscheinlich mehr Freundinnen als Mick Jagger haben«, starte ich einen zweiten Versuch, das Rennen zu gewinnen.

»Spielt er denn ein Instrument? Johann hat ja so viel

Freude am Cello! Ich würde diese Rechenschwäche an deiner Stelle ja nicht auf die leichte Schulter nehmen. Rechnen können muss jeder. Das Notenlesen unterstützt ja auch das mathematische Verständnis, das ist allgemein bekannt. Denkst du nicht?«

Was ich in diesem Moment denke, aber nicht sage, ist: Mein Kind ist trotzdem viel toller als deins! Mathe! Rechnen! Das machen doch heutzutage Excel-Tabellen und Taschenrechner. Auf die sozialen Kompetenzen kommt es an. Und so hübsch ist er ... Jetzt schau doch endlich mal diese MEGA Wimpern an! Und wem hat er die zu verdanken? Meiner 1A-Gebärmutter ... oder dem Eierstock ... also dem Ei ... also der DNA ... Wie war das noch mal? Ist doch jetzt auch egal. Wir können unsere Kinder ja mal von Stiftung Warentest überprüfen lassen. Sebastian kommt da mit einer Gesamtwertung »sehr gut« raus. Garantiert. Angesichts dieses inneren Sturmes und der bloßen Anwesenheit meiner Gesprächspartnerin will ich jetzt ganz dringend nach Hause und sage laut zu meinem Sohn: »Lass uns gehen, ist schon spät.«

»Oh je, ich hoffe, ich bin dir jetzt nicht zu nahe getreten«, sagt Andrea.

Mein Gott, ist das anstrengend. Und was ist da eigentlich gerade eben innerlich mit mir abgegangen? Ich verabschiede mich von Johanns Mutter und will gerade gehen, als ich meinen Nachbarn Stefan entdecke. Den sieht man in seiner Freizeit eigentlich nur in Laufleggings. Auch heute zieren ihn Beinkleider, die mich stark an Rudolf Nurejew in seinen besten Zeiten erinnern. Mit der einen Hand schiebt Stefan seine Kinder in einem »Jogger-Kinderwagen« schwungvoll auf den Spielplatz, während er auf sein Smartphone in der anderen Hand schaut. Was ist das eigentlich mit den männlichen Enddreißigern und ihrer Vorliebe für enge Lycrahosen und Pulsmesser? Alle sind so schrecklich sportlich und können nicht mal eine Sekunde lang aufhören, davon zu erzählen.

»Ach, hallo, Nina, ich war gerade ein bisschen laufen mit den Kindern. Aber es wurde ihnen zu viel, und da dacht ich mir, ich kann mich ja auch auf dem Spielplatz dehnen.«

Stefan beginnt nun mit einer ausgiebigen Dehnung seiner Gliedmaßen unter Einbeziehung der vorhandenen Spielgeräte. Das sieht zugegebenermaßen schon ziemlich beeindruckend aus, wie sich unter dem dünnen Stoff die Muskeln abzeichnen, und auch Andrea vergisst die Rechnerei für einen Moment.

Stefan hält inne. »Ich habe ja ganz vergessen, meine Laufzeit auf Facebook zu teilen! Schau mal hier.« Mir wird eine App präsentiert, die Stefans persönlichen Fitnessplan anzeigt und außerdem die großartige Eigenschaft besitzt, die interessierte Öffentlichkeit an seinen Laufergebnissen teilhaben zu lassen.

Meine Antagonistin pirscht sich bei diesen Worten an uns ran und stellt sich vor. »Hallo, ich bin Andrea. Also ich könnte so was ja nieeee! Wenn ich anfange zu laufen, knicke ich immer um. Aber ich finde das total bewundernswert, dass du so diszipliniert bist. Du hast ja bestimmt dazu noch einen megaanstrengenden Job.«

Mein Nachbar lässt sich nun im Schneidersitz auf eine Bank sinken und widmet sich seinem durchaus ansehnlichen Trizeps. Zwischen tiefen Atemzügen, bei denen er bestimmt gerade seine innere Mitte findet, setzt er die Johann-Mama darüber in Kenntnis, dass er ein vielbeschäftigter Chirurg an der Charité ist. Stefan schließt die Augen und atmet weiter, während wir beide das Spiel seiner Muskeln bewundern. Als er fertig ist, steht er wieder auf und nimmt einen kräftigen Schluck aus seiner Trinkflasche. Und da, Bizeps ist auch vorhanden! Andrea wirft ihre Haare zurück und legt den Kopf schief. »Vielleicht kannst du mir ja mal beibringen, wie man läuft?« Augenaufschlag und Wimpernklimper.

Beibringen, wie man läuft? Habe ich richtig gehört? Eine fast Vierzigjährige, die noch nicht laufen kann? Vielleicht wäre ja die örtliche Krabbelgruppe was für sie. Ich stehe ein bisschen blöd bei diesem hochinteressanten Gespräch dabei.

»Komm doch mal zu unserem Lauftreff, jeden Dienstag bei Wind und Wetter.« Stefan schaut auf die leere Gummibärchentüte in meiner Hand. »Wäre auch für dich ganz gut, Nina.«

Die Mutter mit der besorgniserregenden Laufschwäche beäugt nun auch noch kritisch meinen Hüftumfang und wirft dann besonders energisch ihr Haar zurück. Stefan erklärt ihr, wie sie die Lauf-App herunterladen kann. Beide tippen eifrig auf ihren Smartphones rum. Mir reicht es jetzt endgültig, und wir gehen. Spielplätze sind doch eigentlich wie Schulhöfe. Nur mit erwachsenen Leuten.

Als mich meine Kinder am nächsten Tag fragen, ob wir zum Spielplatz gehen, verkünde ich: »Der Spielplatz hat heute leider zu. Die Kinder sollen stattdessen ihre Zimmer aufräumen.«

»Hä, wer sagt denn so was?«, fragt mein Sohn.

»Na, der … ähm Chef«, sage ich.

»Wer ist denn der Bestimmer vom Spielplatz?«, will meine Tochter wissen.

Ich erfinde kurzerhand eine seriös klingende Autorität. Und habe Glück. Dass es einen »Spielplatz-Oberboss-Kapitän« gibt, nimmt mir zumindest meine Tochter ab. Tatsächlich räumen die Kinder ihre Zimmer auf, auch Sebastian, und wir haben noch fast den ganzen Tag vor uns. Da kommt mir eine großartige Idee! Wir gehen ins KaDeWe, das große Kaufhaus im Berliner Westen! Es ist ja Samstag, und das war doch immer so schön, damals, als wir noch keine Kinder hatten. Ausgiebig bummeln, an Düften schnuppern, Kleider anprobieren und wieder zurückhängen und sich dann in der Feinschmeckeretage einen Minikuchen leisten. Vielleicht können wir das alle zusammen machen? Die Kids sind ja jetzt aus dem Gröbsten raus und können sich einigermaßen benehmen. Außerdem muss man sich ja auch wirklich nicht IMMER nach den Kindern richten. Sie können ruhig auch mal mitgehen, und zur Not besuchen wir einfach die Spielwarenabteilung. Genau, ich bin Meisterin der Verdrängung. Egal. Jetzt wird eingekauft. Yes!

Während der Autofahrt wird an den jeweiligen Kaufwünschen gefeilt: »Ich will ein Einhorn!« (Constanze), »Die Playmo-Burg, die große« (Sebastian). Benedikt gibt kund, dringend einen Trüffelhobel zu »brauchen«. Aha. Angekommen treten wir feierlich durch das Hauptportal des Kaufhauses. Eigentlich fühle nur ich mich wie in einer Kathedrale, meine Kinder hüpfen umher, ziehen an meiner Jacke und reden aufgeregt durcheinander. Ich lasse die Atmosphäre auf mich wirken. Granit, Gold, Spiegel. Alles glänzt, die Waren liegen ordentlich in den Regalen, wo sie auch bleiben und nicht von kleinen Händchen herausgezogen werden. Wenn es doch nur bei mir mal so aussehen könnte! An mir vorbei schweben zwei überirdisch schöne

Russinnen auf sehr hohen Absätzen. Sie tragen unzählige Tüten und sehen glücklich und entspannt aus. Meine Tochter zerrt an meinem Ärmel. »Wo ist denn nun das Einhorn? Ich will das Einhorn!«

Vielleicht kann ich mich ja bei den Damen in einer der Tüten verstecken und so noch Stunden durch das Kaufhaus getragen werden, um ein bisschen mehr Glamour einzufangen? Aber nein. Bevor wir ausschwärmen, muss der Familienausflug ins Kaufhaus generalstabsmäßig geplant werden.

»Also ich wollte mal beim Make-up schauen, da kann ja Constanze dabei sein.«

»Was ›schaust‹ du denn dort?«, fragt mein Mann.

»Ich lasse mich inspirieren.«

»Aha.«

»Du brauchst gar nicht so schnippisch zu werden. Wozu bitte benötigen wir eigentlich einen Trüffelhobel?«

»Ich will damit hobeln.«

»Was denn, wir essen doch gar keine Trüffel!«

»Dann eben anderes Gemüse, Champignons zum Beispiel.«

Ich sehe schon, mein Mann bleibt stur. Ich muss ihm wohl auch seinen eigenen kleinen Shoppingirrsinn lassen. Der Typ am Informationsstand schaut schon recht belustigt, wahrscheinlich hat er solche Diskussionen bereits öfters erlebt.

Mit den Worten »Wenn die Kinder aus dem Haus sind, essen wir bestimmt ganz viel Trüffel« und einem sehr entschlossenen Gesichtsausdruck nimmt mein Mann Sebastian mit in die Haushaltswarenabteilung, um nach dem überflüssigen Küchengerät zu suchen.

Bevor ich nun geradeaus zur Kosmetikabteilung gehe,

instruiere ich meine Tochter noch einmal. Nichts anfassen, nicht herumrennen und immer schön bei Mama bleiben. Sie nickt verständnisvoll und nimmt meine Hand. Ach, wie schön, Mutter und Tochter vereint beim Shoppen! Ich halte zunächst an einem Stand mit Parfum. Unzählige kostbare Flakons stehen vor uns, und ich schnuppere an ein paar Düften. Die perfekt geschminkte Verkäuferin strahlt Constanze an und gibt ihr auch einen Duftstreifen. Meine Tochter inhaliert, schaut zu mir hoch, verzieht das Gesicht und sagt laut und deutlich: »Das riecht voll ekelich, Mama.«

»Duft ist Geschmackssache, da hat die junge Dame recht«, tönt es da direkt vor mir wie aus der Pistole geschossen. Eine kleine Duftwolke begleitet die Worte.

Ich bewundere ja das Verkaufstalent dieser Dame. Fast hätte ich ihr aus lauter Dankbarkeit für ihre Freundlichkeit jedes x-beliebige Parfum abgekauft, doch da entdecke ich meine Lieblingsmarke für Make-up. Ich verabschiede mich von der netten Verkäuferin und gehe mit Constanze an den nächsten Stand. Kaum dort angekommen wird mir auch schon angeboten, die neue Frühjahrs-Lippenstift-Kollektion auszuprobieren. Herrlich! Constanze wird etwas entfernt von mir ebenfalls auf einen Schminkstuhl gesetzt, und schon geht es los. Während mir die Visagistin den Lippenstift aufträgt, versuche ich trotz meines geöffneten Mundes, meiner Tochter immer wieder Ermahnungen zuzurufen. »Nichts anfassen, Constanze. Das ist nur für große Leute!«

Und dann passiert es. Ich hätte es mir eigentlich denken können. Meine Tochter ist erblich vorbelastet und liebt Schminke ebenso sehr wie ich. Mit den Worten: »Ich bin auch schon groß, ich bin fast vier« angelt sich Constanze unter dem konsternierten Blick der Fachverkäuferin einen hellrosa Lippenstift und schmiert ihn sich einmal großräumig um den Mund herum. Sie sieht nun wie ein Clown aus, betrachtet sich aber zufrieden im Schminkspiegel.

»Ich bin ein rosa Einhorn, guck mal, wie schick, Mama.« Der Clownsmund ist jedoch nicht das einzige Desaster. Der Lippenstift ist komplett zerdrückt, Brocken davon kleben meiner Tochter an den Händen. Peinlich berührt wische ich ihr Gesicht und Hände ab und gebe der Dame den zerstörten Lippenstift zurück. Wie unangenehm! Schnell weg hier. Ich entschuldige mich bei der Verkäuferin und kaufe vorsorglich zwei Lippenstifte mit den klingenden Namen »Maui Orgasm« und »Miami Ecstasy«. »Berlin Breakdown« wäre eine passendere Bezeichnung gewesen. Die Dinger kosten schlappe 20 Euro pro Stück, wahrscheinlich weil sie so kreative Namen haben. Als ich bezahlt habe, stehen plötzlich Sohn und Vater neben uns.

»Du hast doch schon einen Lippenstift zu Hause, warum brauchst du denn noch mehr?«, fragt Sebastian vorwurfsvoll. Ob ihm diese Worte wohl von seinem Vater in den Mund gelegt wurden?

Ich merke, wie ich mich gerade nach dem Spielplatz sehne, wo Herummantschen gesellschaftlich akzeptiert ist.

»Guck mal hier, das sieht doch gut aus, das kannst du kaufen«, berät mich mein Sohn und reicht mir einen grelltürkisen Glitzerlidschatten namens »Los Angeles Lust«. Nein danke, mir ist die Lust vergangen. Benedikt zeigt mir stolz seine kleine KaDeWe-Tüte. »Also ich wär so weit, ich habe den Trüffelhobel gefunden. Können wir dann jetzt gehen?«

Protest vonseiten der Kinder. Natürlich haben sie nicht vergessen, dass wir ihnen zuvor im Auto vollmundige Versprechungen gemacht hatten, was die Spielwarenabteilung angeht. Wir stellen uns also pflichtschuldig auf die Rolltreppe und versuchen, Sebastian auf dem Weg in die fünfte Etage von der großen Playmo-Burg auf einen einzelnen Ritter herunterzuhandeln. Unterwegs fällt mir ein, dass ich dringend einen neuen BH brauche, also wirklich jetzt. Leicht genervt folgt mir die Familie in die Wäscheabteilung. Dort angekommen bleibt mein Sohn fasziniert vor einer Schaufensterpuppe stehen, die einen Büstenhalter aus schwarzer zarter Spitze trägt. Er zeigt darauf und ruft laut aus: »Ihhhhhgitt, wie PERVERS. Das sind ja BUSENTEILE! Und da, die Frau hat eine Schnur durch den Po, tut das nicht weh?«

Spätestens jetzt kann sich wirklich jede Kundin sicher sein, in welcher Abteilung sie sich gerade aufhält.

»Was brauchst du denn noch einen BH, du hast doch schon einen«, gibt der Gatte zu bedenken.

»Mama, kann man mit so einer Schnur durch den Po noch laufen?«, will mein Sohn nun ganz dringend wissen.

In diesem Moment wird mir unmissverständlich klar, dass dieser Einkaufsbummel keine so gute Idee war. Alle fassen alles an und kommentieren alles lautstark. Dauernd muss man sich rechtfertigen und unangenehme Fragen beantworten. Spaß und Entspannung ist das nicht! Ich versuche meinem Sohn kurz und jugendfrei zu erklären, was ein Stringtanga ist. Zum Glück verliert er relativ schnell das Interesse und verabschiedet sich, um mit der Rolltreppe in die nächste Etage zu fahren, wo er auf uns warten will.

»Aber nichts anfassen«, ermahne ich ihn noch einmal.

Nun kommt mir Constanze zu Hilfe. »Guck mal, der

ist schick, Mama!« Sie hat sich in der Abteilung für junge Frauen umgetan und reicht mir ein rosa-weiß kariertes Bustier mit eingestickten Glitzerherzchen. »Den will ich.«

»Aber Schätzchen, das ist für große Mädchen, solche, die schon ein bisschen Brust haben. Du brauchst das noch nicht.«

Meine Tochter ist untröstlich. Nichts darf sie. Keine Schminke, keinen BH. Sie wirft sich auf den Fußboden und beginnt laut zu heulen. Da ist er, der klassische Trotzanfall beim Einkaufen. Nur geht es dieses Mal nicht um Süßigkeiten.

»Ich will auuuuch Buuuuusen.«

»Aber Constanze, das kommt schon noch, du bist doch noch so klein.«

»Ich bin schon groß, ich will Busen. ICH WILL ABER.«

»Bald.«

»Wann?«

Woher soll ich das wissen? Was sag ich denn nun?

»Wenn die Busenfee kommt!« Das war doch jetzt eine tolle Notlüge, finde ich – doch leider ist Constanze da ganz anderer Meinung. Da ich ihr die genaue Ankunft der Busenfee nicht vorhersagen kann, wird sie nun richtig wütend.

Sie tritt um sich und reißt dabei ein paar sündhaft teure, champagnerfarbene Korsagen von einem Ständer herunter. Oh Gott, wie peinlich. Im Supermarkt bin ich ja daran gewöhnt, aber in diesen heiligen Hallen ist mir der Auftritt meiner Tochter doch sehr unangenehm. Warum gibt es hier jetzt keine Seilbahn wie auf dem Spielplatz, mit der ich mich schnell in eine andere Abteilung abseilen könnte?

»Halloooo, wer gehört denn zu dem jungen Mann hier?«
Mitten im Chaos höre ich eine leicht verzweifelte weibliche Stimme zu uns herabdringen. Scheint vom anderen Ende der Rolltreppe zu kommen. Diesem Appell sollten wir wohl besser mal nachgehen. Benedikt klemmt sich die wütende Constanze wie eine Aktentasche unter den Arm, ich werfe hastig die Korsagen auf den nächsten Verkaufstisch, und wir alle flüchten eine Etage höher. Oben sehen wir, dass mein Sohn gerade bei einer Verkäuferin sitzt und sich exquisite Porzellanfigurinen zeigen lässt. Er hat ihr offenbar weisgemacht, dass er der Mama, die ja bald Geburtstag hat, etwas Schönes schenken will. Auch hier entschuldigen wir uns pflichtschuldig und entreißen Sebastian der kleinen Verkaufsveranstaltung. Nichts wie weg! Wir haben schon genug Überflüssiges gekauft. Obwohl: Die tanzende Rokoko-Schäferin hätte sich bestimmt hervorragend neben dem Trüffelhobel gemacht...

Nach ein paar Schritten haben wir das rettende Ufer erreicht, die Spielwarenabteilung. Mein Mann und ich sind nun so entnervt, dass wir nur noch unsere Ruhe wollen und deswegen offenbar komplett bestechlich geworden sind. Constanze bekommt Einhörner in Plüsch- und Plastikausführung und mein Sohn drei Playmo-Ritter. Wir haben definitiv zu viel gekauft, aber das ist jetzt ja auch schon egal.

Nach dieser unerwarteten Grenzerfahrung muss eine Stärkung her. Mit unseren beschenkten, aber leider gar nicht so dankbaren Kindern (»Ich habe aber gar keinen Hunger«, »Gibt's da McDonald's?«) fahren wir in die berühmte sechste Etage des Kaufhauses: direkt in die Feinschmeckerabteilung.

Es ist kurz vor 12 Uhr mittags, an den Gourmettheken haben sich bereits wohlgenährte und gut gebräunte Pensionäre niedergelassen. Die sind wahrscheinlich auch so früh wach wie wir mit unseren kleinen Kindern und schieben auch schon Kohldampf. Mein Mann und ich haben nach den Shoppingepisoden des Vormittags ordentlich Hunger bekommen und entscheiden uns für ein Mittagessen in der Fischabteilung. Wir ergattern die letzten vier Barhocker an einem Bistrotisch inmitten einer Austern schlürfenden Kegelgruppe aus Wuppertal. Nach drei Minuten langweilen sich die Kids und fangen an, auf ihren Stühlen herumzukippeln. Wir entlassen sie in die Fischabteilung und geben ihnen die Erlaubnis, ein bisschen herumzugehen und sich die Waren anzusehen. »Aber nichts anfassen, ja?« Mit eingeschweißtem Lachs und Kaviardosen kann ja auch eigentlich nichts passieren. Denken wir.

Unser Essen kommt, und wir genießen die unerwartete Zeit zu zweit. Nach zwanzig Minuten wird es mir dann aber doch unheimlich. Wir zahlen schnell und suchen die Kinder. Bei den Konserven sind sie nicht, und auch an der Austernbar können wir sie nicht finden. Als wir um die Ecke biegen, sehen wir die beiden vor dem Becken mit den lebendigen Fischen stehen. Sebastian winkt den Tieren so fröhlich, als wären sie alte Bekannte. Constanze drückt ihren Mund mit den letzten Resten von »Miami Ecstasy« auf die Scheibe und verteilt Küsschen an die Meerestiere. Nun ist die Glasscheibe zartrosa verschmiert.

»Aber Kinder, lasst die Fische in Ruhe. Die wollen jetzt nicht gestört werden.«

»Aber die sind soooo süß«, quiekt meine Tochter verzückt. »Darf ich vielleicht noch so einen Füsch als Haustier haben, büüüütte?« Sie hat sich offenbar in eine Dorade verliebt, die immer wieder das Maul auf- und zumacht und wahrscheinlich gerade einen Nervenzusammenbruch erleidet.

»Junge Frau, bitte die Kinder NICHT an die Scheibe klopfen lassen. Wenn Sie in den Zoo wollen, der ist fünf Minuten von hier«, bedeutet mir der Fischverkäufer. Ist ja gut. Streng genommen haben die Kinder zwar nur gewinkt und geküsst, aber egal.

Für eine Haus- und Nutztierdiskussion habe ich wirklich keine Energie mehr. Also erkläre ich ihnen, dass auch unsere Schildkröte Aida II eine Fischallergie hat, genau wie ich. Und das wirkt, Aida hat Vorrang.

Nach zwei Stunden Kaufhaus ist die gesamte Familie nun rechtschaffen müde. Wir haben ja auch alle etwas Schönes gefunden. Auf der Heimfahrt überlegt sich Benedikt ein Rezept, bei dem der Trüffelhobel ganz ohne Trüffel eingesetzt werden kann, mein Sohn spielt mit seinen Playmo-Rittern, und meine Tochter packt meine Lippenstifte aus, um mit »Miami Ecstasy« die Autoscheiben zu bemalen. Bis zum nächsten Familienausflug ins Edelkaufhaus kann nach meiner Ansicht dann doch noch ein bisschen Zeit verstreichen. So ein friedlicher Spielplatz hat doch auch was.

7

»Die Schnullerfee, der Osterhase und der Weihnachtsmann kommen nur, wenn du in deinem Bett schläfst.«

Wie man anstrengende Diskussionen vermeidet und die Autorität als Eltern an befugtere Personen abgibt.

»Steh sofort auf und sei still«, weise ich meine Tochter zurecht, die sich gerade im Eingangsbereich der Sparkasse auf den Fußboden geworfen hat und brüllt. Sie hat in den Trotzanfallmodus umgeschaltet, weil ich ihr nicht erlaubt habe, meine Bankkarte anzuknabbern. Verständlich, denn so eine Plastikkarte ist ja nun auch echt delikat, und ich habe keine Lust, mir eine neue besorgen zu müssen, nur weil ein Dreikäsehoch seinen Kopf durchsetzen will. Ebenfalls verständlich, dass man als Mutter das im öffentlichen Raum rasende Kind schnellstmöglich aus dieser Gefühlslage wieder in den entspannten »Ich-sitze-im-Buggy-und-schnullere-Modus« bringen möchte. Manche Eltern bestechen, drohen oder verlassen schleunigst den Ort des Ärgernisses. Andere, so wie ich, bedienen sich einer kleinen Lüge.

»Der Mann hat das verboten, dass du hier so schreist. Der wird gleich gaaaanz böse.«

»Welcher Mann, Mama?«

»Na … der Mann halt. Der Bank-Mann. Der Mann mit dem vieeelen Geld und den tollen roten Luftballons! Der dir immer ein Bonbon gibt, wenn du schön brav warst!«

Constanze hört auf zu heulen, reicht mir die Bankkarte, versteckt sich im Buggy und saugt brav an ihrem Schnuller. Bevor sie auch nur »Will jetzt Bonbon« sagen kann, sind wir schon draußen.

Ich klopfe mir auf die Schulter. Geht doch! Wenigstens heute hat es geklappt, aber es ist leider nicht immer so einfach. Denn auch dieser Trick zieht bei meiner Tochter nur ungefähr eine Woche lang. Ich benutze meistens mehrere Variationen des »Bank-Mannes«, um Constanzes Wutanfälle zu unterbinden. Der S-Bahn-Mann, der Polizei-Mann, der Arzt-Mann. Ehrliche Typen mit gestandenen Berufen und mehr Autorität, als ich je haben werde. In einem unkonzentrierten Moment habe ich aber einmal zur Zeit der Tulpenblüte den »Weihnachts-Mann« zu Hilfe genommen, und das war natürlich ein Fehler und wurde sofort aufgedeckt.

»Der Weihnachtsmann kommt aber erst mit den Schneeflöckchen, Mama.«

Wo sie recht hat, hat sie recht. Seitdem haben wir dazugelernt, mein Mann und ich. Unsere »Erziehungshelfer« müssen zur Situation passen und saisonal Sinn machen. Was wir ebenfalls schmerzlich eingesehen haben, ist, dass Notlügen mit Fantasieautoritäten nur dann funktionieren, wenn keine »Ungläubigen« in der Nähe sind. Wahrheitsfanatische Eltern oder gar aufgeklärte Kinder, die bereits nicht mehr an Weihnachtsmann, Osterhase und Co. glauben, sind als Zeugen eines solchen Manövers äußerst kontraproduktiv. Und es ist doch auch einfach schön, diese kindlichen Traditionen aufrechtzuerhalten. Weihnachtsbaum, Weihnachtsmann, Christkind. Das gehört doch zu jeder Kindheit dazu, oder? Dachte ich zumindest.

Meine Tochter hatte zur letzten Adventszeit ihre Trotz-hochphase. Und wie immer bei Wutanfällen werden diese von Kleinkindern am liebsten vor Publikum inszeniert. So scheint es wenigstens mir als leidtragende Mutter.

»Constanze, komm bitte, wir müssen nach Hause.«

»Nein, ich hab keine Zeit, ich muss arbeiten.« Meine Tochter liebt ihren Kindergarten und denkt, das wäre auch eine Art Arbeit für sie. Wie für Mama und Papa ins Büro gehen. Gerade jetzt hilft sie der Erzieherin, Cornflakes auf kleine Schüsselchen zu verteilen.

»Nein, ICH hab keine Zeit, noch länger zu warten. Wir müssen jetzt nach Hause. Gleich kommt der Bofrost-Mann, wir haben keine Erbsen mehr.«

»Der Frostmann? Kommt jetzt der Weihnachtsmann und bringt die Geschenke?« Meine Tochter hält kurz inne und schöpft Hoffnung.

»Nein, der kommt später im Jahr. Schatzi, bitte komm jetzt einfach, ich erklär dir das unterwegs.«

»Ich will jetzt aber den Weihnachtsmann! Uauauauaua.« Constanze wirft den Kopf zurück, bekommt ein hochrotes Gesicht und fängt lauthals an zu weinen.

»Wenn du jetzt noch weiter Theater machst, merkt sich das der Weihnachtsmann!« Dabei nicke ich heftig, um meine zugegebenermaßen etwas veraltete Erziehungstaktik zu verstärken.

Ganz unbemerkt hat sich Constanzes fünfjährige Kinder-gartenfreundin Matilda zu uns gesellt und beobachtet ge-spannt die Szene. Sie stemmt die Hände in die Hüften und belehrt uns: »Den Weihnachtsmann gibt es nicht, das ist ein Rodukt unserer K...Kum...Kom...Kosmosgesellschaft.«

Oh nein, ich habe eine kleine Konsumkritikerin vor mir!

Beziehungsweise sprechen ihre Eltern durch sie zu mir. Das ist jetzt wirklich sehr unpraktisch. Insbesondere weil Constanze Matilda regelrecht anbetet. Alles, was das ältere Mädchen sagt, ist Gesetz. Vielleicht kann ich Matilda bei Gelegenheit mal bestechen, damit sie mit meiner Tochter die Unsinnigkeit von Trotzanfällen ausdiskutiert? Aber das klappt wahrscheinlich eh nicht, denn Matilda ist Spezialistin für eloquenten Widerspruch. Meine Tochter hört auf zu weinen und schaut uns beide mit weit aufgerissenen Augen an.

»W...w...was, den Weihnachtsmann gib es nicht?« Ich sehe es kommen, sie ist kurz davor, den Glauben an ein wunderschönes Ritual ihrer Kindheit zu verlieren.

»Nein, deine Mama und dein Papa kaufen die Geschenke im LADEN«, posaunt Matilda die schnöde Wahrheit heraus.

»Oh nein, oh nein, oh nein.« Constanze verbirgt nun ihr Gesicht in den Händen und schüttelt fassungslos den Kopf. Meine Kleine tut mir leid. Mit dreieinhalb Jahren darf man doch definitiv noch an Santa Claus und Co. glauben. Und in diesem Moment beschließe ich, dass wir uns das nicht madigmachen lassen, ganz besonders nicht von »Kosmoskritikern«!

»Aber nein, Süße, Matilda meint natürlich, dass wir Eltern dem Weihnachtsmann HELFEN, die Geschenke auszusuchen. Er hat dann weniger Arbeit, weil ja so viele Kinder Geschenke gebracht bekommen.« Bevor die wahrheitsliebende Matilda noch etwas sagen kann, schlage ich ihr schnell einen Besuch auf dem Trampolin in unserem Garten vor. »Bevor wir das jetzt für den Winter abbauen und es in den Keller stellen, dürft ihr noch mal drauf, ja?« Das hilft. Dieses Mal jedenfalls habe ich die wahre Identität des Weihnachtsmannes geschützt. Durch die Adventszeit komme ich mit dieser Masche weiterhin ganz gut. Und wenn ich zu oft den bärtigen Alten strapaziert habe (»Der Weihnachtsmann geht auch gerne früh schlafen«, »Spinat ist ja die Lieblingsspeise vom Weihnachtsmann«, »Bei dem Wetter trägt auch der Weihnachtsmann kein Tutu und Ballettschläppchen. Nein, auch nicht mit Glitzer«), nehme ich einfach das Christkind als »erziehende Autorität« her.

Das Christkind hat allerdings den Nachteil, dass es ein bisschen abstrakt ist und kein Onkel oder Student in der Nachbarschaft sich an Heiligabend glaubwürdig als Baby verkleiden kann. Wenn ich meinen Sohn ermahne, dass er bitte mit geschlossenem Mund essen soll, was würde denn das Christkind jetzt dazu sagen, merkt er folgerichtig an, dass das Christkind ja sowieso noch ein Baby sei und von seiner Mama gefüttert werde. Ein weiteres Problem für mich als nicht ganz so bibelfeste Frau ist außerdem die Vermischung der Zuständigkeiten. Der Weihnachtsmann bringt die Geschenke, aber das Christkind war trotzdem am 24. Dezember da, wenn das ominöse Glöckchen klingelt und die Geschenke unter dem Baum liegen. Wer kommt denn jetzt wann und macht genau was? Kann mir das mal einer erklären? Und warum überhaupt zu zweit, haben die fusioniert? Ist das ein Joint Venture? Immerhin denken sie an die Umwelt und machen Schlittensharing. Ich frage mich, ob der Weihnachtsmann eine altersgerechte Babyschale in seinem Gefährt installiert hat! So viel Zugluft tut einem Säugling doch bestimmt nicht gut. Hat das Christkind nicht Sehnsucht nach Mama und Papa im Stall? Hat Maria Milch abgepumpt, für den Fall, dass das Christkind beim Zustellen der Geschenke Hunger bekommt? Eigentlich ist das streng genommen ja auch Kinderarbeit... Verwirrung, Fragen über Fragen. Insbesondere meine Tochter, die sich sehnlichst noch ein kleines Geschwisterkind wünscht, will das Christkind unbedingt persönlich kennenlernen.

»Mama, wenn das Christkind kommt, möchte ich gerne mit ihm spielen. Babys sind sooo süß. Können wir auch noch ein Baby haben, ja?«

»Constanze, ich glaube, wir sind jetzt komplett. Mama bekommt kein Baby mehr.«

»Aber guck mal, du hast so einen dicken Bauch.«

»Das... hat andere Gründe«, sage ich, während ich mir ein paar Zimtsternkrümel vom Kinn wische. »Das Christkind muss ja auch noch zu anderen Familien und die Geschenke bringen, das hat gar keine Zeit, um zu spielen.«

»Aber Babys müssen kuscheln mit den Mamas. Ich lege dann das Christkind in meinen Kinderwagen und decke es zu. Dann kann es schlafen.«

»Du, Babys schlafen ja eigentlich ganz wenig, und das Christkind schreit auch sehr, sehr viel und macht ganz viel Stinkiges in die Pampers... ich meine... in die Stoffwindeln. Außerdem will es bestimmt dein Schweinchen haben.« Constanzes Stofftierschwein ist ihr kostbarster Besitz, den sie nur ganz selten aus der Hand gibt.

»Dann will ich mit dem Rehtier vom Weihnachtsmann spielen, die sind so süüüß, kann ich ein Rehtier als Haustier haben?«

»Aber Schatzi, *Ren*tiere sind doch wilde Tiere. Die sind nicht stubenrein und machen dann ins Haus. Der Weihnachtsmann, das Christkind und die Rentiere sind auch sehr scheu, die wollen eigentlich gar nicht gesehen werden.«

Meine Tochter ist traurig. So gerne hätte sie in diesem Jahr den Weihnachtsmann und das Christkind persönlich getroffen und mit ihnen eine Runde Mutter, Vater, Kind gespielt. Mein Sohn hingegen beginnt so langsam die Wahrheit zu erahnen, auch weil ihm ein Junge aus der vierten Klasse gesteckt hat, dass nur Babys an den Weihnachtsmann glauben. Und Drittklässler sind ja nun wirklich keine Babys mehr, und natürlich musste Sebastian angesichts dieser Enthüllung wohl oder übel vom Glauben abfallen. Trotzdem bemerke ich zur Weihnachtszeit bei ihm ein abnehmendes Realitätsbedürfnis. So wie wir Eltern am Weihnachtsmannmythos festhalten wollen, sind auch »erwachsene Drittklässler« für einen Monat doch ganz gerne bereit, all diese schönen Geschichten zu glauben.

Der wirkliche »Weihnachtsmann-Reality-Check« findet aber erst an Heiligabend statt. Zwischen Essen vorbereiten, Baum schmücken und Verwandte bespaßen muss darauf geachtet werden, eben auch die Mär von Santa Claus nicht durch dumme Flüchtigkeitsfehler zu gefährden. Großtante Rosemarie erzählt zum 55. Mal, wie gut der Karpfen damals in Schlesien geschmeckt hat, und will wie jedes Jahr wissen, wieso heute eigentlich Fondue erlaubt ist. Benedikt hackt schon seit einer Stunde draußen Holz, und die Krippe steht auch noch nicht. Der Weihnachtscountdown hat begonnen, und es herrscht Trubel. Nun darf man sich nicht verwirren lassen und muss treu und stur an den familienspezifischen Riten festhalten, sonst gibt es nur Kuddelmuddel, und am Ende würde sogar noch die Existenz des Osterhasen angezweifelt.

Jeden Heiligabend circa um drei Uhr reicht es meinen Kindern mit »Hör doch noch mal die Weihnachtslieder-CD« oder »Dann mal der Oma doch ein schönes Bild vom Christkind«. Wann kommt der vermaledeite Weihnachtsmann denn endlich, wann wird beschert? Das interessiert meine Kinder. Die wirklich wichtigen Sachen, die harten Fakten. Aber um drei Uhr ist es ja noch gar nicht richtig dunkel, und es heißt ja schließlich auch »Heiligabend« und nicht »heiliger Nachmittag«. Also muss noch ein wenig Zeit geschunden werden.

»Geht doch einfach mal mit Papa ein bisschen spazieren. Dann könnt ihr dem Weihnachtsmann ja auch die Milch und die Kekse vor die Haustür stellen«, lautet mein alljährlicher Vorschlag. Und jedes Jahr die gleiche Nölerei: Warum müssen wir immer spazieren gehen, bevor der Weihnachtsmann kommt? Warum kriegt der Weihnachtsmann eigentlich die letzten Weihnachtsplätzchen? Vor der Bescherung liegen die Nerven bei den Kindern blank, und ich finde, etwas frische Luft kann dann ganz guttun. Meistens treffen sich bei uns sowieso alle Kinder der Nachbarschaft zu diesem Zeitpunkt auf der Straße, um »gelüftet« zu werden. Dann wird intensiv über die Ess- und Trinkgewohnheiten des Weihnachtsmannes diskutiert: »Bei uns kriegt er Plätzchen und ein Glas Milch.« »Nee, der will doch immer Wasser trinken, zur Erfrischung.« »Ganz falsch, der Weihnachtsmann isst am liebsten einen Apfel.« Irgendein Erziehungsberechtigter sagt dann in der Regel: »Der Weihnachtsmann kann heute Abend bestimmt einen Schnaps vertragen.«

Zwischen all den Heiligabend-Vorbereitungen kann schon mal der eine oder andere Anschlussfehler passieren. Im letzten Jahr hatte ich über der Diskussion wegen Fondue oder Karpfen total vergessen, die Kekse zu essen und die Milch zu trinken. Und so war meine Tochter nach dem Spaziergang höchst beunruhigt.

»Der Weihnachtsmann hat ja gar nichts genommen, war der noch nicht da?«

»Doch, doch, der war da … Der hatte heute nicht so viel Hunger …«

»Aber der isst doch immer die Plätzchen und trinkt die Milch.«

»Dieses Jahr macht er gerade Diät. Der war auch richtig dick, die Jacke ist ihm sehr eng geworden.«

»Vielleicht weil er so viel Cola trinkt, das hat der David im Fernsehen gesehen«, versucht Sebastian die Leibesfülle des Santa Claus zu erklären. Es ist immerhin beruhigend zu hören, dass sich auch Nachbarskind David die Zeit bis zur Bescherung teilweise mit Fernsehen vertreibt. Bevor meine beiden Kinder nun zu dem Schluss kommen, dass, wenn der Weihnachtsmann Cola trinken darf, sie das auch dürfen, fange ich lieber schnell mit der Bescherung an. Also die Kinder aus den dicken Jacken und Schuhen raus, Tante und Oma auf die Couch platzieren und das Weihnachtsglöckchen schnappen. Sebastian und Constanze stehen erwartungsvoll im Flur vor der verschlossenen Wohnzimmertür.

Nun beginnt die zweite Legende des Abends, bei der es gilt, sie mit der ersten, der Weihnachtsmanngeschichte, geschickt zu verweben. Was für eine erfahrene »Geschichtenerzählerin« wie mich ganz einfach ist. In dieser Situation ist es die logistisch herausfordernde Aufgabe meines Mannes, schnell im Bad im ersten Stock zu verschwinden und das Glöckchen zu läuten, als letztes Indiz für die Anwesenheit des fliegenden Babys aus Bethlehem.

Er klingelt laut und deutlich. Dann kommt mein Einsatz: »Kinder, das Christkind war da und ist nach einer wilden Fahrt ohne Babyschale im Schlitten von Santa Claus durchs Fenster geflogen, weil ein Baby, logisch, ja noch nicht laufen kann ... Es hat die Weihnachtsgeschenke gebracht. Also nach dem Weihnachtsmann quasi noch mal ... Also als sein Gehilfe sozusagen ... Um zu schauen, ob auch die richtigen Geschenke gebracht wurden ... Um das Ganze noch mal dekotechnisch zu checken. Ach was weiß ich denn ...«

Während die Kinder nun von meiner Geschichte etwas verwirrt sind, bewachen Oma und Tante von der Couch aus die Geschenke. Sie rufen zur Verstärkung noch mal »Oh« und »Ah«. Mein Mann kommt schnell wieder herunter, die Tür zum Wohnzimmer geht auf, und die Kinder dürfen hinein. Und alle Erwachsenen werden für ihre Mühen und die Weihnachtsmann-Christkind-Märchen mit einem Mal entschädigt. Sämtliche Diskussionen und der ganze Weihnachtsstress sind vergessen, denn die leuchtenden Augen unserer Kinder überstrahlen alles. Es herrscht große Freude beim Auspacken der Geschenke. Sebastian bekommt ein weiteres Darth-Vader-Outfit, Constanze freut sich über ein Plüscheinhorn. Benedikt wird mit Socken beglückt, die Oma »im Schweiße ihres Angesichts« gestrickt hat. Ich darf einen Bildband »Breslau – einst und jetzt« von Tante Rosemarie auspacken, und meine Kinder versorgen die ganze Familie mit großartigen selbst gemalten Porträts.

Wie lange die Kinder wohl noch an das Christkind glauben werden? In diesem Moment ist alles perfekt. Weihnachten mit kleinen Kindern ist das Schönste! Und trotzdem fühle ich mich ein bisschen ratlos, denn ich weiß: Es wird nicht so bleiben. Was um Gottes willen machen wir, wenn die Kinder größer sind?

Immerhin nur knapp drei Monate später wird mein nächster loyaler Erziehungshelfer angehoppelt kommen. Kindern über fünf Jahren die Existenz vom Osterhasen weiszumachen ist allerdings noch schwieriger, als die Geschichten von Weihnachtsmann und Christkind aufrechtzuerhalten. Ein dicker Mann mit Rauschebart im Schlitten ist einfach plausibler als ein Hase mit Vorliebe für Eier. Aber es gibt natürlich Parallelen. Osterhase wie Santa Claus geben Geschenke/Eier/Osternester ab, die Kinder müssen derweil abgelenkt werden, und auch Meister Lampe bekommt eine Stärkung für den Weg mit. Natürlich nicht Wasser oder Milch, sondern ein Gläschen Eierlikör. Damit kann er aber ganz schnell weiterhoppeln und notfalls Haken schlagen.

In den Wochen bis zum Osterfest dient mir der Osterhase auch als praktischer Ernährungsberater. Jeden Sonntag haben wir nämlich das gleiche Spiel beim Frühstück. Beide Kinder bestellen ein Ei und egal, was mein Mann oder ich ihnen dann vorsetzen, es ist nicht richtig.

»Igitt, guck mal, der Schlabberglibber«, sagt mein Sohn, dem das gekochte Ei zu weich ist.

»Ist das aus Gummi?«, fragt mich meine Tochter, wenn wir ihr ein pochiertes Ei servieren. Jeden Tag der Woche gibt es Diskussionen ums Essen, aber wenigstens sonntags ist es uns Eltern ein dringendes Bedürfnis, einfach mal in Ruhe zu frühstücken.

»Das gehört so, der Osterhase macht die Eier auch so bei sich zu Hause.«

Mein Sohn rollt mit den Augen, er glaubt schon lange nicht mehr an den Osterhasen, aber hält sich seiner Schwester zuliebe zurück.

»Wo wohnt der Osterhase eigentlich?«, will Constanze wissen.

»Im Osterhasenland.«

»Und da hat er alle Eier für alle Kinder?«

»Nun, der Osterhase bekommt ja die Eier von uns, um sie zu verstecken, und wir haben sie von den Hühnern bekommen.«

»Hühner legen die Eier, Constanze, das weiß doch jedes Baby«, trumpft Sebastian auf.

»Wie ... legen?« Das versteht sie gar nicht.

»Na ja, die pupsen die aus ihrem Po raus!«

Mit kleinen Kindern führt ja unweigerlich fast jedes Thema auch zu Pups und Kacka. Na ja, aber so ein bisschen Naturkunde kann meiner Tochter ja nicht schaden. Ich nutze also die Gelegenheit.

»Das heißt Kloake bei den Hühnern«, versuche ich zu erklären.

Meine Tochter ist sichtlich erschrocken. »Das Ei kommt aus dem Klo raus???« Sie verzieht vor Ekel das Gesicht und schiebt den Teller mit dem Ei weit von sich. »Und der Osterhase findet das dann nicht ekelig?«

»Na ja, also zunächst kaufen wir ja die Eier im Supermarkt und färben die. Vorher waschen und kochen wir sie natürlich, und dann geben wir dem Osterhasen die Eier wieder, damit er sie verstecken kann«, erkläre ich. Das ist schon ein sehr aufwendiger Prozess, die Arbeitsteilung von

Weihnachtsmann und Christkind ist da doch viel effizienter.

Constanze nickt verständig, hat aber noch eine wichtige Frage: »Kommen die Schokoeier dann auch aus dem Klo von den Hühnern raus?«

Hier muss ich nun wirklich passen. Aber eventuell hätte Constanzes Freundin Matilda eine Antwort parat und könnte sie über die Machenschaften der Süßwarenindustrie aufklären.

Was tut man aber nun den Rest des Jahres über, wenn Weihnachtsmann, Christkind und Osterhase Urlaub haben? Für diese saisonale Schwankung gibt es zum Glück die relativ neuen Erfindungen von Zahn- und Schnullerfee. Im Zeitalter der Genderneutralität ist es auch ganz schön, mal weibliche Autoritäten zu haben. WeihnachtsmännIN, RentierIN und OsterhasIN zu sagen ist ja irgendwie unpraktisch und auch ein bisschen albern.

Insbesondere die Schnullerfee ist wichtig, denn sie übernimmt für die Eltern die dreckige Arbeit der Nuckelentwöhnung. Man könnte dem Kind ja auch einfach sagen: »Aufgepasst, ab morgen gibt's keine Schnuller mehr, die schmeiße ich heute weg.« Aber dann würde man ja die Mutter aller Trotzanfälle hervorrufen. Nur Eltern kennen die immense Willens- und Durchsetzungskraft eines Kindes, das am Schnuller hängt, und genau deswegen wurde diese Fee wahrscheinlich auch erfunden.

Es ist zwei Uhr nachts, Constanze schläft in ihrem Zimmer und wacht auf, weil sie – oh Schreck! – schnullerlos ist. Normalerweise legen wir ihr vier Ersatzschnuller an strategisch wichtigen Plätzen im Bett hin, aber dieses Mal findet sie sie alle nicht. Panik bricht aus. »Wo ist mein Nunni? Wo ist mein Nuuuuuniii? Mamaaaa, Papaaaa, ich brauch meinen Nunniiii!« Mein Mann und ich rufen im halb wachen Zustand zu ihr rüber: »Schlaf wieder!«, »Guck mal unter dem Kissen«, »Und bei den Füßen vielleicht?« Doch diese gut gemeinten Vorschläge machen sie nur noch verzweifelter – und wacher. Und haben wir im Ernst geglaubt, unsere dreijährige Tochter würde nun still und selbstständig ihr Bett nach versteckten Schnullern absuchen? Wir Eltern sind ja so was von realitätsfremd. Nach fünf Minuten weiteren guten Zurufens gibt Benedikt auf und tappt benommen in ihr Zimmer. Ich versuche in der Zwischenzeit, wieder einzuschlafen. Vielleicht kann ich ja noch ein paar Minuten für mein Schlafkonto rausholen? In Constanzes Zimmer höre ich ihn fluchend auf einen Legostein treten und nach Ersatzschnullern suchen, die wir dieses Mal offenbar vergessen haben. Nachdem der Schmerz etwas nachgelassen hat, will er einen Trick anwenden und bietet meiner Tochter offenbar als Schnullerersatz ein Schleichtier an: »Guck mal, das geht doch auch jetzt, oder?«

»ICH WILL MEINEN NUNNI!«, lautet ihr Befehl. Der Deal hat offenbar nicht funktioniert. Mein Mann trägt die heulende Tochter herüber zu uns, und sie wird neben mir ins Bett gesetzt. Er stolpert, noch Lego-wund, die Treppe hinunter, um in der Vorratskammer nach neuen Schnullern zu fahnden. Völlig entnervt kommt er nach zehn Minuten wieder hoch ins Schlafzimmer. »Wir müssten auch mal wieder im Keller aufräumen, ich habe die Schnullerpackung unter dem Hortensiendünger gefunden«, teilt er mir mit. Ich nehme ihm den Nuckel aus der Hand und entferne die Verpackung. Meine bereits total aufgelöste Tochter entreißt ihn mir und steckt ihn sich wie eine Verhungernde hastig in den Mund. Mein Mann und ich fallen beide in die Kissen und wollen gerade wieder einschlafen, als Sebastian neben dem Bett steht.

»Ich kann nicht schlafen, mein Zahn wackelt, glaube ich.«

»Dann geh mal zurück ins Bett, wir schauen morgen früh nach«, versuche ich ihn abzuwimmeln.

»Aber das tut weh, ich will zu euch ins Bett.« Er will gerade in die Besucherritze krabbeln, als er seine Schwester dort bemerkt.

»Immer ist die schon da, das ist voll unfair.« Constanze liegt mit ausgebreiteten Armen in der Mitte und schmatzt im Schlaf an ihrem Schnuller. Ich wäge kurz ab. Nun kann ich mit meinem Sohn über die faire Vergabe von Plätzen im Familienbett diskutieren oder es sein lassen, ihn auch hereinbitten und trotzdem noch auf ein bisschen Schlaf hoffen. Und bei der Hoffnung bleibt es dann auch. Mein Sohn legt sich neben meine Tochter und seine Beine quer über mich. Meinem Mann geht es auch nicht besser, denn Constanze hat es sich nun auf seiner Brust bequem gemacht.

Nach zwei Stunden in einem sehr unbequemen Dämmerzustand meinerseits wacht meine Tochter wieder auf.

»Wo ist mein Nunni?«

Ich richte mich schlaftrunken im Bett auf. Als wir das letzte Mal gesprochen haben, hatte sie doch einen nigelnagelneuen Schnuller im Mund – wo soll der denn jetzt schon wieder abgeblieben sein? Ich kann nicht mehr und ich will auch heute nicht mehr nach Schnullern suchen.

»Schatzi, die Schnullerfee war eben da, als du geschlafen hast«, versuche ich also, die Unterhaltung zu beenden.

Wir reden mit meiner Tochter seit einem halben Jahr über diese Dame, die Schnullerfee. »Wenn die Schnullerfee kommt, gibst du ihr all deine Schnuller, und dann bekommst du dafür ein schönes Geschenk.« Bisher stieß das auf taube Ohren.

»Ich will die Schnullerfee nicht!«

»Kann die überhaupt fliegen?«

»Kann ich die Schnuller behalten und auch das Geschenk bekommen?«

Allmählich fragen wir uns, ob die Schnullerfee es tatsächlich schaffen wird, Constanze von den »Nunnis« zu entwöhnen. Oder reden wir einfach viel zu viel? In den 1970er-Jahren gab es, glaube ich, keine Schnullerfee. Aber da habe ich auch ganz old school noch Daumen gelutscht. Bei all den Gedanken zur Erziehung werde ich immer wacher, und plötzlich höre ich die verschlafene Stimme meines Sohnes: »Die Schnullerfee gibt's überhaupt nicht... Aber kommt morgen die Zahnfee, wenn mein Wackelzahn draußen ist?«

»Aber ich will doch ein Einhorn. Die Schnullerfee muss kommen!« Meine Tochter ist nun auch wieder beim Gespräch dabei, wie schön.

»Constanze, die Schnullerfee war da, und heute, nach dem Kindergarten, gibt es ein Geschenk.«

»Aber ich will JETZT das Geschenk, ich will ein E-I-N-H-O-R-N!« Das letzte Wort deklamiert meine Tochter in Richtung Flur, wahrscheinlich in der Annahme, dass die Schnullerfee noch irgendwo durchs Haus fliegt. Diskussionen mit Kleinkindern in den frühen Morgenstunden sind recht herausfordernd. Ich schaue zum Vater meiner Kinder hinüber, der quasi schon auf dem Nachttisch liegt, aber tief und fest schläft. Das geht nun gar nicht. Ich rüttele an ihm. »Jetzt sag doch auch mal was dazu! Hilf mir doch mal!« Keine Chance. Er dreht sich wieder ins Bett zurück und gibt einen finalen Schnarcher von sich. Mein Sohn hat sich nun auch aufgesetzt und biegt seinen Zahn in alle Richtungen.

»Schnullerfeen und Einhörner gibt es nicht, daran glauben nur Babys! Wann kommt denn jetzt die Zahnfee?«

Nun reicht es mir aber! Diese dusseligen Tanten haben mir meinen Schlaf geraubt, und wenn es nach meinen Kindern ginge, würde ich jetzt wohl zwei tolle Geschenke aus der Bettritze zaubern. Constanze wittert die nächste Ungerechtigkeit: »Menno, ich will auch einen Wackelzahn und eine Zahnfee.«

Der Wecker klingelt, was er eigentlich nicht hätte tun müssen, an Schlaf war bei mir nicht mehr zu denken. Wenigstens wird mein Mann endlich seinem Schlummer entrissen. Er streckt sich und wacht auf. Die Kinder begrüßen ihn überschwänglich und geben ihm erst einmal ein Küsschen.

»Papa, wen gibt es denn jetzt in echt, die Schnullerfee oder die Zahnfee?«, wollen sie von ihm wissen. Ich bin offenbar ja nicht auskunftsfähig. Benedikt, geistesgegenwärtig, weil ausgeschlafen, antwortet: »Es kommt darauf an. Das ist ja in Wahrheit eine geheime Fee, die sich, je nachdem, ob ein Kind einen Wackelzahn hat oder seinen Schnuller nicht mehr braucht, als Schnuller- oder Zahnfee verkleidet.« Wow, auch nicht schlecht.

»Die Geschenke von ihr liegen dann immer am nächsten Nachmittag unter dem Kopfkissen der Kinder«, füge ich hinzu. Als wäre nichts gewesen, hüpfen die Kids fröhlich aus dem Bett und gehen in Erwartung ihres Frühstücks in die Küche. Ich tapere ihnen schlaftrunken nach und öffne den Küchenschrank. »Okay, wer von euch will jetzt ein Einhornmüsli?«

Von den Schnullern haben wir Constanze mittlerweile erfolgreich entwöhnt, aber mein Sohn hat leider noch fast den ganzen Mund voller festsitzender Milchzähne. Das würde ja ganz schön ins Geld gehen. Mit der Schnullerfee haben wir deshalb jetzt auch die Zahnfee abgeschafft, und zwar nach dem zweiten herausgefallenen Zahn. Vielleicht sind die Feen auch nicht so wirklich ein lohnendes Beispiel weiblicher Autorität, was leisten die denn schon, außer frühmorgendliche Verwirrung zu stiften? Schlussendlich habe ich andere Respektspersonen gefunden, mit deren Hilfe ich meine Kinder erziehen kann. Prinzessin Lillifee ist ja eine ausgewiesene Liebhaberin von Brokkoli, Feuerwehrmann Sam hat, was kaum jemand weiß, in seiner Grundschulzeit täglich eine Viertelstunde Schönschreiben geübt, und Bastian Schweinsteiger wäre ohne regelmäßiges Training im Zimmeraufräumen nie in die Mannschaft von Bayern München aufgenommen worden, habe ich mal irgendwo gelesen. Constanzes Kindergartenfreundin Matilda kommt übrigens nun einmal die Woche vorbei, holt sich ihre Ration Gummibärchen und Trampolin springen und spricht mit meiner Tochter über die Wichtigkeit von Händewaschen. Geht doch!

8

»Wenn ihr jetzt zehn Minuten nicht streitet, sind wir in fünf Minuten da.«

Über die heilende Wirkung höherer Mathematik.
Und: Wie man eine Autofahrt mit Kindern
überstehen kann.

»The hiiiiillls are aliiiiive with the sound of muuuusic!«
Nach einer endlos langen Fahrt in unserem von verstreuten Quartettkarten und Capri-Sonne-Verpackungen ver-
müllten Kombi reiße ich die Autotür auf, springe hinaus
und breite meine Arme aus. Endlich angekommen in Südtirol! Berge mit weißen Spitzen! Niedliche Häuser, ein put-
ziger Kirchturm, echte Kühe! Ich weiß auch nicht warum,
aber sobald ich die Berge sehe, werden die Kitschsensoren
bei mir aktiviert. Pro Bergurlaub habe ich mindestens einen
»Julie Andrews alias Maria von Trapp«-Moment. Sie wissen schon, Frau im Dirndl, die leichtfüßig und mit einer
romantischen Melodie auf den Lippen durch die Techni-
color-Alpen wirbelt. So ein Gefühl übermannt mich gerade
eben. Also kreisele ich erst mal inbrünstig über den Park-
platz unserer Unterkunft. Ganz wie die Julie, nur eben in
Jeans und Sneakers (noch ist das Dirndl sicher im Gepäck
verstaut). Nach etlichen Debakeln haben wir uns entschieden, unser Erspartes diesmal in einen Urlaub zu stecken, der
laut Prospekt »Entspannung für Groß und Klein in herrli-
cher Bergkulisse« verspricht. Dem »Problem« Familienurlaub wird also jede Menge Geld entgegengeworfen, und ein

Familienhotel in Partschins, Südtirol, soll es diesmal werden. Ein Streichelzoo mit heimischen Tieren, Kinderbetreuung bis abends um 20 Uhr, Kaiserschmarrn satt und ein großer Wellnessbereich für die Eltern. Ich hatte meinem Mann auf der Autofahrt zwecks Intensivierung der Vorfreude mehrfach ein paar Highlights von der Hotel-Homepage vorgelesen.

»Ich schwitze überhaupt nicht gerne, und wenn ich eines dieser lebensgroßen Plüschtiermaskottchen sehe, die den Hotelsong singen, kotze ich«, hatte Benedikt auf der Autofahrt verkündet.

»Das Plüschtier heißt Willi Wolpertinger und gehört zum Lokalkolorit. Aber klar, toskanischer Agriturismo in Jwd-Lage, wo es in 30 Kilometern Umkreis nur eine Espressobar gibt, war ja auch ein seeeehr gelungener Familienurlaub. Jetzt können wir uns wenigstens mal um unsere Paarbeziehung kümmern«, lautete meine zugegebenermaßen etwas schnippische Antwort. Wenn wir das mit dem Paarsein überhaupt noch auf die Reihe kriegen würden, denn unsere Vorstellungen von einem gelungenen Urlaub gehen stark auseinander. Ich würde mein letztes Hemd für noch einen Hotelstern geben, während es meinen Mann eher ins Zelt oder maximal in eine abgelegene Pension zieht, die er auf www.urlaubs-geheimtipps-die-auch-welche-bleiben-sollen.de gefunden hat.

Unsere Kinder könnten nach eigenen Angaben ihre Ferien komplett auf dem Spielplatz verbringen, aber der »hat ja leider zu«.

Die Bedürfnisse aller Familienmitglieder bei einem Urlaub sind also schon vor der Abreise sehr unterschiedlich, aber die Aussicht auf glückliche, weil bespaßte Kinder (und dadurch glückliche Eltern) war dann letztendlich auch für meinen Mann ein unwiderstehliches Argument.

Eine gewisse Resi an der Rezeption (gibt es wirklich Frauen, die jenseits des Jahrgangs 1984 noch »Resi« heißen?) begrüßt uns mit einem zünftigen Handschlag, danach geht es in unsere Zimmer, eingerichtet im »alpinen Zirben-Style«. Rot-weiß karierte Bettwäsche, solide Stühle mit ausgesägten Herzchen und die Berge als Aussicht. Sogar ein abgetrennter Kinderschlafbereich ist da, herrlich!

»Mama, guck mal, da hängen Skelette an der Wand!«

»Das ist ein Geweih, Constanze, das trug ein Hirsch auf dem Kopf«, versuche ich meiner Tochter den ungewohnten Wandschmuck zu erklären.

»Ist der Hirsch da nicht traurig? Der braucht das doch noch!«

»Der ist schon tot, und jetzt ist es so eine Art Bild. Die Menschen hier in der Gegend finden das eben schön.«

»Haben die keine Stifte zum Malen?«

Um nicht in eine lange Diskussion über kulturelle Unterschiede einsteigen zu müssen, schnappe ich mir die Kinder und den Mann, der inzwischen den Fernseher eingeschaltet hat und schon übermäßig interessiert *Servus TV* schaut, um eine Tour durchs Hotel zu machen. Auch der Rest des Gebäudes ist unübersehbar alpin gestylt, die Essensräume heißen »Vinschgau-Stüberl« oder »Meraner Jausen-Zimmerl«, und dann gibt es noch den »Peter-Mitterhofer-Saal«, benannt nach dem Erfinder der Schreibmaschine, einem Mann aus Partschins immerhin. Die Kinder sind begeistert, die Kinderbetreuerinnen nett, das Bällebad für Regentage ausreichend und der »Limobrunnen«, ein All-you-can-drink-Automat mit normalerweise verbotenen Getränken, der absolute Renner.

Während die Eltern sich schon mal bei »Rezeptions-Resi« über mögliche Wandertouren informieren, probieren die Kinder die Sodagetränke in allen erdenklichen Geschmacksvariationen aus. Mit zwei Gläsern Zitronen-Orangen-Limo gemischt mit Apfelschorle bewaffnet begeben wir uns zu Tisch in den Peter-Mitterhofer-Saal.

Nach einem herrlichen Essen bestehend aus Südtiroler Spezialitäten (Eltern) sowie »Nudeln mit Butter« und »Reis mit Ketchup« (Kinder) und einer erholsamen Nacht unter den Hirschgeweihen gehen wir am nächsten Morgen alle zusammen zur Kinderbetreuung. Ich habe Benedikt überredet, bei einer Paarbehandlung im hoteleigenen Wellnessbereich namens »Schwitzkaschterl« zwangszuentspannen.

Aber der ist skeptisch: »Warum soll ich denn so früh am Morgen schwitzen? Muss ich mich nackich machen? Ich gehe lieber nach oben, *Servus TV* schauen.«

Ich lasse mich an diesem Punkt aber auf keinerlei Diskussionen ein. Also werfen wir die Kinder einer Betreuerin in den Arm und entschwinden schnell in den Keller. Kaum dort angekommen klingelt das Telefon. Sebastian und Constanze wollen leider aus dem »Kinderparadieserl« abgeholt werden. Also runter von der Liege, rein in den Bademantel und nachschauen, was das Problem sein könnte.

Ich empfange meinen nölenden Sohn und eine Tochter, weinend und mit hochrotem Kopf.

Was war denn los?

»Die Erzieherinnen sprechen Ausländisch, die verstehe ich nicht«, sagt Sebastian genervt. Constanze, die sich kaum beruhigen lässt, hat ein ganz anderes Problem. »Die essen den Hürsch von dem Bild in unserem Zimmer!«

Ein Blick auf die Kinderkarte, und das Rätsel ist gelöst. »Heute: Hirschgulasch mit Kroketten.« Kein Wunder, dass Constanze nun traumatisiert ist, denn der Bruder hatte ihr netterweise das Menü vorgelesen.

Auch für den Rest des Urlaubs gibt es für sie also Nudeln mit Butter, und das »Kinderparadies« wird aufgrund von Sprachverwirrung gemieden. Der Grundstein für ein Leben als Vegetarierin ist bei meiner Tochter hiermit erfolgreich gelegt.

Und die elterliche Paarzeit muss leider wieder einmal verschoben werden. Wir hätten wahrscheinlich sowieso nichts damit anfangen können.

Zum Glück gibt es aber den »heiligen Sankt Peter«, Schutzpatron unseres Familienurlaubs. Neben der Besichtigung des Schreibmaschinenmuseums, Mitterhofers Geburtshaus sowie einer nicht ganz so denkwürdigen Durchgangsstraße mit seinem Namen nehmen wir uns für den letzten Tag des Urlaubs den »Peter-Mitterhofer-Kulturwanderweg« vor.

»Kinder, morgen gehen wir ganz zünftig wandern, das wird toll!«

»Und was gibt's da für uns?«, will mein Sohn wissen. Ihn überkommt schon bei dem bloßen Gedanken an eine Wanderung Langeweile, ich spüre das. Wir sind eben aus Berlin und nicht allzu viel Grün und frische Luft gewohnt.

»Wir werden ganz viele Tiere sehen, vielleicht auch Wolpertinger und Hirsche!«

»Sind die dann tot?« Die Lippen meiner Tochter zittern bedrohlich.

»Nein, alle sind lebendig, und der Weg ist das Ziel!«

Sebastian: »Ooch, wie langweilig.«

Constanze: »Ich will ins Bällebad.«

Mann: »Auf *Servus TV* gibt es morgen aber eine Reportage über Mörtel Lugner.«

Im Bällebad hatte ich schon die letzten Tage verbracht und mir eingeredet, dass flach auf dem Rücken auf Plastikbällen liegen ebenso eine »Anwendung« sein kann, wie im »Schwitzkaschterl« auf einer Wasserbettliege zu dösen. Aber das Ergebnis waren nur Rückenschmerzen. Den österreichischen Baulöwen will ich mir bestimmt nicht reinziehen. Die Aussicht auf Natur und Tiere, die an der Wand oder im Gulasch enden, lockte meine Kinder zwar wenig, aber ich war entschlossen.

Der nächste Morgen verspricht gutes Wetter. Ich werfe mich also in mein neues Dirndl, das ich mir eigens vorher gekauft hatte. Samt Trachtenhut mit Ziegenhaar-Puschel-Dingsbums. Maria von Trapp lief ja schließlich auch singend und sich drehend über die Hügel, dann würde ich das auch können, oder? Berliner hin oder her. Vor unserem Hotel wartet bereits ein Bus zur Etsch-Schleuse, wo der Wanderweg beginnen soll.

Die Sonne scheint, ich habe gerade ein monumentales Frühstück intus, und mein Dirndl gefällt mir großartig. Es ist ein wunderbarer Tag, und mit mir geht die Musical-Darstellerin durch:

»Cream-Cream-colored ponies and crisp apple strudels;
Doorbells and sleigh bells and schnitzel with noodles;
Wild geese that fly with the moon on their wings;
These are a few of my favorite thiiiings.«

»Mama, ist klaaar. Du bist PEINLICH. Müssen wir etwa noch singen, während wir wandern?«

Keine Chance, aus diesem Jungen mache ich kein jodelndes Trapp-Kind.

Heute ist die Rezeptions-Resi offenbar unsere Wanderführerin, denn sie steigt in den Bus mit ein. Skeptisch beäugt sie mein Trachtenoutfit und schüttelt den Kopf. Sie selbst trägt Fleecejacke und Funktionshose. Als wir an der Schleuse ankommen, wird uns zunächst das Prozedere erklärt. Nicht vom Weg abkommen, keine Blumen pflücken, keinen Müll liegen lassen. Meine Kinder laufen die erste Stunde gut mit. Dann: auf den Arm nehmen, Pipi machen, Hunger, Durst. Die Resi hat das bei Minitouristen wohl schon öfters erlebt. Sofort zaubert sie ein kleines Paket aus ihrem Wanderrucksack. »Magst a Mannerschnittn?«

Und ob! Die Kinder stopfen sich fröhlich die zuckrigen Waffeln in den Mund, und man hört eine ganze Weile nur Knuspergeräusche. Die Mannerschnitten schenken uns eine weitere halbe Stunde ohne Nörgeleien.

»Wenn ihr den Wanderweg gut mitmacht, ohne zu greinen, gibt's am Ende ein Wanderabzeichen.«

Hunger, Durst, Arm und Pipi sind schlagartig vergessen. Die Waffel fällt den Kindern fast aus der Hand. Ein Abzeichen? Mein Sohn hatte vor den Sommerferien gerade noch verpasst, den Freischwimmer zu machen. Jetzt kommt ihm jede andere Auszeichnung gerade recht, auch wenn es »nur« eine zum Thema Wandern ist. Die nächste halbe Stunde ist die komplette Gruppe durch die Aussicht auf Belohnung angespornt. Danach fällt der Blutzuckerspiegel ins Bodenlose, und dummerweise sind auch alle »magic Mannerschnitten« aufgebraucht. Wir werden schlagartig müde und genervt. Ich selbst kann nicht aufhören, an »crisp apple strudel« und mein rot-weiß kariertes Zirbenholzbett zu denken. Außerdem beginnt so langsam die »Büstenhebe« in meiner Dirndlbluse zu zwicken. Vielleicht habe ich es doch etwas übertrieben mit meinem Maria-von-Trapp-Outfit.

Ich wühle meine Taschen durch, in der Hoffnung darauf, wider Erwarten etwas Essbares zu finden. Aber keine Chance, wir haben ja »all-inclusive« gebucht, und die Nachmittagsjause mit Kaiserschmarrn findet jetzt gerade ohne uns im Hotel statt. Alles, was ich zutage fördere, sind vier alte, zerknüllte, goldene Bonbonpapiere.

Doch da kommt mir der rettende Einfall. Ich laufe vor zur Resi, um sie von meinem Plan zu unterrichten.

»D' Leut vom Flachland mal wieder«, seufzt Resi, als ich ihr meine geplante Lügengeschichte erklärt habe. Ich interpretiere diesen Kommentar großzügig als eine Einverständniserklärung und lasse mich zu meinen Kindern zurückfallen.

»Also, hört mal, der Resi ist gerade etwas eingefallen. Ihr könnt euch noch viel mehr Abzeichen auf dem Weg verdienen. Jeweils am Haus von Peter Mitterhofer, am Museum und an seinem Grabstein wartet eins auf euch.«

Die Kinder sind sofort hellwach und begeistert. Constanze will sogar vom Arm meines Mannes runter und »selber laufen«. Ich schicke ein Dankgebet an den Schreibmaschinenerfinder: »Heiliger St. Peter, Wohltäter der Sekretärinnen und wandernden Stadtmenschen, gedankt sei dir!«

Und ja, der Plan geht auf. Ich halte mich etwas im Hintergrund, muss ich doch die Bonbonpapiere präparieren und behelfsmäßig neu zusammenfalten, damit sie wenigstens annähernd wie Wanderabzeichen aussehen.

Beim Wohnhaus des Schreibmaschinenmannes dann die erste Übergabe. Die Kinder freuen sich sehr und wundern sich auch nicht weiter über die durchaus nicht makellos zusammengewurschtelten Papiere.

Dann, bei der zweiten Station, wird mein Sohn misstrauisch. Er nimmt das Abzeichen genauer unter die Lupe. »Mama, was steht da? W...e...r...th...ers...O...r...i...g... inal? Was ist das denn?«

Mist, ich war enttarnt.

»Das ist der Herr Werther... der Werther-Peter... Erfinder des Bonbons... der hat hier auch irgendwo gewohnt... der Mitterhofer-Peter und der Werther-Peter waren Freunde... und die sind beide sehr gerne und oft gewandert... auch, um ihren dritten Freund, den Geissen-Peter aus *Heidi*, zu besuchen. Für alle fleißigen Kinder, die wandern, hat der Werther-Peter dieses Abzeichen gestiftet.«

Ui, wenn ich einmal anfange mit dem Lügen, setze ich offenbar ohne jede Skrupel alle geografischen Gesetze außer Kraft, und die Schweiz liegt dann halt in Südtirol. Was soll's. Fällt doch sowieso keinem auf.

Meine Tochter hält stolz ihre Abzeichen in der Hand und läuft weiter.

Mein Sohn bezweifelt jedoch trotz meiner Ausführungen die Echtheit des »Werther'schen Wanderabzeichens«. Er läuft vor zur Resi und befragt sie. Unsere Wanderführerin nickt, sieht aber dabei recht gequält aus. Als mein Sohn außer Hörweite ist, trabe ich etwas schneller nach vorn und geselle mich zu ihr. Wir sind bald am Ende der Wanderung angelangt, und ich habe noch eine Idee.

»Resi, es wäre wirklich SEHR nett von Ihnen, wenn Sie meinen Kindern dann das richtige Abzeichen ein bisschen feierlich überreichen könnten. Und vielleicht könnten Sie noch auf die Etappenabzeichen eingehen bei der Verleihung?«

»Woas soll i machn?«

Nun stellt sie sich aber ein bisschen dumm an, die gute Rezeptions-Resi. Schließlich sind wir ja zahlende Touristen, also wirklich.

»Also, was ich meine, ist, das Ganze sollte möglichst OFFIZIELL wirken, mit Handschlag und so. Vielleicht könnten Sie ja auch den Ministerpräsidenten erwähnen ... Welchen haben Sie denn gerade hier in Österreich? Ich meine, äh, natürlich Italien!«

Resi schüttelt resigniert den Kopf und murmelt nur ein Wort: »Flachländer.«

Ich frage mich, ob das nun eine Zustimmung oder Ablehnung ist. Als wir am Ende der Wanderung angelangt sind, holt Resi zwei wunderschöne Medaillen hervor, die an einer Kette baumeln. Darauf ist das Porträt Mitterhofers gestanzt. Er schaut ernst drein. Offenbar war es kein großer Spaß, Schreibmaschinenerfinder zu sein. Die Kinder sind davon völlig unbeeindruckt und kriegen sich vor Begeisterung gar nicht mehr ein.

»So, liebe Constanze, lieber Sebastian. Hiermit verleihe ich euch die goldene Medaille am Bande des Peter-Mitterhofer-Kulturwanderweges, gestiftet von der Schreibmaschinen-Vereinigung und dem Bonbon-Verband von Partschins und des Vinschgaus. König Silvio I., der Herr Berlusconi, lässt auch schön grüßen.« Sie klopft beiden auf die Schulter und schüttelt kräftig ihre Hände.

Meine Kinder: stolz. Ich auch, aber hauptsächlich auf mich und meine Lügenkunst.

Auf der Busfahrt zurück ins Hotel, wo der warme Apfelstrudel schon auf uns wartet, denke ich über mögliche Künstlernamen für mich nach. »Maria von Münchhausen-Trapp«? Oder doch lieber »Maria von Trapp und zu Münchhausen«?

Nach einer weiteren erholsamen Nacht unterm Hirschgeweih heißt es am nächsten Tag Abschied nehmen. Wir sind traurig, können wir doch auf einen für alle Familienmitglieder gelungenen Urlaub zurückblicken. Die Resi, die nun wieder an der Rezeption steht, präsentiert uns eine solchermaßen deftige Rechnung, dass ich fast glaube, es hätte einen Aufschlag gegeben, da ich hilflose Hotelangestellte zum Lügen angestiftet habe.

In Anbetracht der uns bevorstehenden Fahrt nach Berlin hebt die Rechnung meine Laune natürlich nicht gerade.

»Macht doch einfach mal die Augen zu und schlaft eine Runde. Dann sind wir viel schneller da«, sagt mein Mann, als wir uns alle endlich samt Gepäck ins Auto verfrachtet haben und uns anschnallen. Leider ist es halb neun am Morgen, und die Kinder sind herrlich ausgeruht.

»Ich will *Bibi Blocksberg*«, kräht meine Tochter.

»Das ist doch was für Babys. *Die drei ???* hören wir!«, will mein Sohn bestimmen.

»Nein.«

»Doch.«

»Nein!«

»Doch!«

Constanze singt voller Inbrunst: »Bibi und Tina, auf

Amadeus und Sabrina, die jagen geschwind, die jagen geschwind, weil sie Freuuuunde sind!«

Sebastian übertönt sie: »*Die drei ???*-Kids, owowhowho, ja-gen je-den Übel-tät-er.«

Wir fahren gerade mal eine halbe Stunde, und mir reicht es schon. Was würde Maria von Trapp (und zu Münchhausen) denn jetzt machen? Ich erinnere mich an eine Szene in *The Sound of Music*, in der Maria/Julie den putzigen Trapp-Kindern zu ihren Füßen auf der Gitarre vorspielt. Also versuche ich es auch musikalisch und intoniere aus voller Kehle:

>»Doe – a deer, a female deer,
>Ray – a drop of golden sun,
>Me – a name I call myself,
>Far – a long long way to run…«

»Mama, ist das die Sprache, die die Resi gesprochen hat?«, fragt meine Tochter.

»Ja, das ist Ausländisch«, weiß Sebastian.

»Hol doch mal die iPods raus«, sagt Benedikt, der die Singversuche der gesamten Familie offenbar im Keim ersticken will, zu mir. Aber wo sind sie? Ach du Schreck. Ich glaube, ich habe sie liegen gelassen, das darf doch nicht wahr sein! Umdrehen wollen wir nicht, wir sind eh schon spät dran, und der zu erwartende Stau wird auch nicht kürzer. Jetzt haben wir mindestens zehn Stunden Fahrt vor uns und das mit nur einem CD-Player im Auto. Wie retro! Genauso wie damals in den 80ern auf den Autofahrten an die Adria. Das bedeutet nun fünf Stunden *Bibi* und fünf Stunden *Die drei ???*. Und wenn Stau ist? Im CD-Fach finde ich noch *Leo Lausemaus* und *Extreme Work-Out Hits*. Das erscheint mir allerdings auch nicht gerade die perfekte Mischung zu sein.

Während ich über das Entertainmentprogramm nachdenke, beginnt es auf der Rückbank zu brodeln.

»Das ist meine Seite!«

»Nein, meine!«

»Geh weg!«

»Mein Glubschi will da sitzen!«

»Da sitzt mein Monchichi!«

»Pupser!«

»Selber Pupser!«

»Wo ist mein Glubschi? Du hast meinen Glubschi gekklaaaauuut!«

»Nein, da liegt er doch!«

»Papa, mein Glubschi ist runtergefaaaaaaalln. Hol ihn mir!«

Mein Mann beugt sich nach hinten und versucht einarmig, Constanzes Plüschtier, das unter dem Vordersitz gelandet war, nach oben zu bugsieren.

»Guck nach vorne! Du fährst AUTO! Willst du, dass wir bald am nächsten Baum kleben?«

Nun brodelte es auf Rückbank und Beifahrersitz gleichermaßen.

»Immer schaust du nach hinten, ich werde noch WAHNSINNIG. Soll ich fahren?«

»Alles okay.«

»Es ist gar nichts okay. Du schaust immer nach hinten.«

»Ich schaue gerade nach vorne.«

»Ja, jetzt, aber sonst nicht.«

»Mamaaaa und Papa, wer von euch beiden kann eigentlich besser Auto fahren?«

»Ich«, sagen wir beide unisono.

»Wer denn nun?«

»Wir fahren beide gut, Schatz, und jetzt pass auf, wir spielen ein schönes Spiel. Wir lesen Autokennzeichen und raten, woher die Leute kommen, okay?«

Ich bin zufrieden mit meiner großartigen Lösung. Die Kinder sind so begeistert von der neuen Beschäftigung, dass wir sage und schreibe eine geschlagene Stunde damit rumbringen. Ich lese vor, und meine Kinder raten. »MA« ist »Mamahausen«, das Auto aus »P« kommt aus Pupsberg, und »KO« ist natürlich »Kotzstadt« und nicht Koblenz. Ein Riesenspaß!

»B-IG«, liest Sebastian vor. Wir fahren an einem Mini Cooper mit Berliner Kennzeichen vorbei.

»Mama, was heißt denn big?«, fragt er mich.

»Das ist Englisch und bedeutet ›groß‹. Das Auto kommt aus Berlin, und der Mann darin will einen Witz machen. Weil es ja so klein ist. Das nennt man Ironie.« Wir überholen das nächste Auto, mein Mann steuert auf die linke Spur und drückt das Gaspedal durch.

»Aha, und was bedeutet WI-X? Ist das auch Ironie?«, will mein Sohn jetzt wissen.

»Dieses Auto kommt aus der wunderschönen Landeshauptstadt Hessens, Wiesbaden«, beende ich das lustige Ratespiel. Die Hessen wieder mit ihren schlüpfrigen, nicht jugendfreien Fastnachtswitzen!

Nach diesem Spiel fängt meine Tochter aus Langeweile an, laut und ausdauernd in allen Tonlagen zu heulen. Die Eltern: genervt. Wir haben zum Glück nur noch rund sieben Stunden Autofahrt vor uns.

»Wann sind wir endlich dahaaa?« Da ist sie endlich, die Frage aller Fragen auf Autofahrten mit Kindern. Sie wird im Laufe der Rückreise von beiden Kindern noch circa 35 Mal gestellt und endet in einem Streit, wer von beiden lauter fragen kann. Danach hört man auf Vorder- und Rückbank nur noch verzweifelt vorgebrachte Wünsche, im fortgeschrittenen Quengelsound.

»Ich will jetzt endlich *Die drei ???*.« (Sebastian)

»Will S-Klasse mit Massagesitzen.« (Mama)

»Pipi.« (Sebastian)

»Langweilig.« (Constanze)

»Will eingebauten DVD-Player.« (Sebastian)

»Will Bumbibärchen.« (Constanze)

»Will Abstecher ins Design-Outlet.« (Mama)

»Will Segeltörn mit meinen Kumpels.« (Papa, der sich nach langem Schweigen auch mal wieder zu Wort meldet.)

Das hat ja alles keinen Sinn. »Kinder, passt auf, wir fahren jetzt noch ein bisschen Auto, und dann sind wir in ein paar Stunden zu Hause. Also, wenn ihr jetzt zehn Minuten ruhig seid, sind wir in fünf Stun...Minuten da.«

»Also wann sind wir denn jetzt da, Mama?«

»Ganz, ganz bald. Macht die Augen zu, dann geht es schneller.«

»Fährt dann das Auto schneller?«

»So ungefähr. Es ist dann so, als würden wir fliegen. Das Auto hat dann Siebenmeilenstiefel an.« Ich würde gerne meine eigene Geschichte glauben und wünsche mir, dass ich unser Auto jetzt verhexen, ihm Flügel ankleben und, schwupp, über den Stau hinwegfliegen könnte. Das wäre doch mal was. Ein Katapultsitz für mich, um der grummelnden Familie zu entgehen, wäre fürs Erste auch nicht schlecht.

»Wenn ich also zehn Minuten schlafe, dann fährt das Auto vielleicht 300 km/h? So schnell wie das Auto von Batman?« Mein Sohn ist genauso gut in höherer Mathematik wie ich, so viel ist klar.

Unser Gefährt hat leider eher bleierne Schuhe an statt der versprochenen Siebenmeilenstiefel. Wir quälen uns durch mehrere Staus, die Minuten dehnen sich wie Kaugummi. Die Kinder werden mit Süßigkeiten, noch mehr Autokennzeichenraten und wahlweise *Bibi Blocksberg* und den *Drei ???* mehr schlecht als recht bei Laune gehalten.

Nach zwölf schier endlosen Stunden kommen wir endlich in Berlin an.

»Das hat jetzt aber lange gedauert«, stellt mein Sohn beim Aussteigen fest.

»Nein, wieso denn? Wir sind im Dunkeln losgefahren und im Dunkeln angekommen. Das ist Hexerei.«

Mein Mann schält sich müde aus dem Sitz. »Das nächste Mal fahren wir an die Ostsee oder bleiben zu Hause. Du kannst dir *The Sound of Music* doch auch einfach auf DVD anschauen.«

9

»Der Darth Vader hat als Kind immer nur weiße Hemden getragen!«

Hässliche Lieblingsshirts mit Superhelden drauf?
Vorlieben für Einhörner auf Glitzerleggings?
Wie man die Kinder vor Modesünden bewahrt
und ihr Stilempfinden stärkt.

Es war kurz vor Weihnachten, und im Fernsehprogramm war die 137. Wiederholung von *Der kleine Lord* angekündigt. Seit ich Mutter bin, muss ich bei rührenden Geschichten noch mehr weinen als früher. Teilweise reicht schon die *Merci*-Werbung aus, um mich in einen Zustand der totalen Ergriffenheit zu versetzen. Gut gemachter Kitsch aktiviert meine Tränendrüsen, besonders in der Weihnachtszeit. Mein Mann war ins Kino geflüchtet, um sich sprechende Killerautos oder im Weltraum verirrte Astronauten anzusehen oder beides zusammen. Sebastian, der zu diesem Zeitpunkt neun Monate alt war, schlief friedlich in seinem Bettchen. Ich hatte es mir mit ein paar frisch gebackenen, noch warmen Vanillekipferln, einem Glas Tee und einer Familienpackung Taschentücher vor dem Fernseher gemütlich gemacht und gab mich für knapp zwei Stunden vollends der Rührseligkeit hin. Der kleine Lord war aber doch auch zu süß. Blonder Pagenkopf, große blaue Augen, die natürlich den strengen, großen Lord erweichen und ihn zu einem besseren Menschen machen. Hach, zu schön, wie alle sich am Ende »kriegen« und der kleine blonde Junge fortan glücklich mit seiner Familie im großzügigen Anwesen lebt. Tränen der anhaltenden Rührung vergießend putzte ich mir nach dem Film die Zähne und ging vom Kitsch beglückt ins Bett.

Der Zufall wollte es, dass ich am nächsten Tag bei meinen Weihnachtseinkäufen an einer reich dekorierten Auslage eines Kaufhauses vorbeikam. Darin war eine Schaufensterpuppenfamilie um einen Tannenbaum arrangiert, die wie Klone der Dorincourt-Fauntleroys aus dem Film aussahen. Die Erwachsenen in Smoking und Abendkleid, das Kind in putzigen Samthosen und weißem Hemd mit Spitzenkragen. War das Fügung oder eine ausgeklügelte Werbemasche, um kitschanfälligen Müttern wie mir Geld aus der Tasche zu ziehen? Auf diese Präsentation reagierte ich jedenfalls wie ein Pawlow'scher Hund. Wie von Geisterhand wurde ich in die Kinderabteilung gezogen, um für meinen Sohn, den kleinen Lord zu Hause, ein standesgemäßes Outfit aus Hemd, Hose und Samtmützchen zu kaufen. Im Set war es ganz günstig, und mein Sohn würde fabelhaft darin aussehen, so redete ich mir ein. Falls nicht, könnte man es sicherlich ganz einfach wieder bei eBay verticken.

Am nächsten Morgen saß Sebastian im Schlafanzug vor mir. Wie üblich brannte er nicht gerade darauf, angezogen zu werden, und war noch ziemlich verschlafen. Davon ließ ich mich jedoch nicht beirren. Ich griff in den Schrank und holte das weiße Hemd und die dunkelblaue Kniebundhose hervor. Nach einigem Gequengele hatte ich ihm Hemd und Hose übergestreift. Er sah entzückend aus. Seine wuscheligen hellbraunen Haare würden sicherlich eines Tages zu einem schönen Pagenkopf frisiert werden können. Vielleicht könnten wir ihn jetzt schon »Cedric« rufen, bis es so weit war? Dass das Kind total unglücklich in seinem neuen Outfit aussah, ignorierte ich. Völlig verliebt in seinen Anblick zückte ich schnell mein Handy und fotografierte drauflos. Während ich noch ausprobierte, mit welchem Instagramfilter der Look am besten zur Geltung kommen könnte, bekam Sebastian plötzlich einen hochroten Kopf und diesen entrückten, mir gut bekannten Gesichtsausdruck. Oh bitte nicht jetzt… die schöne, neue Hose… warte… wo sind die Feuchttüüücheeer…? Bevor ich handeln konnte, war es auch schon zu spät. Das Styling war ruiniert. Warum musste ich auch gerade heute eine neue Windelmarke ausprobieren, die im entscheidenden Moment versagte? Das schöne weiße Hemd war es nun nicht mehr, die Kniebundhose reif für die Spezialreinigung.

Mein Sohn war nach seinem Geschäft nun deutlich besserer Laune. Nachdem ich ihm eine bequeme Jogginghose angezogen hatte, jubelte er förmlich. War das seine Art mir mitzuteilen, dass ich seinen Kleidungsgeschmack wirklich nicht getroffen hatte? Oder lag es an mir? War es womöglich einfach ziemlich hirnrissig, einem neun Monate alten Baby weiße Hemden und samtene Hosen aufzunötigen? Wahrscheinlich Letzteres…

Ich gab die weißen Hemden daraufhin für eine gewisse Zeit auf und zog meinem Sohn fortan unkomplizierte, bei 95 Grad waschbare Kleidung an. Eines Tages, Sebastian war mittlerweile drei Jahre alt und den Windeln entwachsen, ging ich wieder an besagtem Kaufhaus vorbei und wurde auch dieses Mal magisch von einer Schaufensterauslage angezogen. Der »maritime Gründerzeitlook für die Kleinen – klassisch schön heute wie damals«, las ich auf einem Schild. Darin wieder die altbekannte Schaufensterpuppenfamilie in gediegener Kleidung, arrangiert vor einem falschen Kamin in Wohnzimmeratmosphäre. Wie beim ersten Mal stürzte ich ins Kaufhaus und fuhr mit der Rolltreppe sofort in die Kinderabteilung. Dort fand ich entzückende Fischerhemden namens »Fiete« oder Matrosenoberteile der Marke »Der kleine Deichgraf«. Ich musste einfach zuschlagen und kaufte Sebastian ein weiß-blau gestreiftes Hemd. Okay, das war jetzt weniger der kleine Lord, aber das Outfit sah ganz hinreißend aus – und beim letzten Mal war der Adelslook im wahrsten Sinne des Wortes ja in die Hose gegangen. Vielleicht hatte ich im zweiten Anlauf mehr Glück.

Am nächsten Morgen holte ich das Fischerhemd für Sebastian aus dem Schrank. Mein Sohn schüttelte beim Anblick des Oberteils kräftig den Kopf.

»Will nicht, will Dawäda!« Ich tat einfach so, als ob ich ihn nicht verstanden hätte, und versuchte, ihm das schöne Hemd überzuziehen. Natürlich wusste ich ganz genau, was er wollte. »Dawäda« war sein heiß geliebter Schlafanzug in einem schreienden Giftgrün, den ein großer gummierter und glitzernder Darth Vader aus »Schtahwahs« (*Star Wars*) zierte. Ein Geschenk seiner Großmutter, die offensichtlich in einem anderen Kaufhaus eingekauft hatte als ich.

»Schatzi, wir können nicht den Schlafanzug anziehen, wir gehen ja jetzt in den Kindergarten. Du brauchst richtige Anziehsachen. Das ist doch so ein schönes Hemd, da siehst du aus wie ein richtiger kleiner Fischerjunge.«

»Mag kein Füsch.«

»Aber ja, Fischstäbchen isst du doch ganz gern. Und Fischer sind ja ganz tolle, mutige Leute, die fahren aufs Meer und haben eine große Angel...«

Mein Sohn ging zum Schrank und zog ein T-Shirt heraus. »Ich will Schpeida-Mähn... oder Supa-Mähn, büüütte?« Sebastian fischte mit zielgenauer Sicherheit zwei weitere von ihm favorisierte und von mir verabscheute Oberteile aus der Schublade. Die Oma war wohl kürzlich wieder einem Superhelden-Kaufrausch erlegen und hatte dabei genau den Geschmack meines Sohnes getroffen. Ich musste die Notbremse ziehen.

»Du, der Darth Vader hat als Kind immer nur weiße Hemden getragen, ganz ähnlich wie die Fischer. Der Darth heißt ja eigentlich auch Lord Vader.« Hier machte ich eine bedeutsame Pause und senkte meine Stimme verschwörerisch. »Das weiß ja kaum jemand, aber der war auch mal ein ›kleiner Lord‹ als Junge und hat sich gaaanz gerne fein angezogen, ja, ja...« Ich nickte bekräftigend und glaubte mir mal wieder selbst.

Mein Sohn lief zu seiner Verkleidungskiste und zog seine schwarze Darth-Vader-Maske heraus. »Aber Dawäda ist swarts.«

Oh ja, natürlich! Wie konnte mir auch solch ein Flüchtigkeitsfehler unterlaufen? Wie war das noch gleich? Der Vater von Obi Wan ist Anakin? Oder Luke Skywalker? Und Jar Jar Binks der Cousin von R2D2... Wenn es um eine Jane-Austen-Verfilmung gegangen wäre, hätte ich besser Bescheid gewusst. Da kam mir zum Glück der rettende Gedanke!

»Also der Darth hat als Kind immer nur weiße Hemden getragen, bis er sie später alle schwarz eingefärbt hat.«

Perfekt! Hatte es sich also doch mal gelohnt, dass ich mir mit Sohn und Mann kürzlich *Krieg der Sterne* angeschaut habe. Meistens leide ich dann nämlich furchtbare Qualen. Denn obwohl mir mein Mann immer weismachen will, dass wir uns gerade einen Kostümfilm mit Lovestory anschauen, fange ich schon an zu gähnen, wenn der Prologtext über den Bildschirm kriecht. Aber nun war ich bekehrt. »Schtah-wahs« kann beim morgendlichen Anziehen also richtig pädagogisch wertvoll sein.

Mein Sohn hörte sich meine Ausführungen interessiert an. Mit noch unbekannten Fakten aus Darth Vaders Leben könnte er ja prima im Kindergarten auftrumpfen. Und dass der Darth ein Lord ist, hatte er auch schon mal irgendwo gehört. Unglaublich, was die Mama alles weiß! Was Darth Vader macht, kann ja nicht so schlecht sein, dachte sich Sebastian wohl. Schließlich hat der ein rotes Laserschwert, und das will ich auch haben. Vielleicht sind Hemden der Weg zum roten Schwert?

Wir einigten uns schließlich auf einen Kompromiss. Zum Kindergarten fuhren wir mit dem Fischerhemd und dem Darth-Vader-Schlafanzugoberteil darüber, von dem sich mein Sohn dann doch nicht trennen wollte. »Der nostalgische Lord-Vader-Look« – etwas eigenwillig und gewöhnungsbedürftig, aber unverwechselbar.

Warum sind viele Mütter eigentlich so eigen, wenn es um die Kleidung ihrer Kinder geht? Meine Modevorlieben aus dem deutschen Kaiserreich sind zugegebenermaßen etwas exzentrisch, aber ein ähnliches Verhalten legen in abgewandelter Form ja viele Mamas an den Tag. Es gibt Kinder, die wie mittelalterliche Gaukler aussehen oder wie Hipster aus

Berlin-Neukölln. Ich bin jedenfalls nicht die einzige Erziehungsberechtigte, die ihr Kind nach ihrem Geschmack kleiden will und das T-Shirt mit »Schpeida-Mähn« und die Leggings mit dem Glitzereinhorn ganz weit hinten in der Schublade versteckt, auf dass sie nie gefunden werden mögen.

Obwohl – es gibt auch vernünftigere Mütter. Als ich meiner Freundin Julia von meinen Kämpfen an der Kleiderfront erzähle, sagt sie nur kopfschüttelnd: »Mein Gott, Nina, lass es doch einfach. Ich gehe mit Johanna einfach in den Laden und sage ihr: Du kannst dir zwei Oberteile und eine Hose aussuchen, und dann gehen wir am Ende mit ganz viel Polyester, Nylon und Acryl zur Kasse. Seitdem haben wir morgens nie wieder Stress beim Anziehen gehabt.«

Ob ihre Tochter ihr denn so gefallen würde, frage ich vorsichtig und bewundere dabei Julias schicken minimalistischen Look mit hochwertigen Marken aus Skandinavien.

»Natürlich nicht, aber sie muss sich selbst gefallen, das ist doch die Hauptsache. Und ein paar Modesünden muss man schließlich begehen im Leben.«

Das stimmt mich nachdenklich. Allein zu Hause, schnappe ich mir einige Fotoalben aus meiner frühen Jugend in den späten Achtzigerjahren. Und da ist der Beweis: Mein gesamtes vierzehntes und fünfzehntes Lebensjahr war eine einzige lang andauernde Modesünde gewesen. Offenbar hatte meine Mutter mich gewähren lassen, was mein Aussehen anging. Moon-washed Jeans mit hohem Bund, dazu ein pastellgelbes Sweatshirt mit der sinnfreien Aufschrift »Junior League Inc. Department USA«, ein seitlicher Pferdeschwanz mit Minipli-Dauerwelle und dazu ein dezentes Make-up aus grünem Kajal mit lila Mascara. Leider hat es damals mit der Wahl zum »Bravo Girl 1988« dann doch nicht gereicht, aber ich fand mich echt schick. Meine Kinder sind beim Anblick der alten Fotoalben auch schwer beeindruckt.

Ich bin völlig entgeistert, klappe das Fotoalbum wieder zu und rufe meine Mutter an. »Wie hast du mich damals eigentlich vor die Tür gelassen, ich sah doch FURCHTBAR aus … grüner Kajal? Warum hast du nichts gesagt?!«

»Ach, Nina, was sollte denn das bewirken? Das war eben modisch zu der Zeit, und dir hat es gefallen. Man muss sich doch auch mal austoben. Wir hatten damals in der Nachkriegszeit nur abgebrannte Streichhölzer, um einen Lidstrich zu ziehen. Übrigens sind doch die Achtziger jetzt wieder modern … Irgendwo im Keller habe ich deine alten Jeans noch aufgehoben. Soll ich mal nachschauen, wo sie sind? Vielleicht passt du ja noch rein!« Ich lehne dankend ab. Interessant, offenbar hatte auch meine Mutter Vertrauen in mich gehabt und einfach abgewartet, bis ich den schlechten Geschmack wieder ablegte.

Auch Julias Vater hat diese modische Geduld bei seiner Tochter bewiesen. Ich kenne ihn seit jeher als Ästheten und stets elegant gekleideten Herrn mit Vorliebe für den englischen Landadel-Look. Auf ihrer Hochzeit vor ein paar Jahren erinnerte er sich in seiner Rede daran, wie er in Julias »Christiane F.-Zeiten« regelmäßig inständig zum Modegott betete, die Phase der abgewetzten Lederjacken und des verschmierten schwarzen Kajals möge bald vorbei sein.

Meine Freundin sah in dieser Zeit wirklich ein bisschen wie die Schauspielerin Natja Brunckhorst in der bekannten Verfilmung aus. Noch heute sehe ich das gequälte Lächeln des Vaters vor mir, das er immer aufsetzte, wenn wir uns damals fertig gestylt zu unserem kleinstädtischen rheinhessischen Bahnhof begaben, um mit anderen Teenagern im Grunge-Look »abzuhängen« (= uns furchtbar zu langweilen, aber dabei cool auszusehen). Heute hat Julia den Heroin-Chic längst aufgegeben und sieht aus wie einem trendigen Modeblog aus Kopenhagen entsprungen. Ihr Vater hatte Vertrauen in sie gesetzt und einfach abgewartet. Vielleicht haben Julia, ihr Vater und meine Mutter ja recht, und ich muss das Modediktat für meine Kinder endlich mal aufgeben?

Benedikt kann dem nur zustimmen. Er versteht überhaupt nicht, warum es mir so wichtig ist, dass die Kinder so ordentlich aussehen.

»Ich glaube ja, Nina, strenge Kleidervorschriften können auch kindliche Traumata verursachen. Weißt du eigentlich, warum ich so ungern ins Theater und in die Oper gehe?«

Der Vater meiner Kinder hat tatsächlich schon Probleme, das Weihnachtsmärchen durchzustehen. Ballett und Oper kann er nur mit Ohrstöpsel und dunkler Sonnenbrille ertragen.

»Immer wenn ich mit meinen Eltern als Kind ins Theater ging, zogen sie mir kratzige Wollhosen, ein kariertes Hemd und Schnürsandalen an. Schnürsandalen! Am schlimmsten waren die Pausen, wenn ich mit Mama und Papa durchs Foyer flanieren musste. In Schnürsandalen!«

Heute trägt mein Mann selbst im heißesten Sommer Turnschuhe, deren Schnürsenkel er offen lässt. Einfach weil er es jetzt darf.

Auch meine Freundin Maya weiß auf modischer Ebene von nicht wiedergutzumachenden Verfehlungen ihrer Eltern zu berichten. Ihre Familie gehörte der Umweltbewegung an, und die Tochter wurde in den frühen Achtzigerjahren gerne mit auf die Demos gegen die Frankfurter Startbahn West genommen. Natürlich alle in Selbstgestricktem und Birkenstock-Sandalen. Nun war Maya leider ganz anders als der Rest ihrer Familie und wünschte sich nichts sehnlicher, als auszusehen wie die Schauspielerinnen in den ZDF-Vorabendserien, die sie eigentlich nie anschauen durfte. Als sie von zu Hause auszog, befreite meine Freundin sich vom »grünen Look«, indem sie sich von ihrem mühsam ersparten Geld erst einmal Perlenohrstecker und eine grüne Barbour-Jacke kaufte. Das passte auch gut zu ihrem Jurastudium. Leider lebt sie mittlerweile in Berlin-Mitte und versteht die Welt nicht mehr, seit sie vor Kurzem mehrere sehr stylische junge Frauen in silbernen Birkenstock-Sandalen gesichtet hat. Und weit und breit keine Startbahn, die es zu sabotieren gäbe.

Vielleicht habe ich ja Glück, und in zwanzig Jahren hat sich der Gründerzeitlook in allen angesagten Stadtteilen Deutschlands durchgesetzt? Dann werden meine Kinder mir sehr dankbar sein, denn sie wissen ja schon, wie man Kniebundhosen würdevoll trägt und einen Spitzenkragen am besten kombiniert.

Mit dem zweiten Kind wird jede Mutter entspannter, auch ich und sogar beim Thema Kleidung. Meine Tochter Constanze lässt sich sowieso nicht reinreden. Meinen für sie geplanten Look »Mädchenpensionat anno 1911« hatte sie bereits mit zwei Jahren ganz schnell ad acta gelegt. Jetzt ist sie drei und hat eine ganz dezidierte Meinung dazu, wie sie sich kleiden möchte. Montags ist der Einhornpulli dran, dienstags auf jeden Fall die Unterhose mit den Filly-Pferden und mittwochs die vermaledeite Lillifee in Form von Leggings. Das wird dann aber noch kombiniert, gerne mit Fundstücken aus der Verkleidungskiste ihres Bruders. Zur Fantasy-Ritterin wird man dann eben mit dem Einhornoberteil und dem Ritterumhang, die Filly-Pferd-Unterhose MUSS zusammen mit der Polizeikappe getragen werden, und die Leggings sehen in Kombination mit dem Indianerfederschmuck richtig gut aus. Sie hat jetzt offenbar schon ein sehr emotionales Verhältnis zu ihren Kleidern. Ich wage auch keinen Widerspruch mehr, denn sonst wird es ganz schnell sehr laut bei uns. Constanze hat halt gerade eine modische Phase, bei der ich jeden Tag fröhlich »Helau« rufen will. Jedem Narren gefällt eben seine Kappe.

Kleidung ist Ausdruck der Persönlichkeit, und wie kommen wir eigentlich dazu, eine Persönlichkeit, einen Geschmack für unsere Kinder auszusuchen? Wahrscheinlich weil wir wohl eine Idee haben, wie unsere Kinder sind oder eher: wie wir meinen, wie sie sind. Wie wir sie haben wollen. Eine Art Mini-Me, schließlich waren sie doch mal in unserem Bauch …

Aber Kinder sind nun mal eigenständige Persönlichkeiten mit teilweise ganz neuen, uns entgegengesetzten Interessen. Ich liebe das Antike und Nostalgische. Mein Sohn liebt *Krieg der Sterne* und ist nun auch glücklicher Besitzer eines roten Laserschwertes, mit dem er am liebsten draußen herumspringt. Eigentlich könnte er die ganze Zeit draußen sein, wenn es nicht gerade das beliebte Weltraumepos im Fernsehen gibt. Seit einiger Zeit ist Sebastian außerdem begeisterter Pfadfinder. In meiner anfänglichen Ignoranz sah ich nur den Dreck und die Erkältungen, die er nach den Treffen mit der Meute heimbrachte. Bis ich erfreut feststellte, wie hilfreich die Pfadfinderuniform sein kann. Die »Kluft« aus Hemd, Jacke und Strickpulli hat vom ersten Tag an eine große Faszination auf meinen Sohn ausgeübt. Ordentliche Kleidung ist ihm plötzlich total wichtig. Als echter Pfadfinder achtet er jeden Mittwochnachmittag auf eine »gute Kluft« mit perfekt hochgekrempelten Ärmeln seines Fahrtenhemdes, das natürlich in die Hose gesteckt werden muss. Das ist jetzt blau und nicht weiß, Darth Vader muss immer noch auf seiner Unterwäsche drauf sein, und Kniebundhosen gehören auch nicht zur Uniform, aber ich habe trotzdem Hoffnung geschöpft. Der Look »Der kleine-Pfadfinder-Lord« ist doch auch nicht so schlecht, oder?

10

»Wer einmal lügt ... der muss auch weiterlügen.«

Die wichtigsten Dos and Don'ts für erfolgreiches Lügen im Familienalltag.

Nun haben Sie es bis hierhergeschafft, liebe Leser. Offenbar flunkern Sie Ihr Kind auch das eine oder andere Mal an, oder? Und zwar deshalb, weil Ihnen etwas peinlich war, Sie es gerade eilig hatten oder besser vor Ihrem Kind dastehen wollten. Wir sind uns also ziemlich ähnlich, Sie und ich! Sie brauchen jetzt gar nicht so den Kopf zu schütteln! Schnappen Sie sich lieber den übrig gebliebenen Schoko-Osterhasen und beißen Sie ihm ein Ohr ab. Am besten gleich beide. So. Mhhhh ... schmeckt gut, oder? Ist auch nicht so schlimm, das wird Ihr Kind sicher nicht merken. Außerdem ist zu viel Schokolade ungesund. Mit anderen Worten, Sie kümmern sich hier gerade um die gesunde Ernährung Ihres Kindes, indem Sie sich höchstpersönlich des schädlichen Zuckers annehmen. Ja, ich weiß, Sie haben ein schlechtes Gewissen deshalb, das hab ich ja auch. Aber bis es DEN Erziehungsratgeber gibt, der uns schlüssig darlegt, wie wir alle Notlügen in die Tonne treten können, oder die Selbsthilfegruppe »Anonyme Lügner« gegründet wird, müssen wir uns eben ein wenig behelfen. Schon Machiavelli sagte: »Der Zweck heiligt die Mittel.« Okay, wir Eltern sind nun hoffentlich keine despotischen Herrscher der Renaissance, aber der »Staat Familie« muss ja auch irgendwie zusammengehalten werden.

Bei den bisherigen Episoden klappten ja nicht all meine Notlügen immer so gut. Und warum, was ist schiefgelaufen? Ich glaube, mein Versagen lag darin, dass ich nicht zu jeder Zeit die wichtigen Flunkerregeln eingehalten habe. Die Dos and Don'ts des erfolgreichen Lügens eignete ich mir nämlich erst im Laufe der Zeit an. Ich habe aus meinen Fehlern gelernt und möchte sie Ihnen nun weitergeben, damit Sie auf dem Weg zum guten Flunkerer eine kleine Abkürzung nehmen können. Reicht ja schließlich, dass einer von uns versagt hat, man muss das nicht unnötig wiederholen.

Wenn Sie wie ich entschieden haben, dass die eine oder andere Notlüge, der eine oder andere Erziehungstrick im Familienalltag erlaubt ist, dann lesen Sie jetzt bitte aufmerksam weiter und lernen Sie aus meinen Fehlern.

Die wichtigste Voraussetzung für die kreative Interpretation der Wahrheit ist: ein reines Gewissen. Wer sich schlecht fühlt beim Lügen, wird schnell ertappt. Ich hatte in letzter Zeit oft das Gefühl, dass wir alle komplett moralisch verwirrt sind. Darf ich denn meine Kinder, meinen Mann, den Chef, die Nachbarin, die Freundin anflunkern? Ist das nicht schlecht? Ich muss doch immer wahrhaftig bleiben! Alles Quatsch, müssen Sie nicht! Ist auch viel zu anstrengend. Warum muss das achte Gebot auch so eng gefasst sein? Warum kann es denn realitätsnah nicht heißen: »Du solltest meistens nicht unbedingt falsches oder nicht ganz so richtiges Zeugnis ablegen wider deinen Nächsten. (Hierbei sind Chefs, Nachbarn, Lehrer und manchmal auch Familienmitglieder auszuklammern.)« So wäre das doch viel einfacher zu befolgen, oder? Gut, vielleicht hätten diese Einschränkungen damals nicht mehr auf die Gesetzestafel gepasst, aber es wäre immerhin einen Versuch wert gewesen.

(Not-)Lügen ist viel mehr als das Verdrehen von Fakten, es ist auch eine Art raffinierter Intelligenztest. »Die Lüge ist ein Sprachspiel, das gelernt sein will«, sagte der Philosoph Ludwig Wittgenstein. Das bestätigt mir meine Erfahrung immer wieder. Denn ganz klar: Erfolgreiches Lügen erfordert kommunikatives Talent und eine hohe emotionale Intelligenz. Manche spielen gerne Karten oder *Trivial Pursuit*, andere lügen eben. Danke, Ludwig, Alter! Mama will eigentlich »nur spielen« und ist dabei meistens ein intelligentes Sprachgenie. Hört sich doch prima an, damit kann ich super leben. Und Friedrich Nietzsche spricht mir sogar noch mehr aus der Seele, denn der sagte: »Die Lüge ist, wenn nicht die Mutter, so doch die Amme der Güte.« Na also, wer sagt's denn: Lügen ist im besten Sinne mütterlich! Wir sind gütig, wenn wir lügen. Wir tun etwas Gutes! Danke, Jungs, dass ihr mir hier so beisteht.

Dass Lügen auch seine guten Seiten hat, wussten ja schon Sebastians Schulkameraden in Kapitel 1. Sie erklärten mir, dass in der Familie und in der Schule eine Notlüge das soziale Schmiermittel des Alltags sein kann. Wir loben unsere Kinder überschwänglich für ihre Kunstwerke und sportlichen Leistungen und leisten ihnen damit ganz altruistisch einen guten Dienst.

Ein großes Don't ist es, einfach so vor sich hin zu flunkern, ohne Sinn und Verstand – ganz egal, in welchem Umfeld man sich gerade befindet. Direkt am Anfang meiner Recherche stieß ich ja unter Sebastians Klassenkameraden auf Victoria, die mir mit erhobenem Zeigefinger deutlich machte, dass Lügen grundsätzlich schlecht sei. Zum Glück waren nicht alle Kinder in der Klasse so prinzipientreu veranlagt und drückten auch mal ein Auge zu. Die Gesamtsituation ist allerdings noch etwas verschärfter, denn Gegenspieler, die das Flunkern erschweren, lauern ja bereits im Kindergarten! Die alles hinterfragende fünfjährige Matilda aus Kapitel 7 zum Beispiel. Bei solch kritischen Geistern lohnt ein Ausflug in die Politik. Wenn wahrheitsliebende Menschen in der Nähe sind, müssen Sie sich einfach vorstellen, Sie befänden sich im Wahlkampf. Ebenso wie ein geübter Volksvertreter müssen Sie beim Lügen zu jeder Zeit Ihr Umfeld im Blick behalten, sonst kann es schon mal faule Eier regnen. Checken Sie vor einer öffentlichen Lüge, wer sonst noch da ist. Ist das ein gewogenes Publikum, oder haben sich womöglich Victorias und Matildas unter die Leute gemischt?

Als ich im Kindergarten damals meine konservative Weihnachtsmannlüge verbreitete, hätte ich natürlich mit Zwischenrufen aus den Reihen der Querulanten rechnen müssen. Matilda eben. Die Chefin des Aktionsbündnisses »Kinder gegen Konsum und Weihnachtsmann (KGKW)« wird bei diesem Thema immer versuchen, mir das Heft aus der Hand zu nehmen. Ich habe mir vorgenommen, beim nächsten Mal, wenn es brenzlig wird, einfach die Vergangenheit meiner Kontrahentin ins Spiel zu bringen. »Und was Sie damals in der Krabbelgruppe gemacht haben, darüber will ich hier und heute gar nicht sprechen. Das müssen Sie vor Ihrem eigenen Gewissen verantworten.« Oder so ähnlich.

Ich kann Ihnen nur empfehlen: Bleiben Sie zu jedem Zeitpunkt in Ihrer Rolle. Wenn Matildas Mutter aufgetaucht wäre oder eine Erzieherin mich gefragt hätte, was ich da eigentlich zu Matilda sage, hätte ich dann einfach die Hände der Umstehenden geschüttelt, so als ob ich gerade auf Stimmenfang bei einer öffentlichen Kundgebung sei. Kinder wie Victoria und Matilda werden später mal Staatsanwältin oder mindestens Kriminalhauptkommissarin im *Tatort*. Als flunkernder Erwachsender sollte man also schon früh auf der Hut sein.

Ausschmückungen, Beschönigungen und das Umschiffen harter Fakten sind neben Angriffen des »politischen Gegners« aka Matilda Merkmale des Politikersprechs. Auf die Frage meines Sohnes »Was hast du da im Mund? Das ist doch etwas Süßes!« hätte ich mir auch vorstellen müssen, Politikerin zu sein. Generalsekretärin der Partei »Alternative zur Wahrheit (AzW)« zum Beispiel. Eine gute Antwort auf Sebastians Frage wäre dementsprechend gewesen: »Zunächst möchte ich mich herzlich für Ihre Frage bedanken, mit der wir uns in der Tat in unserer heutigen gesamtgesellschaftlichen Situation beschäftigen sollten, ja, müssen. Warum stellen wir sie aber nicht einmal ganz anders: Und wenn es etwas Süßes ist, wen geht das eigentlich etwas an? Auch ich bin eine unbescholtene Bürgerin dieses Landes und nicht jedem Rechenschaft schuldig. Entschuldigen Sie bitte, aber eine solche Position, wie Sie sie hier vertreten, ist eine Einbahnstraße der Demokratie. Da hat doch die Regierung ihre Hausaufgaben nicht gemacht.« (An dieser Stelle dann hoheitsvoll ins imaginäre Publikum schauen.) Eventuell kann man auch noch nachschieben:

»Und es muss auch erlaubt sein, unbequeme Wahrheiten in diesem unserem Lande auszusprechen.« Ich garantiere, Sie werden Ihre Kinder mit dieser verbalen Höchstleistung überrollen. Was wirklich gesagt wird, ist doch egal. Zum Politikersprech passen übrigens prima ausladende Gesten wie bei einer Bundestagsrede oder die berühmte »Merkel-Raute«.

Werden Sie hingegen trotz aller Warnhinweise tatsächlich überführt, können Sie nun versuchen, die nächste Lüge hinterherzuschieben, um die erste wieder wettzumachen. »Das ist eine Kopfschmerztablette und keine Praline« war eigentlich gar nicht so schlecht. Aber wenn es zu spät ist, ist es zu spät, und dann gilt es, eines zu beachten: Zeigen Sie Reue! Bedauern kombiniert mit dem Anzweifeln der eigenen Zurechnungsfähigkeit ist die Formel, um die Gunst der Wähler nicht zu verlieren.

Wenn also auch Sie, liebe Leser, schon einmal von Ihren Kindern beim heimlichen Naschen erwischt wurden, versuchen Sie es demnächst einfach mit einer Art Rücktrittsrede: »Lassen Sie mich ganz offen sprechen, es war eine große Dummheit von mir, und ich tat es, weil ich so müde und nicht mehr Frau meiner Sinne war. Ich habe kleine Kinder und bin auch nur ein Mensch. Ich habe mich entschlossen, nun von den Süßigkeiten zurückzutreten, obwohl sie mir engstens ans Herz gewachsen sind. Es tut mir aufrichtig leid, die deutsche Bevölkerung getäuscht zu haben. Die großen Fragen der Frösche, weißen Mäuse und Kokos-Pralinen müssen nun andere beantworten. Ich überlasse ein gut bestelltes Feld und wünsche Ihnen allen und unserem Land eine gesegnete Zukunft.« Sie können sich zusätzlich noch überlegen, der Bundeskanzlerin zu danken. Das kommt immer gut. Wie kann Ihr Kind Ihnen nicht verzeihen, wenn Sie sich bei der ganzen Nation entschuldigt haben? Dem Neuanfang steht nun nichts mehr im Wege. Sie haben reinen Tisch gemacht.

Sprache ist also ein sehr zentraler Aspekt des Lügens. Wir messen dem Gesagten die größte Bedeutung bei. In anderen Worten: Gute Lügen sind plausibel klingende, gute Geschichten! Und das Beste: Wenn wir uns selbst gut zuhören beim Flunkern, glauben wir das Erzählte dann auch. Lüge und Selbstbetrug verschmelzen. Dichtung und Wahrheit werden eins. Herrlich.

Ein Do beim erfolgreichen Lügen ist auch das Übertreiben, Ausschmücken und Dramatisieren. Es ist gut, wenn Sie wie ich einen ausgeprägten Hang zur Dramatik mitbringen. Aber das kann man sich auch einfach angewöhnen, wenn man schon nicht damit gesegnet ist, keine Bange! Meine Eheanbahnungsaktivitäten für Sebastian ließen sich nur mittels Übertreibung retten. Sie erinnern sich, als mein Sohn kurzfristig seine Favoritin in Kapitel 5 wechseln wollte, weil ihm gerade mal die Haarfarbe des anderen Mädchens besser gefiel, erzählte ich ihm, dass es bald keine blonden Menschen mehr auf der Welt geben würde, weil die eben »aussterben wie die Dinos«. Etwas drastisch, ich gebe es zu, aber seit dieser Notlüge steht nun wieder die braunhaarige und ordnungsliebende Lena ganz oben auf der Liste.

Ein ganz klares Do beim erfolgreichen Lügen ist auch das »pseudowissenschaftliche Sprechen«. Diesen Kunstgriff kann man wunderbar anwenden, wenn man in die Ecke gedrängt wird. In Kapitel 4 wehrte ich mich (zunächst) erfolgreich gegen Haustiere, weil ich gegen alle eine mysteriöse Allergie habe und insbesondere Goldfische »radioaktive, hochtoxische Gase absondern, die durch das Wasser des Aquariums in die Atmosphäre geleitet werden«. Weiß doch jeder. Auch die Löcher im Käse erkläre ich in Kapitel 14 mit Fotosynthese, Hypotenuse und, nicht zu vergessen, Osmose. Alles allgemein bekannt und schon hundertmal nachgewiesen. Physikalische Gesetze wurden bei mir auch gerne außer Kraft gesetzt, denn das Auto in Kapitel 8 fährt ja bekanntlich schneller, wenn die Kinder schlafen. Dieser Durchbruch in der Automobilindustrie wird übrigens auf dem nächsten Autosalon in Genf vorgestellt. Kaum zu glauben, aber wahr.

Solch Geschwafel wirkt dann auch oft Wunder bei einem selbst, da diese Geschichten einen verführerischen Sog besitzen. Die Autosuggestion klappte bei mir ja besonders gut beim Thema gesunde Ernährung. Naturjoghurt in Kinderjoghurtbecher zu füllen und trotzdem noch zu glauben, man äße die zuckrige Variante, funktionierte für eine gewisse Zeit ganz prima. So kam sogar ich von den Pralinen los, kurzfristig zumindest.

Tatsächlich ist das Verdrehen der Wahrheit nicht nur eine sprachliche, sondern auch eine logistische Herausforderung. Mehrere Faktoren müssen bedacht werden, sonst kann man gleich einpacken. Wem kann ich überhaupt welche Lüge auftischen, wie tickt mein Gegenüber? Wie muss ich die gleiche Lüge bei Person A, B und C variieren, und was habe ich überhaupt wem und zu welchem Zeitpunkt gesagt? Brauche ich eine Anschlusslüge, um nicht aus dem Konzept zu geraten? In diesem dunklen Fahrwasser lauern viele Untiefen.

Als abschreckendes Beispiel für diese verbalen Ausrutscher beim Lügen können sicherlich mein Mann und ich herhalten, als wir von unserem Sohn in Kapitel 3 erwischt wurden, wie wir uns gerade »ganz doll lieb hatten«. Erst wurde mir heiß, dann kalt, dann auch noch schlecht. Wir verstrickten uns in einem Lügennetz, das wenig logisch klang und das noch nicht mal ein achtjähriger Junge glauben konnte. Einen Ausweg fanden wir erst, als wir die gut klingende Geschichte von der »Wärmflaschen-Bett-Rallye« erfanden. Eine Lüge, die der Erlebniswelt des Kindes entsprach und die uns dann auch abgekauft wurde. Genauso erklären wir Sebastian auch unsere ausgelassene Party mit den Nachbarn im Weinkeller, aber dazu später mehr.

Wer einmal lügt, der muss ein gutes Erinnerungsvermögen besitzen, besonders bei den klassischen Eltern-Lügen. Wenn die Kinder noch an den Weihnachtsmann glauben sollen, ist es eben wenig förderlich, wenn man als Mutter oder Vater in der Eile peinliche »Anschlussfehler« macht. Wenn der Weihnachtsmann immer in den Apfel beißt, nachdem er die Geschenke gebracht hat, muss Mama wohl oder übel das Obst annagen und darf es nicht einfach vergessen.

Auch sollte klar sein, wer vom fantastischen Personal wann was tut. Die Vermischung zweier fiktiver Figuren, wie geschehen bei Zahn- und Schnullerfee, ist nicht förderlich.

Wenn man sich schon fremder Autoritäten bedient, sollten diese immer nur eine ihnen zugewiesene Tugend und Funktion besitzen. Bastian Schweinsteiger isst gerne Brokkoli, Darth Vader trägt gerne weiße Hemden, und der Bank-Mann mag keine Trotzanfälle. Nur selten sollte man den Deus-ex-Machina-Trick anwenden, wie den »Spielplatz-Oberboss-Kapitän-Bestimmer«. Mit zunehmendem Alter der Kinder werden einem solche Figuren sowieso nicht mehr abgenommen.

Während Sie Absurdes von sich geben, ist es wichtig, die Körpersprache unter Kontrolle zu halten. Gestik und Mimik können Fallstricke beim Flunkern sein. Pinocchio, der große, kleine Lügner der Kinderliteratur, hatte Glück mit seinem hölzernen Gesicht, das keine Regung zeigen konnte. Natürlich wuchs seine Nase in die Länge, aber ein großer Zinken ist ja nicht für alle Mitmenschen ein Indiz dafür, dass sie lügen. Keine zuckenden Gesichtsmuskeln, kein Schweißausbruch auf Pinocchios Stirn. So mancher notorische Lügner wünscht sich wohl solch ein Pokerface. Lassen Sie es sich gesagt sein: Die Emotionen, die sich auf Ihrem Gesicht und in Ihrem Körper widerspiegeln, gilt es unter allen Umständen zu unterdrücken. Besonders vor den eigenen Kindern, denn die kennen einen ja so gut.

Auch hier ist das Süßigkeitendebakel aus Kapitel 2 ein gutes Beispiel. Meine Kinder malten und machten Hausaufgaben, versorgt mit gesunden Snacks. Ich hingegen stand am geöffneten Küchenschrank und stopfte hinter Cornflakes- und Nudelpackungen hastig Zuckriges in mich hinein. Mein Sohn ertappte mich und stellte mich zur Rede. Während meiner gesamten Undercoveraktion fuhrwerkte ich fahrig mit den Lebensmittelverpackungen herum. Dabei fielen sie um, ich verschüttete Mehl und stieß mir auch gewaltig den Kopf beim Ducken. So war ich natürlich sofort verdächtig. Als geübter Lügner wäre ich total cool geblieben. Ein guter Flunkerer hat eine souveräne Körpersprache und strahlt Gelassenheit aus.

So, jetzt wissen Sie Bescheid, wie man geschickt lügt. Nun können wir beide auch den Rest des Schokoladen-Osterhasens essen. Ich bleibe dabei: Flunkereien, auch mit dramatischer Note, schaden nicht. Notlügen, um uns Eltern aus peinlichen Situationen zu befreien und um unsere elterliche Vorbildfunktion aufrechtzuerhalten, sind erlaubt.

Zu oft schleicht sich aber eine verkappte Drohung in eine Notlüge ein. Nehmen wir einmal die klassische Lüge von Eltern, die angewendet wird, um ihre Kinder zur Eile anzutreiben. »Dann gehe ich eben allein« zu einem trotzigen Kind zu sagen, das haben wir alle schon mal gemacht. Aber wieso bauen wir das nicht noch ein wenig aus und geben Vollgas, wenn wir schon so einen ungeschickten Anfang gewählt haben? Hauen Sie mal richtig auf den Putz und reden Sie Ihr Kind, wenn es bockt und nicht mitkommen will, in Grund und Boden: »Dann gehe ich eben ohne dich einkaufen und habe den Kindereinkaufswagen für mich ganz alleine. Dann lade ich mir den voll mit *Hello-Kitty*-Kaugummi und düse damit durch die Gänge. Und dann gehe ich noch alleine zur musikalischen Früherziehung und mache alle Plättchen vom Glockenspiel ab und dann wieder falsch dran. Dann bohre ich den Trommelstab noch durch die Trommel. Ui, das macht sooo Spaß, aber das mache ich jetzt leider allein. Denn du willst ja nicht mitkommen.« Das wäre sicherlich noch wirkungsvoller.

Aber mal im Ernst, Aussprüche wie »Dann gehe ich eben allein« erschrecken unsere Kinder – weil wie gesagt immer eine bedrohliche Note mitschwingt. Auch eine Aussage wie »Das sage ich dann alles dem Weihnachtsmann« ist eine Lüge, die eigentlich eine Drohung ist und Angst macht. Der Weihnachtsmann bringt die Geschenke, und was ist, wenn Mama ihm erzählt, dass ich schon wieder meinen Bruder geärgert habe? Kriege ich dann nichts? Das Kinderbuch *Der Struwwelpeter* mit den darin enthaltenen Lehren liegt bei den meisten von uns glücklicherweise unter einer dicken Staubschicht versteckt auf dem Dachboden. Wenn wir nicht aufpassen beim »Erziehungstrick Flunkern«, kommen diese manipulativen Erziehungsmethoden manchmal noch durch. Hier denke ich immer gerne an die Kinder in Sebastians Klasse zurück. Die wissen genau, wann eine Lüge gut ist und wann nicht.

Im Familienleben passieren leider oft auch viel schwerwiegendere Dinge als die typischen, hier beschriebenen und eher harmlosen Situationen. Es gehört wohl zu den größten Herausforderungen unseres Elternseins, bei Lebenskrisen wie Trennung, Krankheit und Tod bei der Wahrheit zu bleiben und die richtige Kommunikationsebene zu finden, die ein Kind auch versteht. Welche Fakten kann ich meinem Kind wann zumuten? Womit muss ich warten, wie kommuniziere ich im Moment der Wahrheit?

Wie schnell wird auch aus Hilflosigkeit oder Bequemlichkeit ein Satz wie »Es wird alles wieder gut« oder »Es ist doch nichts« gesagt. Und wenn es leider nicht gut wird mit der Krankheit des Verwandten oder doch etwas ist mit der Beziehung der Eltern? Dann bleibt die Lüge, die oft nicht verziehen werden kann. Wenn es ans Eingemachte geht, ist es am schwierigsten und gleichzeitig am wichtigsten, bei einer kindgerechten Wahrheit zu bleiben.

Einrichtungsprobleme, Schwiegereltern und Nachbarn können aber durchaus auch zu Lebenskrisen ausarten. Und um diese »Probleme« zu bewältigen, darf weiter munter geflunkert werden.

11

»Einzelkinder sind ganz traurige Menschen, die niemanden zum Spielen haben.«

Wie man den erstgeborenen Sohn mit
seiner Schwester versöhnt und zukünftigen
Erbstreitigkeiten vorbaut.

Ein gewöhnlicher Nachmittag bei uns: Die Kinder kommen von Schule und Kindergarten nach Hause und streiten sich erst mal ausgiebig. Das ist ihre Art der Entspannung. Ich biete ihnen etwas zu essen an, CD hören, vorlesen. Das scheint alles nicht so beruhigend, nicht so erdend zu sein wie ein guter geschwisterlicher Disput. Und alles, ja wirklich alles, kann ein Anlass sein, sich in die Haare zu kriegen. Es ist zum Beispiel völlig egal, wie viele Orangenviertel der Bruder oder die Schwester auf dem Teller hat, aber kaum gibt es Puddingteilchen, geht das Geschrei los.

»Deins ist größer!«

»Nein, deins ist größer!«

»Mama, Constanzes Brötchen ist viel brauner als meins und höher! Voll ungerecht!«

»Mama, Sebastian hat den Bärenteller und ich den Katzenteller. Ich will aber den Bärenteller, Bären sind viel süßer.«

Meinem Sohn versuche ich auseinanderzusetzen, dass Constanzes Puddingteilchen vielleicht einfach länger im Ofen war und der Teig besser gegangen ist, es sich aber um die exakt gleiche Menge und Qualität handelt. Eine Erklärung, die der Bäckerinnung würdig wäre, aber meinen Sohn nicht interessiert. Auch meine Tochter lässt sich nicht überzeugen.

»Katzen sind doch deine Lieblingstiere, Constanze. Guck mal, da ist eine ganz süße Katze drauf.«

»Heute mag ich aber Bäris lieber.«

Ich frage meinen Sohn, ob er als älteres und schon sooo vernünftiges Kind vielleicht den Teller tauschen wolle. Das macht ihn nun erst recht wütend. »Immer muss ich alles abgeben, menno! Schwestern sind voll blöd!«

Constanze hat derweil die unbeobachtete Minute genutzt und ihm den Bärenteller geklaut. Jetzt liegen zwei Brötchen auf ihrem Teller, und gerade nähert sich ihr Mund Sebastians Gebäck.

Er flippt aus. War klar. »Gib das her, gib das SOFORT her. Iiiih, jetzt ist deine Spucke an meinem Puddingdings!«

Nun beißt die kleine Diebin herzhaft in das gemopste Gebäckstück und verhöhnt ihren Bruder mit vollem Mund: »Bäbäbäbäbä!«

Das kann ich nicht durchgehen lassen. Ich nehme ihr Teller und Backware wieder weg, schneide großzügig das Stück heraus, von dem sie abgebissen hat, damit Sebastian nicht mit ihrem Speichel kontaminiert wird, und trenne die beiden. Meine Tochter mümmelt also in der Küche weiter, mein Sohn nölt aus dem Wohnzimmer, dass er nun bestimmt noch weniger bekommen habe, da ein Stück des Teilchens sich ja nun im Bauch der Schwester befindet.

Als ich heute Nachmittag das Büro verließ, wurde mir ein schöner Feierabend gewünscht. Was meinen die lieben Kollegen eigentlich damit? Das kann ja nur Ironie sein. Nicht der forderndste Chef, nicht der schwierigste Kunde sind vergleichbar mit meinen täglichen Arbeitseinsätzen zu Hause. Ich durchlaufe hier täglich eine kostenlose Schulung in Konfliktmanagement. Verhärtete Fronten zweier komplett gegensätzlicher Parteien wollen unablässig miteinander versöhnt und Kompromisse ausgehandelt werden.

Nachdem die Kinder aufgegessen haben, mache ich wieder mal den Verhandlungsführer: »Constanze, du sagt jetzt Entschuldigung zu deinem Bruder.«

»Schulligung«, murmelt sie mit betont abgewandtem Blick.

»Nein, richtig entschuldigen. Du musst das auch ehrlich meinen.«

Sie gibt ihrem Bruder die Hand und streichelt ihm über seine trotzig verschränkten Arme. »Sebastian, sie hat dir jetzt ein Angebot gemacht, geh darauf ein.«

So ist das bei uns. Wenn das mit der Teilzeitkarriere im Büro nicht klappt, werde ich mich bei der Gewerkschaft bewerben. Obwohl bei den Tarifparteien ja meistens doch am Ende eine Einigung erzielt wird. Nicht so bei uns. Nach der Versöhnung schicke ich beide Kinder hoch in ihre jeweiligen Zimmer. Plötzlich höre ich die spitzen Schreie meiner Tochter und das Lachen meines Sohnes. Er spielt sein Lieblingsspiel. Kein Lego, kein Playmobil kann da mithalten. Warum schenken wir ihm eigentlich noch etwas zum Geburtstag, wenn »Schwester ärgern, bis sie schreit« sein Favorit ist? Ich haste nach oben. Constanze hat ein Lager aufgebaut und alle Puppen und Kuscheltiere unter Handtüchern schlafen gelegt. Sebastian spielt nicht in seinem Zimmer, wie er es sollte, sondern deckt gerade alle Puppen wieder auf.

»Aufstehen«, brüllt er und entlockt dazu einer alten Karnevalströte die schrecklichsten Laute. Constanze versucht verzweifelt – und vergeblich –, die Puppen wieder zuzudecken und ihm die Vuvuzela zu entreißen, die er nach oben hält, damit sie nicht rankommt. Was Sebastian natürlich wahnsinnig lustig findet und meine Tochter überhaupt nicht. Sie wird immer wütender und kreischt, was das Zeug hält. Ich nehme ihm das Instrument weg und schicke ihn wieder in sein Zimmer.

Bei der Planung des Hauses hatten wir uns überlegt, wie toll es sein wird, dass nun jedes Kind ein eigenes Zimmer hat, mit einem Durchgang, damit sie beide schön zusammen spielen können. Wie naiv! Die Kinder sind sowieso immer nur in einem Zimmer, und das Trennen funktioniert nur minutenweise.

»Warum haben wir eigentlich zwei Zimmer für euch, wenn ihr doch nur immer in einem zusammenhockt und euch zofft?«, frage ich und hole gleich darauf zum elterlichen Rundumschlag aus: »Wisst ihr eigentlich, wie gut ihr es habt? Einzelkinder sind doch ganz traurige Menschen, die niemanden zum Spielen haben!«

»Dann nimmt ihnen aber auch keiner was weg«, gibt mein Sohn zu bedenken.

»Ach, wie langweilig ist das denn, all das Spielzeug nur für sich zu haben. Ich bin als Einzelkind aufgewachsen und habe mich immer nach einem Bruder oder einer Schwester gesehnt.«

Mein Sohn schaut zu seiner Schwester hinüber, die ihre Puppen gerade alle wieder zudeckt.

»Einen großen Bruder hätte ich auch gerne.«

»Man kann sich später auch gegenseitig helfen, wenn die Eltern komisch oder alt und krank werden, und irgendwann erbt ihr mal das Haus von uns«, erkläre ich.

»Muss ich dann das Haus mit Constanze teilen?«

Oh weia, jetzt bitte kein vorgezogener Erbstreit. »Ja, eine Hälfte gehört ihr und die andere dir.«

»Sie kann ja im Keller wohnen.«

Meine Tochter hört nur, dass sie im Keller wohnen soll, und kriegt einen Heulkrampf. Ich weiß auch nicht mehr weiter und hole die Kiste mit der Eisenbahn heraus. Tatsächlich fangen die Kinder an, gemeinsam damit zu spielen. Das war aber wieder mal eine zähe Verhandlung. Ich verabschiede mich.

Als Benedikt nach Hause kommt, findet er mich im abgedunkelten Schlafzimmer, auf dem Bett liegend, wie ich eine Entspannungs-CD höre.

»Sie sind ganz entspannt. Was um Sie herum geschieht, geht Sie nichts an. Alle Geräusche verstummen, Sie spüren nur noch Ihren tiefen, gleichmäßigen Atem. Schhhhh…« Ich döse gerade weg, als mich die Stimme meines Mannes stört: »Warum liegst du denn hier?« Ich beende unwillig meine Minimeditation, aber jetzt gilt es zu beweisen, wer den anstrengenderen Tag hatte.

»Es war mal wieder die Hölle los hier, andauernd Streit, FURCHTBAR. Ich musste mich erst mal erholen.«

»Aber sie spielen doch so schön«, meint mein Mann und geht kopfschüttelnd ins Kinderzimmer. Das kann ich nicht so stehen lassen, also verlasse ich mein Bett und sprinte ihm hinterher. »Du hast ja keine Ahnung, was ich wieder mal erlebt habe: Demos, Sprechchöre, Aussperrung.« Während ich meinen Nachmittag in den düstersten Farben ausmale, setzt er sich zu unseren Kindern. »Na, wie geht es euch denn?«

»Super!«, heißt die einstimmige Antwort. »Guck mal, Papa, was wir hier Tolles aufgebaut haben!«

Na wunderbar. Alle drei spielen nun und beachten mich nicht weiter. Den ganzen Nachmittag streiten sie, und dann, wenn Papa kommt, ist alles in Ordnung! Friede, Freude, Eierkuchen. Das ist doch gemein!

Während ich den Tisch für das Abendessen decke, denke ich nach. Kürzlich las ich in einem Zeitungsartikel, dass Geschwister durchschnittlich alle 17 Minuten streiten. Das ist doch unglaublich! Wie halten das die anderen Eltern aus – oder bin ich die einzige Mutter, die so etwas stresst? Ist Streit zwischen Geschwistern (auch heftiger und immer wiederkehrender) vielleicht völlig normal und gar kein Ausdruck von besonderer Antipathie? Ich erinnere mich an meine Kindheit als Einzelkind und muss feststellen: So schrecklich unglücklich war ich eigentlich gar nicht. Streit gab es zwar bei uns, aber nur zwischen meinen Eltern und auch nur wegen der Frage, bei welchem Metzger das Fleisch gekauft werden soll. Ich erinnere mich an meine ausgiebigen Verkleidungsaktionen mit anschließenden Tanzeinlagen vor einem begeisterten Publikum aus Plüschtieren sowie Mama und Papa, die mir ihre ungeteilte Aufmerksamkeit schenkten. Zum Teilen lernen hatte ich viele Schulfreundinnen, die dann ja abends auch immer wieder artig nach Hause gingen.

Wenn ich an meine Kindheit zurückdenke, erinnere ich mich an ein ruhiges Haus, einen Rückzugsort von der Schule, in dem ich ungestört essen und spielen konnte. Keiner nahm mir etwas weg, ich musste auch nicht die Vernünftige sein und mich mit irgendjemandem wieder vertragen. Im Grunde war meine Kindheit eine einzige Entspannungs-CD in Dauerschleife.

Was ist denn nun besser? Mein Mann, der mit drei Geschwistern aufgewachsen ist, nimmt die Kämpfe unserer Kinder auf jeden Fall nicht so ernst wie ich und versucht auch nicht dauernd zu schlichten, eine Lösung zu finden oder an ihre Vernunft zu appellieren. »Jetzt hört doch mal auf mit dem Krach und spielt schön« ist ja ungefähr genauso sinnlos, wie einem Baby, das unaufhörlich schreit, mitzuteilen: »Hör doch mal auf Krach zu machen und schlaf ein.« Klappt auch nicht. Warum sage ich es dann aber jeden Tag mindestens 50 Mal und höre mich an wie eine kaputte Schallplatte?

Wie mir auch schon oft gesagt wurde, sind Menschen, die mit Geschwistern aufwachsen, die besseren Zeitgenossen. Selbstlos und bescheiden, weil sie früh das Teilen lernten, konfliktfähig, emotional hochintelligent und durchsetzungsstark, weil sie in ihrer Kindheit immer so schön mit ihren Brüdern und Schwestern gestritten haben. Nun, da ist ja vielleicht doch etwas dran. Meiner Tochter macht man so schnell kein X für ein U vor. Sie wehrt sich und setzt sich gegen ihren älteren Bruder durch, mit all den verbalen Mitteln, die ihr mit ihren drei Jahren zur Verfügung stehen.

Wie an dem Tag, als es Pudding gab. Ich dachte, ein süßer Nachmittagssnack würde vielleicht ein guter Ansporn sein, nicht so viel zu streiten, und außerdem die Nerven von Sebastian und Constanze ein wenig sedieren. Es läuft zunächst auch ganz gut. Pudding kochen geht schnell und ist einfach, und alle können mithelfen. Sebastian misst die Zutaten ab, Constanze rührt Puddingpulver in die Milch, und beide vermischen es dann im Kochtopf. Ich bin richtig stolz auf uns. Friedliche Kinder, eine entspannte Mutter, wir sehen aus wie eine Familie aus der Werbung. Bis ich den Pudding in die Schälchen füllen will. In zwei Bärenschälchen wohlgemerkt, die sich die beiden vorher ausgesucht haben.

»Sebastian hat viel mehr als ich!«

»Nein, Constanze hat mehr, mindestens einen Zentimeter!«

»Nein, Sebastian hat einen Zerrimeter mehr als ich!«

»Kinder, das ist doch nicht so schlimm, das macht doch kaum einen Unterschied.«

»Menno… unfair«, kommt es fast gleichzeitig aus ihren Mündern. Es hat ja alles keinen Sinn. Ich nehme die Waage aus dem Schrank, wiege den Pudding ab und tatsächlich: Sebastian hat 3 Gramm mehr Pudding in seiner Schale. Ein Kompromiss wird gefunden, meine Tochter darf den Kochlöffel abschlecken. So weit, so gut. Der Pudding ist in den Bäuchen, die Kinder liegen auf der Couch und beginnen bald, sich zu langweilen.

»Hör auf so zu gucken«, eröffnet Constanze das Geschwister-Gefecht.

»Wie denn?«, will Sebastian wissen.

»Na, so halt.«

Dann hustet mein Sohn, meine Tochter auch.

»Du bist ein Nachmacher«, heißt es in ihre Richtung.

»Selber Nachmacher.« Wohlgemerkt haben beide Kinder zu dieser Zeit eine Erkältung.

Mein Sohn ist nun still, meine Tochter auch.

»Mama, Constanze macht mich immer noch nach.«

»Wie macht sie dich denn jetzt gerade nach?«

»Sie sagt auch nichts.«

In meiner Verzweiflung gebe ich den Kindern nun das Tablet, damit sie ein Video auf YouTube anschauen können. Keine gute Idee. Mein Sohn will *Mr. Bean*, meine Tochter *Prinzessin Lillifee*. Schließlich einigen sie sich auf *Yakari*. Als der Streit eskaliert, weil Sebastian angeblich viel länger das Tablet halten darf als Constanze, nehme ich es ihnen weg. Nun bin ich die Böse. Mein Sohn verabschiedet sich grollend nach draußen, und meine Tochter teilt mir mit, dass sie mich nicht zu ihrem Geburtstag einladen wird.

Ich muss eine neue Lösung finden, denn momentan ist es offenbar schwierig für Constanze und Sebastian, Zeit miteinander zu verbringen. Die Zweizimmerlösung funktioniert auch nicht, also muss Hilfe von außen kommen. Seitdem lade ich Kinder aus Kindergarten und Schule ein, um die Streithähne wenigstens für eine gewisse Zeit zu befrieden. Spielkameraden als Mediatoren. Zunächst denke ich an die üblichen Verdächtigen. Vielleicht Mia: Kann eventuell sie mir mit ihrer angeborenen Autorität helfen, Constanze und Sebastian zum einträchtigen Miteinander zu bewegen? Aber dann müsste ich zunächst alle Möbel mit Plastikplanen schützen, wenn sie wieder Operationen nachstellen will. Nein, lieber nicht. Oder soll ich mal Leons Mutter anrufen? Dann kann es natürlich keinen Pudding geben, und außerdem haben die Eltern laut meiner eigenen Notlüge ja auch kein Telefon mehr. Aber ja, da ist ja noch Lena! Die ordentliche, vernünftige Lena, die ich sowieso mit meinem Sohn verkuppeln will. Als ich Sebastian frage, ob wir mal wieder

Lena einladen wollen (»Dann könnt ihr schön zusammen Aufräumen spielen«), schaut er mich enttäuscht an. »Die Lena ist jetzt in den Tim verknallt.«

Das also auch noch! Aber wie soll ich jetzt die Streitproblematik lösen? Ich durchforste gedanklich alle Optionen und komme auf Sebastians Schulfreund Ben. Er ist meine Lösung, ganz klarer Fall! Ein aufgeweckter, netter Junge, der auch durchaus mal »Bitte« und »Danke« sagen kann. Er bringt außerdem eine gute Voraussetzung mit: Er ist nämlich ein Einzelkind.

Es stellt sich im Laufe ihres ersten Treffens heraus, dass Ben sich ganz besonders gut für die Aufgabe der Befriedung meiner Kinder eignet. Einzelkinder haben ja durchaus ihre Stärken. Oft nur mit Erwachsenen zusammen, sind sie geschult in Kommunikation und können geschickt verhandeln. Meinen Kindern muss ich aber nun das Gegenteil erzählen, damit mein Plan (»Einsames Einzelkind als Mediator«) funktionieren kann. Ich rufe also Bens Mutter an, verabrede die Kinder zum Spielen, und schon am nächsten Tag kommt alles ins Rollen.

»Sebastian, Constanze, gleich kommt ja Ben zu Besuch. Er hat keine Geschwister und ist ein ganz Armer. Er muss seinen Pudding immer alleine essen und hat niemanden zum Spielen zu Hause.«

Fröhlich winkend fährt Ben bei seinem ersten Besuch mit einem neuen blauen Fahrrad bei uns vor. Constanze rollt mit ihrem Laufrad heran und schaut zu ihm hoch.

»Kommst du mich besuchen? Ich heiße Lillifee und du?«

»Ich bin Ben, und ich wollte eigentlich zu Sebastian«,

sagt er, nimmt seinen Radhelm ab, schüttelt seine halb langen hellbraunen Haare und lächelt sie an.

»Du bist ja schick. Ich bin Sebastians Schwester, willst du mein Zimmer sehen?«, sagt meine Tochter, fasst den fremden Jungen an der Hand und will ihn gleich mit nach oben nehmen. Sebastian ist mit dieser Vereinnahmung seines Freundes natürlich überhaupt nicht einverstanden. Er möchte jetzt ungestört von seiner kleinen Schwester mit Ben draußen herumstromern und *Star Wars* spielen.

»Na, kommt doch erst mal rein und zieht eure Jacken aus«, schlage ich vor.

Constanze, die Bens Hand nicht losgelassen hat, blickt immer noch zu ihm hoch und fragt: »Hast du eine Schwester, Ben?«

Er zuckt mit den Schultern und schaut traurig. »Nein, ich bin leider ein Einzelkind, aber ich hätte gerne Geschwister.«

Yes, mein Plan beginnt zu funktionieren!

»Na schau mal einer an, alle anderen Kinder wünschen sich Geschwister«, sage ich überdeutlich.

Ben, der ebenfalls weiterhin Constanzes Hand hält, schlägt nun Sebastian vor, dass sie doch alle zusammen spielen könnten. Mein Sohn willigt wenig überzeugt ein, aber er will seinen Kumpel ja nicht gleich beim ersten Besuch verärgern. Die Kinder laufen nach oben in Sebastians Zimmer. Ich gehe mit und lege im Bad unauffällig Handtücher zusammen. Aus früheren Verabredungen habe ich ja schließlich gelernt. Man muss in der Nähe bleiben, um schnell eingreifen zu können.

Aus dem Kinderzimmer höre ich ihre Stimmen.

Sebastian: »Wollen wir *Titanic* spielen?«

Ben: »Au ja, gib mir mal ein paar Decken!«

Entgegen meinen Befürchtungen wird das Unglück auch nicht im Badezimmer bei weit geöffneten Wasserhähnen nachgestellt, sondern mit Hilfe von Sebastians Bettwäsche. So weit, so gut. Nach circa zehn Minuten hat Constanze genug davon, den Jungs bei ihrer Seenot zuzusehen.

»Wir spielen jetzt Prinzessin. Ich heiße Lillifee«, bestimmt sie.

»Du heißt Kacki«, antwortet mein Sohn trocken und lacht sich halb tot über seinen Witz. Ben kichert auch ein ganz kleines bisschen, hört aber sofort damit auf, als er Constanzes vorwurfsvollen Blick spürt. Nun beginnt wieder ein typischer Schlagabtausch zwischen meinen Kindern.

»Heiß ich gar nicht.«

»Heißt du doch!«

Garnichtdochgarnichtdoch …

Ben greift schließlich ein und schlägt vor, dass Constanze vielleicht doch mitspielen könnte bei *Titanic*. In einer »stummen Rolle«. Das Interesse meiner Tochter ist geweckt, das von meinem Sohn auch: »Eine Tote vielleicht?«

»Sie könnte ja ein Rettungsboot spielen«, bietet der verbindliche Junge an.

Er macht seine Sache als Mediator super, finde ich.

»Wie macht denn ein Rettungsboot?«, fragt Constanze interessiert.

»Ein Rettungsboot liegt draußen auf dem Flur und sagt ganz oft: schwimmen, schwimmen, schwimmen, retten, retten, retten.«

Constanze geht hinaus auf den Flur, legt sich auf den Rücken und beginnt mit ihrem Rettungsbootmantra.

Sebastian lacht diebisch. »Das ist ja Hammertrick, Alter.«

»Das weiß ich aus dem Buch *Die Kinder aus der Krachmacherstraße*, die machen das da genauso.«

Nach zehn Minuten ist es Constanze aber zu anstrengend und auch zu langweilig, ein Rettungsboot zu sein. Sie schnappt sich ihre Puppe und geht wieder ins Zimmer der Jungs.

»Ich will kein Boot mehr sein, wir spielen jetzt Mutter, Vater, Kind. Ben, du bist der Papa, ich bin die Mama.« Zu ihrem Bruder gewandt sagt sie: »Du bist die Katze.«

Meine Tochter ist die Chefin in unserem Haus, was sie auch dieses Mal wieder unter Beweis stellt. Bis es 18 Uhr ist und Ben wieder nach Hause muss, wird einträchtig gespielt. Constanze und das Gastkind legen Puppen schlafen, machen eine Teeparty und bauen eine Höhle, typische Szenen einer Ehe eben. Mein Sohn als Katze ist weitestgehend Requisite in diesem Spiel, liegt auf einem Sitzsack und miaut ab und zu leicht vorwurfsvoll. Immer wenn ich am Zimmer vorbeigehe, kann ich die wachsende Zuneigung von Ben und Constanze sehen. So eine kleine Schwester für einen Nachmittag ist wohl schon etwas Tolles. Meine Tochter denkt allerdings schon weiter. Als Ben sich verabschiedet, sagt sie zu ihm: »Ich bin in dich verheiratet, du darfst zu meinem Geburtstag kommen.«

Mein Sohn kichert. »Das heißt verknallt, Constanze.«

Nun wird Sebastians Freund auch ein wenig rot, aber meine Tochter bleibt cool. »Okeee, dann halt verknallt. Kommst du aber bald wieder? Ich geb dir auch von meinem Pudding ab!«

Ben verspricht wiederzukommen, schwingt sich auf sein Rad und ruft Sebastian zum Abschied zu: »Du hast eine echt witzige Schwester, weißt du.«

Als die Tür geschlossen ist, sehe ich eine gute Chance, bei meinen Kindern nochmals für das Thema Geschwister zu werben.

»Na, da könnt ihr mal sehen, Einzelkinder wie Ben wünschen sich einen Bruder oder eine Schwester, er ist traurig, dass er niemanden hat. Und ihr streitet immer nur.«

»Der hat die ganze Zeit nur mit Constanze gespielt«, mault mein Sohn.

»Ich heirate den, das mach ich!« Meine Tochter ist wie immer schon einen Schritt weiter.

»Na, da ist doch die Lösung! Wenn Constanze Ben heiratet, bleibt ihr alle hier im Haus zusammen wohnen, und du hast immer einen Freund zum Spielen da, wäre das nicht toll?«, versuche ich, zukünftigen Erbstreitigkeiten vorzubeugen.

»Ja, da mache ich aber nur mit, wenn Constanze nicht immer die Bestimmerin ist.«

Tja, das wird höchstwahrscheinlich schwierig… Ben spielt übrigens jetzt zweimal die Woche bei uns.

12

»Die Bügelperlen schlafen leider schon.«

Knete auf dem Teppich, das Pupskissen im Lesesessel:
Wie man nerviges Spielzeug aus dem Haus verbannt
und es nach seinen eigenen Wünschen einrichtet.

Es ist Sonntagnachmittag. Beide Kinder sind auf einer
Kindergeburtstagsparty eingeladen. Für mich die seltene
Chance, einfach mal so auf der Couch zu sitzen und in einer
Zeitschrift zu blättern. Am liebsten mag ich Einrichtungs-
zeitschriften, weil die abgebildeten Häuser und Wohnungen,
auch die von Familien, immer so schön aufgeräumt sind.
Und der jeweilige Stil ist konsequent durchgehalten. Nirgendwo steht eine Hinterlassenschaft aus der Studenten-WG
herum. Keine falsche Chippendale-Kommode von Tante
Hildegard und kein hässliches Plastikspielzeug in den Kin-
derzimmern. Keine versteckten Scherzartikel des halbwüch-
sigen Sohnes im Lesesessel, wie zum Beispiel die von ihm
innig geliebte Rülps- und Pups-Soundmaschine. Die Farben in den Hochglanzmagazinen sind immer perfekt aufeinander abgestimmt, so dass sich dem Betrachter ein har-
monisches Ganzes darbietet. Wie machen die das? Geben
die bei Google »taupe«, »greige« und »Minimalismus« ein,
und dann spuckt die Suchmaschine einen Onlineshop aus,
der alles, von der Zahnbürste bis zum Fußabtreter, farblich
abgestimmt frei Haus liefert? Ich beneide die Menschen in
ihren »*Schöner-Wohnen*-Häusern«. Bei uns würde niemals
eine Homestory fotografiert werden. Oder gibt es Bügelper-

len und »Glubschis« auch in Greige und Taupe? Für Unein-
geweihte oder Eltern, denen das noch bevorsteht: Glubschis
sind eine besonders hässliche Gattung des Kuscheltiers mit
gruseligen Riesenaugen. Glubschis sind in ihrer trashigen
Hässlichkeit nicht zu überbieten, trotzdem werden sie von
drei- bis achtjährigen Kindern heiß geliebt.

Wohnzeitschriften lassen mich von einer besseren Ein-
richtungswelt träumen: Was wäre, wenn ich einen stilsi-
cheren Geschmack hätte? So ein kupferfarbener Kerzen-
halter wäre doch echt schick. Aber wie würde der mit den
Landhauskerzenhaltern harmonieren, die ich bei der letzten
»Country-Style-Aktion« des Kaffeerösters gekauft habe?
Hmm. Sollten wir uns doch vielleicht mal einen Interior
Designer leisten?

Es klingelt, Sebastian und Constanze kommen nach Hause.
Wie immer nach einem Kindergeburtstag sind sie total
müde, aber glücklich und überdreht. »Mama, Mama, wir
waren alle Piraten, guck mal, ich bin geschminkt!« Meine
Tochter zeigt mir stolz ihren kunstvollen Schnurrbart aus
Kajal und das »blaue Auge« aus türkisfarbenem Lidschat-
ten. Mein Sohn ist komplett schwarz im Gesicht, bei seiner Party ging es um *Star Wars* und er, na klar, hat sich als
Darth Vader schminken lassen.

Kaum durch die Tür, hinterlassen Sebastian und Constanze
zunächst ein paar schwarze und türkisfarbene Fingerab-
drücke an der Wand im Flur, setzen sich dann auf den Wohn-
zimmerfußboden und leeren erst einmal ihre »Mitgebseltüten« aus.

Mitgebseltüten sind das Wichtigste an einem Kindergeburtstag. Nicht das Geburtstagskind, nicht die Torte oder
die Spiele. Was man am Ende in der kleinen Plastiktüte mit
seinem Namen darauf hat, das ist das Entscheidende. Und
hier toben sich im Regelfall auch normalerweise eher de-
zente und zuverlässige Eltern so richtig aus. Schleckmu-
scheln, Knisterbrause und die schrecklichsten Spielzeuge
finden sich darin. Mein Sohn fischt eine Tube mit Pupsknete aus seiner Tüte und reckt eine Glibbermonster-Fin-
gerpuppe stolz in die Höhe. Aber das ist nicht das Beste. Die
Eltern der Party, auf der Constanze war, sind offenbar über
sich hinausgewachsen. Beim Flaschendrehen gab es für jedes Kind einen Mini-Glubschi zu gewinnen. Wie bitte? Nun
lebt noch so ein kreischbuntes Getier in unserem Haus? Wir
haben doch schon eins, das reicht doch! Nun nennt Constanze auch noch ein fuchsiafarbenes Plüschtier mit einer
glitzernden Haarschleife aus Pailletten ihr Eigen, wie schön.

Grundsätzlich sind ja Bügelperlen eine pädagogisch wert-
volle Spielalternative. Kleine Kinder können sich stunden-
lang mit dem Stecken dieser winzigen Plastikzylinder beschäftigen, sie schulen tatsächlich Konzentration und
Feinmotorik. Aber die Dinger sind der Albtraum jedes Erwachsenen, denn sie sind einfach überall! In jeder Fußbo-
denecke oder Fuge, in der Besucherritze des Doppelbettes.
Ich habe Bügelperlen auch schon in der Reisdose gefunden. Sie finden ihren Weg in den abgelegensten Winkel und
koexistieren harmonisch mit den eingetrockneten, neon-
gelben Kneteresten auf unseren Teppichen. Die sorgfältig
gelegten Plastikperlen müssen dann ja aber auch noch zu
einem Bild gebügelt werden, was immer einen Raumduft im
Haus nach sich zieht, der dezent an eine Sondermülldepo-

nie erinnert. Da helfen dann auch keine französischen Duftkerzen mehr.

Sebastian und Constanze sind solche Überlegungen natürlich wurscht. Für sie müssen Spielzeuge Spaß machen und bunt sein. Eine schöne Haptik, fair gehandelte Materialien und geschmackvolle Farbgebung sind ihnen so was von egal. Die Kinder gehen ja auch nicht in ein Haus und denken: »Aha, der hat also nur grüne und gelbe Glubschis, der ist dann bestimmt eher so der konservative Typ.« Einrichtung sagt ja viel über uns aus. In der Auswahl von Materialien und Stilrichtungen zeigen wir, wer wir sind oder, im Falle von Tante Hildegards falscher Chippendale-Kommode, wer wir sein wollen. Nur wenige von uns wohnen in einem Schloss, aber wir repräsentieren trotzdem alle sehr gerne.

Zum Glück sind *Hello-Kitty*-Bettwäsche, Glubschi-Kollektion und Plastikcolts dann ja auch meistens im Kinderzimmer aufbewahrt.

Hässliches Spielzeug ist aber nicht das einzige Einrichtungsproblem, das wir haben. Bevor ich meinen Mann heiratete, war mir nicht klar, dass wir dekorationstechnisch von zwei unterschiedlichen Planeten kommen. Er kommt vom Planet »Bauhaus« (nicht der Baumarkt) und ich vom Planeten »Landhaus«. Er mag klassisches Design. Stahl, Sichtbeton, viel Schwarz und überteuerte Holzschemel, designt von alten oder längst verstorbenen dänischen Männern, die auf Fotos grimmig dreinschauen und Pfeife schmauchen.

Ich hingegen liebe karierte und geblümte Textilien, viel Holz in Weiß, Antiquitäten, Kerzenhalter aus Silber und Feldblumensträuße. Barfüßige, langhaarige und strahlend lächelnde Frauen in Boho-Tuniken repräsentieren meistens diesen Stil.

Wenn so ein karger Holzschemel mal wieder in unserem Wohnzimmer steht, den mein Mann »sich zur Ansicht« bestellt hat, rufe ich gerne meine Mutter an, um mich zu beschweren und mir Rat zu holen. »Wie habt ihr das denn früher geregelt mit der Einrichtung, wer durfte denn bei euch bestimmen?«

»Also wegen der Einrichtung haben wir uns eigentlich nie gestritten ... Wenn ich mich recht erinnere, haben wir die ersten Jahre unserer Ehe im Sperrmüll gewohnt. Und im Gelsenkirchener Barock, den Tante Hildegard nicht mehr wollte. Regale und Bettkästen aus Apfelsinenkisten und so. Dazu einfach nur eine Sonnenblume vom Feld und ein paar Teelichter. Hach, war das romantisch.«

Nun, das ist ja keine große Hilfe. Oder sollte ich meinem Mann den Apfelsinenkistenlook als Kompromiss in unserem Dekorkonflikt vorschlagen?

Unser familiäres Einrichtungsdilemma findet meistens seinen Höhepunkt im blau-gelben schwedischen Einrichtungshaus. Etwa einmal im Jahr schaffe ich es, die ganze Familie dahin zu bewegen, sogar meinen Mann. Vorher muss ich natürlich Überzeugungsarbeit leisten.

»Stell dir doch mal vor, Constanze würde Pupsknete auf einen Eames-Stuhl schmieren. Du würdest dich so sehr ärgern! Und wenn sie mit ihren Bügelperlen über die Oberfläche des Hockers aus nordschwedischer Birke kratzt? Das wäre doch sehr, sehr schade. Lass uns doch mal bei IKEA gucken, ob wir nicht was für den Übergang finden. Also bis die Kinder 18 sind, kann man sich echtes Design doch wirklich sparen.«

Obwohl mein Mann dieses Möbelhaus wie kaum einen anderen Laden hasst und sich eigentlich nur für das Knäckebrot und die Heringshappen im Lebensmittelshop erwärmen kann, fährt er dieses Mal mit. Die Kinder werden mit der Versprechung einer Softeistüte bei Laune gehalten. Sebastian und Constanze verhalten sich dann auch vorbildlich, wenn man davon absieht, dass sie alle Betten und Sofas sehr intensiv auf ihre Belastbarkeit testen. Das einzige total knatschige Familienmitglied ist mein Mann.

»Warum sind wir jetzt noch mal genau hier? Wir brauchen doch GAR NICHTS!«

Ich ignoriere ihn einfach. Nachdem er gemerkt hat, dass er gegen eine Wand redet, versucht er es mit Zeitbegrenzung: »Also wenn du nach Sesseln suchst, gehen wir genau da hin und nirgendwo anders. Hier muss es doch irgendwo eine Abkürzung geben ...«

»Also wirklich, bist du zum ersten Mal hier? Es geht doch genau darum, durch die gesamte Möbelausstellung zu flanieren, für die Inspiration«, erkläre ich ihm mehr oder weniger geduldig. Ich beende die Diskussion und schnappe mir eine gelbe Einkaufstüte sowie den dazu passenden Minibleistift samt Papierzollstock. Jetzt kann nichts mehr schiefgehen. Kinder an die Hand, Rolltreppe rauf, und nun geht es darum, maximale Möglichkeiten in minimaler Zeit zu entdecken.

Auf dem Weg zu den Polstermöbeln stopfe ich ein paar Kissenbezüge und eine Packung Kerzen in den Riesenbeutel, einfach auch um zu sehen, wie Benedikt reagiert. Er ignoriert mich und seufzt nur manchmal leise vor sich hin.

Er leidet still. Die Kinder fangen sofort an, sich über die gepolsterten Namensvetter schwedischer Städte zu rollen. Als sie bei »Stocksund« angekommen sind, machen wir halt. Das ist ein Sessel ganz nach meinem Geschmack. Breit, gemütlich, »landhausig«, und der Bezug ist auch waschbar. Ich lasse mich begeistert in die Kissen fallen. Sebastian und Constanze gleich dazu. Mein Mann schaut gequält.

»So was Kitschiges würde deiner Tante Hildegard auch gefallen. Wo wurde der überhaupt hergestellt? Wenn der Sessel in Schweden gemacht ist, heiße ich Köttbullar.«

Oh Mann, das macht wirklich gar keinen Spaß. Den Kindern ist auch langweilig geworden. »Können wir jetzt ein Softeis haben?«, fragt Sebastian.

»Ich will zur Limomaschine!«, bestimmt Constanze.

Vielleicht kann ich meinen Mann ja mit Lachsfilet für 3,99 bestechen?

Ich versuche es noch mal anders. »Wenn dir der Stil dieses Sessels nicht gefällt, nehmen wir eben diesen anderen, den minimalistischen, der so nach dänischem Design aussieht, Ping Pong oder wie der heißt.« Aber nein, auch mit »Poäng« kann ich ihn nicht locken.

»Können wir gehen?«, fragt er mich stattdessen mit verzweifeltem Gesichtsausdruck.

»Nein, das können wir eben NICHT. Zweimal im Jahr kannst du doch wohl einen IKEA-Besuch überleben, ohne zu quengeln.«

»Kannst du bitte aufhören, mich wie ein Kind zu behandeln?«

»Streitet ihr?«, will Sebastian wissen.

»NEIN«, tönt es unisono aus unseren Mündern. Na, wenigstens bei der Vortäuschung von Harmonie sind wir uns einig.

»Der Papa hat halt schlechte Laune. Wollt ihr vielleicht alle ein Softeis?« Ich weiß mir nicht mehr anders zu helfen und suche mal wieder im Zucker einen Ausweg.

»Aber der Papa will nach Hause, und ich will auch nach Hause«, fällt mir meine Tochter plötzlich in den Rücken.

»Mein Reden«, triumphiert Benedikt.

»Aber ich will mit Mama Eis essen«, wirft mein Sohn ein. Wenigstens ist Sebastian auf meiner Seite.

»Eis essen, Limo und dann nach Hause!«

Wir folgen Constanzes Vorschlag und bahnen uns den Weg zum SB-Restaurant. Dabei passieren wir die Markt- halle, und ich packe mir noch zwei Tüten Teelichter und rote Servietten in der 500er-Packung in die Einkaufstasche. Die Kinder haben unbemerkt zwei Dosen Bügelperlen da- zugeschmuggelt. Egal. Für irgendwas müssen wir ja schließ- lich hier gewesen sein. Zum Abschluss unseres erfolglosen Shoppingausflugs bekommt jeder noch einen Hotdog zur Stärkung. Im Grunde haben wir uns jetzt einmal durch das Möbelhaus gefuttert. Im Auto auf der Rückfahrt setzt mein Mann noch eins drauf: »Und wer muss das alles wieder aufbauen? Genau: ich! Also mir reicht es ja wieder mal für mindestens ein Jahr.«

»Wir haben Bügelperlen, Teelichter und Servietten ge- kauft, Schatz«, gebe ich schnippisch zurück.

»Wann habt ihr euch denn wieder lieb?«, will meine Tochter auf der Rückbank wissen. Nun, sie hat ja recht. Warum müssen wir auch immer so aneinandergeraten, wenn es um Möbel geht?

»Wir haben uns immer lieb, nur beim Möbelkaufen vergessen wir es manchmal.« Nun, da sagt mein Mann etwas Wahres. Ich nehme mir vor, in Zukunft etwas toleranter zu sein.

Kurz nachdem wir zu Hause angekommen sind, ergeben wir ein Bild der häuslichen Harmonie. Mein Mann liegt auf dem Sofa und liest *Schöner Wohnen*, meine Kinder sind einträchtig vereint bei einem neuen Spiel: Das Wachs aus den eben gekauften Teelichtern wird in die Bügelperlenform getropft und die Perlen dann darin arrangiert. Darüber wird eine nigelnagelneue Serviette geklebt. »Schau mal, Mama, was wir spielen!« Oh, toll. Das sieht ja mal wieder nach ganz viel Aufräumarbeit aus.

Die nächsten Tage bricht eine richtige Bügelperlensucht bei meinen Kindern aus. Glubschis und Glibbermonster liegen einsam in der Ecke herum, es werden nur andauernd und mit höchster Konzentration Herzchen und Sterne gesteckt. Leider haben wir ja nun auch einen Vorrat für die nächsten Jahre angelegt. Als ich dann schließlich eine Bügelperle in der Zuckerdose finde, reicht es mir. Bei der nächsten Bitte meiner Tochter, mit den Perlen zu spielen, sage ich: »Du, die Bügelperlen schlafen leider schon.«

»Aber es ist doch erst Mittag«, wundert sich Constanze.

»Na ja, die müssen auch Mittagsschlaf machen, so wie du. Wenn die so viel arbeiten müssen wie in den letzten Tagen, werden die ganz quengelig.«

»Okay, dann spiele ich mit meinen Glubschis.«

»Alles klar, Schatzi, geh mal schön in dein Zimmer, ja?«

Sie geht nach oben. Der Trick hat funktioniert.

Am nächsten Samstag am Frühstückstisch. Benedikt schlägt die Zeitung auf, und sein Gesicht hellt sich plötzlich auf. Laut liest er eine Werbeanzeige vor: »Jetzt auch im Berliner Südwesten: Interieur-Boutique *Dannebrog*: Klassisches und modernes Design aus Skandinavien. Helle Michelsen freut sich auf Sie!« Von der Anzeige strahlt eine alterslose, nordische Schönheit, komplett in Grautöne gekleidet.

»Da fahren wir hin, guck mal, es gibt 10 Prozent auf Kerzenhalter by Lassen«, beschließt mein Mann. »Außerdem ist das auch mein Haus, und deine Blumentextilien machen mich langsam rammdösig.« Okay, Kampfansage verstanden. Ich könnte ihm jetzt sagen, dass er eh nie da ist und ich zu Hause in einem kreativen Beruf arbeite und inspiriert werden muss. Und mich bei Stahl und Beton nicht die Muse küsst, aber egal. Man muss auch mal nachgeben. Schließlich will ich ja auch nicht, dass es mal heißt: »Die Ehe wurde geschieden, weil sich die Parteien nicht auf einen Einrichtungsstil einigen konnten.«

Wenn ich in diesem Leben wieder mit ihm zu IKEA fahren will, sollte ich jetzt nicht zicken. Wir packen also mehr oder weniger einträchtig die Kinder ins Auto und fahren los.

Vor dem Laden werden wir von einem großen blonden Wikingertypen begrüßt, der uns Preiselbeerschorle und Smörrebröd anbietet. Ich finde die Boutique plötzlich auch ganz interessant. Helle, die Frau aus der Anzeige, erscheint, gibt dem Wikinger einen Kuss und heißt uns herzlich willkommen. Mein Mann schaut beseelt in ihre tiefblauen Augen. Ob das farbige Kontaktlinsen sind? Beim näheren Hinschauen bestätigt sich mein Verdacht leider nicht. Helle und Anders, der übrigens aus Schweden stammt, sind beide einfach nur naturschön. Kaum Make-up, viel blonde Haare und gekleidet in hochwertigen Materialien. Ich bekomme schlechte Laune. »Mal schauen, ob es hier etwas unter 100 Euro gibt«, töne ich halblaut und übellaunig. Benedikt hört mir nicht zu. Er ist im Einrichtungshimmel. Helle ist mit den Kindern zur Spieleecke gegangen und zeigt ihnen taupefarbene Äffchen, die von einer Strickkooperative aus Jütland stammen. Mein Mann lässt sich von einer weiteren Blondine, die wie aus dem Nichts aufgetaucht ist, Beton-couchtische von der Insel Gotland zeigen. »Das ist übrigens Kajsa, die Schwester von Anders«, stellt mein Mann vor.

Auch Kajsa sieht umwerfend aus in ihrem komplett navy-blauen Outfit vor dem Grau der Betontische. Mir reicht es, ich verziehe mich zu Anders nach draußen, trinke die Prei-selbeerschorle leer und bewundere dabei heimlich seine blonden Locken. Er lacht mich freundlich an und bietet mir fair gehandelte Lakritzstangen an. »Heute ist ja Sams-tag, und nur dann essen alle Schweden Süßigkeiten.« Somit wäre auch die Frage geklärt, warum er und seine Schwester absolute Modelmaße besitzen und so unglaublich attraktiv sind. Wenn ich nur samstags Süßigkeiten äße, wären meine Haare sicher auch blond und meine Augen fjordblau.

Mein Mann, der an der Kasse steht, winkt mich wieder zurück in den Laden, der Betoncouchtisch wurde gekauft. Nur 450 Euro, ein Eröffnungsangebot. »Kommt, Kinder, wir gehen jetzt, sonst macht ihr hier noch etwas kaputt«, rufe ich in Richtung Spieleecke. Helle rollt sich mit ihnen ge-rade ausgelassen lachend über ein paar cremefarbene Sitz-poufs. Mit entzückendem dänischem Akzent ruft sie uns zu: »Das macht gar nichts, Kinder sind willkommen hier.« Mein Mann strahlt die langhaarige Naturschönheit an und möchte nun mit ihr und Kajsa zukünftig in der nordischen

Einrichtungsboutique leben, so scheint es. Dann ziehe ich halt mit Anders ins Bällebad des blau-gelben Möbelhauses. »Die kleine Nina möchte NIE wieder hier abgeholt werden, sie wohnt jetzt hier«, würde die Lautsprecheransage lauten.

Wir verabschieden uns. Die Kinder bekommen noch Miniausgaben der Strickäffchen geschenkt, alle drei blonden Menschen winken uns fröhlich zum Abschied zu. »Schön sein und auch nett, das gibt es nur in Skandinavien«, seufzt mein Mann.

»Zum Spottpreis von 450 Euro im Preis inbegriffen«, zicke ich zurück. Am selben Nachmittag wird der Couchtisch noch geliefert. Mein Mann ist glücklich. Meine Tochter spielt mit ihrem neuen dänischen Kuscheltier im Wohnzimmer, mein Sohn integriert den Strickaffen in seinem Kinderzimmer in einer Playmobil-Landschaft. Ich muss sagen, das Spielzeug passt vom Farbkonzept her hervorragend zum Couchtisch. Die Bügelperlen schlafen derweil tief und fest, nur die Glubschis liegen noch herum. Unser Wohnzimmer könnte farblich so schön durchkomponiert sein. Wenn nicht diese kreischend bunten Plüschtiere wären.

»Die Äffchen haben übrigens Angst vor den Glubschis, weil die so große Augen haben. Wenn du weiterhin mit den Äffchen spielen willst, müssen die Glubschis leider ausziehen. Vielleicht können wir die ja dem Kindergarten ausleihen?« Irgendwie muss ich das ja mal in Angriff nehmen und die hässlichen Viecher aus unserem nun so schön dekorierten Heim verbannen.

Constanze nimmt einen der Glubschis und hält ihn vor das Äffchen.

»Du musst gar keine Angst haben, das ist ein gaaanz liebes Glubschi.« Sie legt dem Plüschtier den Kopf schief und schnalzt mit der Zunge, typische Glubschilaute eben.

»Guck mal, wie erschrocken das Äffchen guckt, Schatzi! Hups, jetzt ist es ohnmächtig geworden!« Ich habe mir den Stoffaffen geschnappt und spiele »toter Mann« mit ihm. Erfolgreich offenbar, denn meine Tochter trifft eine für unsere Einrichtung sehr wichtige Entscheidung: »Ist gut, die Glubschis können ja später wieder hier wohnen, wenn der Affe schon groß ist.«

Erleichtert packe ich die bunten Monster in eine Tüte und hoffe, dass sie so schnell im Kindergarten verloren gehen wie sonst auch alles.

Mein Mann streicht derweil liebevoll über den kalten Beton des Tisches. »So pur, so eine klare Form, du musst selbst sagen, Nina, dass so etwas viel schöner ist als dein Landhauskram.«

Ich nicke einsichtig und lasse ihm seinen Glauben. Den Tisch erkläre ich gleich Montag früh zu meinem nächsten DIY-Projekt. »Shabby Chic plus Beton« wird eine echte Dekoherausforderung, aber ich bin ihr gewachsen. Irgendwo müsste ich doch noch die Salzteigkränze meiner Mutter haben…

13

»Geht schon mal schlafen, wir machen jetzt Hausputz.«

Wie man die Kinder effizient und
zeitnah ins Bett kriegt und ab 19 Uhr
eine Party feiert, das Haus entrümpelt
oder einfach seine Freizeit genießt.

Unsere Kinder wollten eigentlich noch nie gerne freiwillig schlafen gehen. »Ich habe so tief geschlafen wie ein Baby« – derjenige, der sich diesen Spruch ausdachte, hat wohl niemals mit einem Säugling unter einem Dach gewohnt. Ich kann mich noch gut daran erinnern, wie das bei uns war. Beide Kinder dachten wohl schon immer, dass sie eine ganz tolle Party verpassen, während sie schlafen. Dabei wollten wir Eltern nichts dringender, als einfach nur in Ruhe zu essen oder ein Glas Wein zu trinken, ohne dass dieses sofort von Kinderhand umgeworfen wird. Irgendwie, irgendwann müssten diese Babys doch mal für ein paar Stunden ihre Augen schließen wollen, verzweifelte ich damals. Ich war um 20 Uhr immer bereits komplett durch und selbst bereit, an der Matratze zu horchen, meine Kinder aber leider nicht. Herumtragen, wiegen, weiter herumtragen, Kinderlieder summen. Schließlich schliefen meine Kinder auf mir ein, und wehe, ich habe sie dann heimlich in ihren wunderschönen, viel zu teuren und letztendlich nie benutzten Stubenwagen gelegt. Pling! Augen auf und hellwach! Und noch mal eine Stunde herumtragen und Kinderlieder summen.

Das wurde uns irgendwann zu viel. Benedikt und ich hatten uns ein ausgeklügeltes Zubettgeh-Ritual ausgedacht, um Sebastian und Constanze zielgerichtet und effizient ins Bett zu bringen. Jeder Erziehungsratgeber empfiehlt das, und warum sollte es nicht auch bei uns klappen? Unser Prozedere lief seit seiner Einführung wie ein Schweizer Uhrwerk. Nach dem Essen ins Bad, dann duschen, Zähne putzen, schließlich eine Geschichte vorlesen und singen. In Ermangelung musikalischen Talentes und abnehmender Konzentrationsfähigkeit sangen wir immer genau zwei Lieder. Mein Mann übernimmt alle Strophen von »Der Mond ist aufgegangen«, und ich, weil ich ja ein ausgeprägtes Kitschgen habe, intonierte die Operettenarie »Lippen schweigen, s' flüstern Geigen« aus Franz Léhars *Die lustige Witwe*. Ein paar Jahre lang kamen wir so prima zurecht, die Kinder ließen sich problemlos ins Bett bringen, und wir hatten ab 19:30 Uhr quasi »sturmfreie Bude«.

Bis Sebastian und Constanze älter und misstrauischer wurden. Seit einiger Zeit lassen sie sich nicht mehr so einfach von deutschem Liedgut und Trällerarien abspeisen. Stattdessen haben sie ein Alternativkonzept entwickelt. Oder vielmehr: ein »Nicht-Zubettgeh-Ritual«. Nun gibt es jeden Abend Kämpfe. Wir Eltern spulen unser Programm weiterhin stur ab, unsere Kinder zerschießen es mit zunehmendem Erfolg. Constanze ist dabei besonders begabt und legt eine bemerkenswerte Ausdauer an den Tag. Als eines Abends zum Beispiel die letzten Klänge meiner schief vorgetragenen Arie verstummt sind, will sie plötzlich gerne mehr über die tiefere Bedeutung der Worte, so wie sie diese versteht, erfahren.

»Mama, was ist ein Lippengeiger?«

»Lippen schweigen, Schatzi. Das heißt: Keiner sagt etwas.«

»Warum?«

»Weil die Leute sich lieb haben und denen das ein wenig unangenehm ist.«

»Und was heißt ›Druck der Hände‹?«

»Na ja, wenn man sich lieb hat, sagt man manchmal eben nichts und drückt sich nur.«

»Warum?«

»Na, weil das schön ist.«

»Dann drück ich dich jetzt auch, komm, wir kuscheln.«

Wer kann dazu Nein sagen? Ich lege mich zu ihr, wir umarmen uns und halten uns ganz fest. Das ist so schön und immer, wenn ich gerade selig eindösen will, sagt Constanze: »So und jetzt will ich zu euch ins Bett.« Jeden Abend das gleiche Spiel.

Sie steht auf und flitzt geschwind ins Schlafzimmer, springt behände in unser Bett und macht sich blitzschnell in der Besucherritze breit. »Ui, das ist aber gemüüütlich, kommst du auch gleich ins Bett, Mama?« Das sieht in der Tat sehr kuschelig aus, aber man kann sich ja nicht als Erwachsener um halb acht schlafen legen. Die Rente ist ja schließlich noch circa 30 Jahre entfernt. Ich versichere Constanze dann immer, bald nachzukommen, schaufele mir im Badezimmer aber erst einmal ein paar Ladungen kaltes Wasser ins Gesicht, um wieder wach zu werden. Noch ein kurzer Abstecher in die Küche, wo ich meinem Mann und mir schnell einen Gin Tonic mixe. Aus dem Süßigkeitenschrank schauen traurig ein paar vernachlässigte Karamellbonbons heraus. Ich nehme sie mit ins Wohnzimmer, damit sie nicht so alleine sind. Dann lasse ich mich zur Erkennungsmelodie der *Tagesschau* aufs Sofa neben Benedikt sacken. Gerade will ich einen großen Schluck aus dem Cocktailglas nehmen, da höre ich ein Rufen aus dem Schlafzimmer.

»Maaaami, wo bist du?«

»Hier oben, jetzt schlaf ein!«

»Und Papa?«

»Der ist auch hier, schlaf jetzt BITTE!«

»Aber ich bin nicht müde.«

»Mach halt die Augen zu.«

»Aber da ist Licht.«

»Dann mach es aus.«

»Aber dann kommen die Monsters.«

»Es gibt keine Monster.«

»Doch, da liegt eine Horrorpuppe in meinem Bett.«

»Das ist nur Prinzessin Lillifee, der du die Haare geschnitten hast.«

»Kommst du auch bald, Mama?«

»Ja-ha…«

Ich horche noch ein bisschen in den Flur hinaus, aber es herrscht tatsächlich Ruhe. Nun kann ich mich auch auf das Weltgeschehen im TV konzentrieren. Endlich! Um 20:10 Uhr beginnt meine Freizeit! Doch – zu früh gefreut, ich höre wieder die Stimme meiner Tochter.

»Mamaaa, ich habe Duaaaast!« Ist schon klar, eben beim Abendessen hat sie gerade einen halben Liter Saftschorle getrunken, und jetzt hat sie Durst. Aber das kenne ich ja bereits, das gehört zum »Nicht-Zubettgeh-Ritual« meiner Tochter. In einer persönlichen Bestzeit von 20 Sekunden renne ich zum Bad, fülle den Zahnputzbecher und laufe damit ins Schlafzimmer. Ich halte ihn meiner Tochter unter die Nase, nun deutlich weniger geduldig. Constanze, die schon kerzengerade im Bett sitzt und mich erwartet hat, nippt genüsslich circa einen Milliliter und seufzt erleichtert auf. Das war jetzt wirklich knapp, fast wäre sie verdurstet. Ich lege ihr noch mal fest die Bettdecke um und entferne »Horrorpuppe Lillifee« vorsorglich. Endlich legt sie sich hin. Ich gehe wieder ins Wohnzimmer zum Gatten, der schon vor dem Fernseher eingeschlafen ist. Die letzte Meldung wird gerade vorgelesen, nun kommt gleich das Wetter.

Da steht plötzlich Sebastian im Raum. Mucksmäuschenstill hat er sich offenbar ins Zimmer geschlichen. »Da seid ihr ja!«, ruft er fröhlich aus. »Ich kann nicht schlafen, wenn Constanze so laut ist«, beschwert er sich. Er schaut begeistert auf den TV-Bildschirm und verfolgt gebannt die Wetterkarte. Es hat fast den Anschein, als würden wir gerade *Star Wars* anschauen und hätten ihn nicht eingeladen.

»Ej krass, Alter, morgen gibt's überfrierende Nässe!« Er hat sich fast unbemerkt zwischen uns aufs Sofa gemogelt und kriecht förmlich in den Bildschirm hinein, so gefesselt ist er. »Gebietsweise Nebel- oder Hochnebelfelder«, wiederholt er und stößt dabei seinen Vater an, der aus seinem Tiefschlaf wieder auftaucht. Dabei schüttelt Sebastian den Kopf, als ob es ganz schlimm um die Witterung in Deutschland stünde. Die Sorge meines Sohnes um das Wetter ist wirklich sehr groß, denn er fragt uns, ob es nicht noch einen *Brennpunkt* nach den Nachrichten gäbe. Benedikt erklärt ihm, dass die Wetterlage völlig normal für Januar sei und er nun auch wieder beruhigt schlafen gehen könne. Mein Mann schaltet um auf den *Bachelor*. Leider zu früh, denn als Sebastian gerade durch die Tür gehen will, flimmert auch schon die erste halb nackte Brust über den Bildschirm. Können die im Fernsehen nicht ein bisschen länger mit dem Ausziehen warten? Meinem Sohn stockt der Atem. Erst Hochnebelfelder und überfrierende Nässe und jetzt das! Menschliche Mittelgebirge! Er kriegt fast einen Anfall.

»Iiiiigitt, guck mal, da ist ja ein BUUUSEN«, ruft er laut aus. »Warum zeigen die so was?«

Und schon sind wir mitten drin in einer moralischen Grundsatzdiskussion über zu viel nackte Haut im Fernsehen. Ich versuche zu erklären: »Na ja, die Menschen finden das schön, Männer zumindest. Und nun kannst du ins Bett gehen.«

Mein Sohn wendet sich entgeistert seinem Vater zu: »Du etwa auch?«

Der ist etwas peinlich berührt. »Nujaa... also... manchmal... ich weiß nicht... also dem Bachelor gefällt es halt.«

»Ich finde das voll eklig«, stellt Sebastian kopfschüttelnd fest.

Mein Mann schiebt ihn mit der Anmerkung aus der Tür, dass sich seine Meinung bestimmt mal irgendwann ändern würde. Für heute Abend haben wir es geschafft, beide Kinder sind im Bett. Und wir entspannen uns ein bisschen beim Trash-TV und genießen unsere Freizeit, bis wir um 22:30 Uhr ins Bett wanken. Elternsein ist eine einzige große Party, is klar.

Am nächsten Morgen erwartet uns Sebastian mit beleidigter Miene am Frühstückstisch. In einem ausführlichen Problemgespräch kritisiert er unsere Sehgewohnheiten (»BUUUSEN«) und beschwert sich insbesondere, dass wir abends immer noch lange aufbleiben dürfen und das voll unfair ist. Menno.

Die nächsten Tage wird es immer schwieriger, Sohn und Tochter ins Bett zu bekommen. Beide Kinder haben ein Basislager im Wohnzimmer aufgeschlagen. Sebastian bleibt wie angeklebt auf dem Sofa sitzen, auch als wir vor lauter Verzweiflung eine Dokumentation über die Finanzkrise in Griechenland anstellen. Er interessiert sich offenbar nun plötzlich auch für die Währungspolitik der EU. Constanze springt über Sofa und Sessel, während sie Küsschen verteilt und uns sagt, wie sehr sie uns liebt.

Ich liebe meine Kinder auch sehr, aber irgendwann am Abend muss auch mal Ruhe sein. Nur ein bisschen Zeit für mich und meinen Mann. Beziehungspflege vor dem Fernseher, wenn wir nicht davor einschlafen, wie fast an jedem Abend.

Am nächsten Tag halte ich es nicht mehr aus und rufe entschlossen Benedikt im Büro an.

»So geht das nicht weiter, Schatz. Die Kinder brauchen ihren Schlaf und wir ein bisschen Erwachsenenzeit. Irgendwann bringen die uns noch ins Bett. Wir müssen eine Lösung finden.«

»Wir können ja so einen Incentive-Plan für das Jahr machen. Mit Zielvereinbarung und Bonus. ›Wenn ihr brav ins Bett geht, schauen wir uns im Kino Bibi und Tina an‹ oder so. Ich habe da so eine Excel-Tabelle für meine Mitarbeiter, die kann ich ja mal nach Hause mitbringen.«

»Das ist eine ganz tolle Idee, Schatz, aber nein. Das wird nicht funktionieren. Die reitenden Mädchen reichen mir schon als Hörspiel. Wir tun einfach so, als ob wir nur noch langweilige Sachen machen, wenn die Kinder im Bett sind.«

»Aber was denn?«, will mein Mann wissen.

»Steuererklärung, Altersvorsorge, Keller ausmisten …«, schlage ich vor.

»Aber wie tut man denn so, als ob man das alles machen würde?«

»Na ja, zunächst müssen wir es natürlich wirklich erst einmal tun. Nur für eine gewisse Zeit, bis die Kinder uns das abnehmen. Wir arbeiten einfach unsere To-do-Liste ab.«

Ich höre meinen Mann am Telefon gähnen. To-do-Listen findet er gut, solange sie Listen bleiben und nicht umgesetzt werden.

»Na ja, wenn du meinst …« Sehr begeistert ist er nicht angesichts der Vorstellung, abends nun anstatt Gin Tonic zum Reality-TV Spinnweben im Keller zu entfernen und alte Bankauszüge zu schreddern, aber er lässt sich von mir breitschlagen.

Ich bereite unsere Aktion generalstabsmäßig vor und kaufe in den nächsten Tagen zehn neue Ordner, mehrere Packungen Post-its, Textmarker, einen neuen Locher und einen Reißwolf. Dazu kommt noch eine Kollektion an Putzutensilien und Müllbeuteln. Dieses Konstrukt namens »Langweiliger Abend, hier verpasst ihr nichts« muss möglichst echt aussehen. Nachdem sich mehrere Artikel zum Ordnungschaffen im Hausflur stapeln, fragt mich mein Sohn: »Was ist das alles, ziehen wir um?«

»Nein, mein Schatz, wir räumen nur jetzt abends immer das Haus auf. Wenn ihr schon schlaft, damit wir euch nicht unnötig langweilen.«

Mein Sohn ist misstrauisch. »Ihr schaut jetzt nicht mehr fern, sondern räumt auf? In echt?«

»In echt«, versichere ich ihm und nicke mehrmals, während ich schon mal meinen neuen Staubwedel an Sebastians Haarschopf ausprobiere. »Beim Aufräumen werden wir übrigens auch immer rohe Karotten essen.«

»Du isst gar keine Süßigkeiten?« Mein Sohn scheint mir eher die Aufräumgeschichte als das gesunde Essen abzunehmen. »Oh Gott, wie öde.«

»Ja, das ist sehr öde, aber einer muss es ja machen«, seufze ich. Tatsächlich laufen wir in den nächsten zwei Wochen zur Höchstform auf, was gesundes, ordentliches und strukturiertes Leben angeht. Wenn die Kinder um 19:30 Uhr im Bett sind, nehmen wir uns an jedem Abend ein Zimmer im Haus vor und misten aus, putzen und räumen, was das Zeug hält. Dabei gibt es gesunde Rohkostsnacks, ich erkenne uns selbst kaum wieder. Wir bringen unsere Garderobe in Ordnung, packen Kleidersäcke für den guten Zweck und den Secondhandladen, erstellen Excel-Listen mit notwendigen Anschaffungen für jedes Familienmitglied. Räumen Schränke und Schubladen auf, aus und um. Schreddern, lochen, heften ab.

Sebastian und Constanze nehmen in der ersten Zeit unserer Aktion mehrfach Stichproben, weil sie uns unsere Wandlung einfach nicht abkaufen. Ihre vormals abends trägen Eltern plötzlich so aktiv? Unglaublich! An Tag zwei unserer Aufräumshow erwischen sie uns dabei, wie wir über einem neuen Ablagesystem für Versicherungspolicen brüten, an Tag vier entdecken unsere Kinder uns beim Anspitzen aller im Haus vorhandenen Blei- und Buntstifte. Nachdem sie uns beim Ordnen der Bücher nach Farben auf frischer Tat ertappen, glauben sie uns schließlich. Mama und Papa leiden offenbar an Zucker- und Fernsehentzug, und ihnen ist die Rohkost zu Kopf gestiegen. Sie schauen wirklich nicht mehr fern und räumen auf. Da kann man auch schlafen gehen. Nach zwei Wochen dieses vorbildlichen Programms bin ich zwei Kilo leichter und fühle mich auch seelisch wie nach einer Fastenkur. So rein, so sauber und ordentlich! Unsere To-do-Liste ist gänzlich abgearbeitet, das Haus glänzt und ist bis hin zur Schraubenschublade der Werkstatt aufgeräumt und durchstrukturiert. Das Beste ist aber, dass die Kinder zeitig ins Bett gehen und morgens schön ausgeruht sind.

Ich bin richtig stolz auf uns. In der Nachbarschaft berichte ich jeder jungen Familie von unserem Ordnungsprogramm und wie gerne unsere Kinder unlängst ins Bett gehen und dort auch bleiben.

Tatsächlich findet unsere Methode bald Nachahmer. Auch andere Häuser von Familien in unserer Siedlung sind schon nach wenigen Tagen perfekt aufgeräumt, und die Kinder schlafen brav in ihren Betten. Wir sind das strahlende Vorbild. Ein sehr schöner Nebeneffekt ist die neu gewonnene abendliche Freizeit, die bestens zur Pflege der nachbarschaftlichen Beziehungen genutzt werden kann. Abends von 20:00 bis circa 22:30 Uhr (man will ja nicht über die Stränge schlagen) werden neuerdings heimliche Partys in den Häusern unserer Siedlung gefeiert. Während die Kinder schlafen, besuchen sich die Eltern. Je nach Reichweite des Babyfons machen sich nach dem Zubettgehen der Kinder die Eltern mit Chipstüte und Zutaten für Hugo und Aperol Spritz auf zum nächsten Nachbarn. Die ordentlichen Häuser können ja nun endlich mal vorgezeigt werden, und solche Spontanpartys sind ein Heidenspaß.

Doch leider findet jeder verbotene Spaß ja irgendwann bekanntlich ein jähes Ende. Bei uns ist es so weit, als unser Kind uns auf die Schliche kommt. Als wir kürzlich mit den netten Leuten aus der Nummer 15 und Nummer 12 unsere Weinkellerbestände dezimieren, piept mein Babyfon plötzlich laut und deutlich.

»Mama, Papa, wo seid ihr?«, erklingt die besorgte Stimme unseres Sohnes durch das Gerät.

»Ähmm, also, wir sind im Keller, wir sortieren Leergut«, lüge ich drauflos, während die schon deutlich angeheiterten Nachbarn und mein Mann loskichern.

»Wer ist das? Sind da noch mehr Leute?«, will mein Sohn wissen.

»Nein, nein, das ist nur der Hall des Babyfons, das gibt so ein Echo.«

»ECHO-ECHO«, brüllt Martin, der Hausherr aus Nr. 15, plötzlich lauthals und prustet los vor Lachen. Der Chianti aus unserem letzten Toskanaurlaub hat ihm offensichtlich sehr gut geschmeckt.

Mein Sohn ist ja nicht auf den Kopf gefallen. »Das ist doch die Stimme von Noahs Papa! Cool, ist Noah auch da? Ich komme mal runter in den Keller!«

Bevor ich Gläser, Flaschen und Nachbarn sortieren kann, steht mein Sohn im Schlafanzug vor uns.

»Seid ihr etwa betrunken?« Er beäugt misstrauisch »Marathon-Stefan« aus der Nummer 12, der gerade unseren Abisekt, Jahrgang 1994, ext und es dabei trotzdem noch schafft, an seiner Runtastic-App herumzudaddeln.

Es gibt ja kaum etwas Peinlicheres, als von den Kindern im stark angeheiterten Zustand erwischt zu werden. Sie sind immer so moralisch und unnachgiebig. Man kommt sich dann vor wie der letzte Loser. Mein Sohn schüttelt missbilligend den Kopf. Verkehrte Welt.

»Ich dachte, ihr räumt auf, und stattdessen seid ihr betrunken!« Martin aus der Nummer 15 versucht unser Ansehen zu retten. »Wir haben deiner Mama mit dem Wein geholfen. Wir haben die guten von den schlechten Weinen getrennt. Das ist so eine blöde Aufgabe, die machen immer gerne alle Erwachsenen zusammen. Ist total langweilig.«

Ich nicke dazu pflichtschuldig. Benedikt rückt dann doch mit der Wahrheit heraus, der Alkohol hat offenbar seine Zunge gelöst. »Weißt du, Sebastian, Eltern müssen manchmal auch albern sein und eine Party feiern. Wir waren ja auch mal Kinder, und daran haben wir uns heute Abend einfach mal wieder erinnert. Das ist so eine Art Kindergeburtstag hier, und wir spielen gerade Flaschendrehen.« Alle Erwachsenen lachen sich halb tot, mein Sohn rollt die Augen und geht kopfschüttelnd wieder hoch in sein Bett. Ist der Ruf erst ruiniert, feiert es sich ganz ungeniert, denken wir uns und spielen gelöst und enthemmt noch eine Runde »Topfschlagen« und »Stille Post«. So eine tolle Party haben wir schon lange nicht mehr gefeiert. Die heimlichen Feste der Eltern sprachen sich aber nach diesem Abend schnell unter den Kindern herum, und vorbei war es mit der Freizeit. Nun ja, jede Feier geht mal zu Ende, und meine To-do-Liste war nun auch schon so leer, dass es mir unheimlich war.

Nach einem Monat kehren wir zum alten Trott zurück. Endlich wieder Chips essen und fernsehen. In der TV-Zeitschrift habe ich gelesen, dass es auf dem Privatsender »Your TV XXL« eine neue Show geben soll. »Deutschland sucht die Supermutter«. Das interessiert sicherlich auch meine Kinder. Da sind Nacktszenen nicht zu erwarten, und wenn sich doch jemand ausziehen sollte, gehe ich einfach mit dem Staubwedel über den Fernseher.

14

»Warum ist Meerwasser salzig?«
»Damit die Fische keine Karies bekommen.«

Wie man Kinderfragen sachkundig beantwortet
und dabei die Fassade des allwissenden Erwachsenen
erfolgreich aufrechterhält.

Ich habe den Nachwuchs von Kindergarten und Schule abgeholt, und wir fahren nach Hause. Im Auto läuft das Kin-
derradio, und zu meiner großen Freude kündigt der Mo-
derator ein Lied an, das ich gut kenne. »Und jetzt für alle
Mamas und Papas ein Oldie! Wer kennt es nicht, das Lied
aus der Sesamstraße!« Aha, die Hits aus meiner Kindheit
sind also schon »Oldies«, denke ich wehmütig. Der bekannte Retro-Discosound macht mir dann aber sofort
gute Laune. »Der, die, das, wer, wie, was, wieso, weshalb,
warum. Wer nicht fragt, bleibt dumm!« Ich singe laut mit
und schaue in den Rückspiegel. Meine Kinder: ebenso begeistert und eifrig in die Hände klatschend. Zwischen Constanze und Sebastian klemmt Matilda, die bewunderte, weil
ältere Kindergartenfreundin meiner Tochter und »Weih-
nachtsmannkritikerin« aus Kapitel 7. Sie besucht uns heute
Nachmittag. Ich sehe der Verabredung hoffnungsvoll entgegen, es ist momentan ja keine Adventszeit, und so können wir uns auch nicht wegen der Existenz des bärtigen alten Mannes in die Haare kriegen. Das gesamte Auto singt
nun laut: »Tausend tolle Sachen, die gibt es überall zu sehn.
Manchmal muss man fragen, um sie zu verstehn.« Das

macht wirklich gute Laune! Die Stimme des enthusiastischen Moderators ertönt wieder: »Aaaah, das war schön, die Älteren unter uns haben das Lied früher jeden Abend um 18 Uhr gehört, nicht wahr ...?«

Meine Tochter schaltet schnell. »Mama, bist du schon alt?«, will sie wissen.

»Na ja, ich bin noch ganz schön jung, aber im Gegensatz zu euch bin ich natürlich, na ja, älter. Das stimmt.«

»Wie alt bist du denn?«, bohrt Matilda nach. Ihre kritische und wahrheitsliebende Seite bricht sich Bahn.

»Ich bin gerade 40 geworden!«

»Das ist ja uralt«, stellt sie fest. »Meine Mama sagt, dass die Mütter heute so alt sind und dass das gaanz schlimm ist.«

»Soso, sagt das deine Mama also. Wie alt ist sie denn eigentlich?«

»Sie sagt immer, sie bleibt für den Rest ihres Lebens Anfang dreißig!« Auch eine Möglichkeit, dem Alterungsprozess Einhalt zu gebieten, denke ich. Die unangenehme Diskussion wird vom Radiomoderator glücklicherweise in diesem Moment unterbrochen.

»Und jetzt, liebe Kinder, gibt es mit mir, eurem tollen Tobias, wieder unsere beliebte Sendung ›Warum ist die Banane krumm?‹. Hier könnt ihr alle eure Fragen stellen, auf die noch nicht mal Mama und Papa eine Antwort wissen!«

Ich muss sagen, dass ich Tobias langsam gar nicht mehr so toll finde. Erst verkündet er, dass ich alt sei und nun auch noch ignorant. Den Sender darf ich leider nicht wechseln, und so hören wir weiter zu. Auf der Straße bildet sich gerade ein Stau, so dass ich auch ganz froh bin, dass die Mitfahrer auf der Rückbank beschäftigt sind.

»Tom, 5 Jahre alt und aus Dresden, will wissen, warum die Sterne nicht vom Himmel fallen«, liest Tobias vor. »Lieber Tom, das ist ganz einfach. Die Erde ist wie ein riesengroßer Ball, der immer um die Sonne kreist. Auch die anderen Planeten zirkeln um die Sonne: Sie heißen Merkur, Venus, Mars, Jupiter, Saturn, Uranus, Neptun und Pluto. Die Planeten werden von der Sonne angezogen wie von einem Magneten. Gleichzeitig wollen sie aber durch ihre eigene Bewegung wieder weg von der Sonne. Und so kommt es, dass sie weder angezogen werden noch wegfliegen können. Sie kreisen auf einer ständig gleichen Bahn.«

Ich habe zwar nur die Hälfte verstanden, bin aber dennoch schwer beeindruckt. Meine Kinder sind offenbar noch nicht so überzeugt.

»Und warum hast du dann gestern zu Papa gesagt, er soll dir auch mal wieder die Sterne vom Himmel holen? Das geht doch dann gar nicht!«, fragt Sebastian.

»Na ja, das ist so eine Redensart. Ich meine damit eigentlich nur, dass er mal wieder etwas Schönes mit mir unternehmen soll.«

»Und die Oma Ruth fällt dann auch nicht aus dem Himmel raus, ist die auch ein Planet?« Meine Tochter war bis dato immer sehr beunruhigt gewesen, ob die verstorbene Uroma, die ja bekanntlich im Himmel wohnt, versehentlich von einer Wolke purzeln könnte.

»Ja, so etwas in der Art. Die Oma fliegt auch quasi auf einer Umlaufbahn durch den Himmel«, beruhige ich Constanze.

Nun sind wir endlich zu Hause angekommen. Sebastian, Constanze und Matilda ziehen sich die Schuhe aus und folgen mir ins Wohnzimmer. Auf die Frage, ob sie nicht im

Kinderzimmer spielen wollen, schüttelt Matilda heftig den Kopf. »Nein, wir wollen mit dem lustigen Frage-Antwort-Spiel weitermachen. Wir fragen dich was, und du musst dann antworten!«

Von meinen Kindern ertönt ein begeistertes »Au ja!«.

Au nein, denke ich dagegen, ich hab doch wieder mein 15-Uhr-Loch und soll in diesem kritischen Zustand jetzt auch noch knifflige Wissensprüfungen bestehen?

»Kinder, ich habe Puddingteilchen gekauft! Wollen wir nicht erst mal was essen?«

»Meine Mama sagt immer, dass man mit vollem Bauch nicht gut denken kann!«, weiß Matilda zu berichten.

Also gut, so schlimm kann das ja nicht werden. Ich gieße uns allen eine Apfelschorle ein, was von Matilda als Stärkung genehmigt wird, und wir setzen uns an den Esstisch. Ich am Kopfende und die Kinder um mich herum. Prüfungssituation, Jobinterview, Gerichtstermin, alles in einem.

Meine Tochter meldet sich als Erste zu Wort: »Wie kommen die Löcher in den Käse?«

Zum Glück weiß ich das, denn ich habe als Kind ja schließlich auch *Die Sendung mit der Maus* geschaut.

»Das kommt durch die Gase beim Reifeprozess. Da entsteht dann Luft, und dann blubbert das so, wie wenn man mit einem Strohhalm Luft in die Apfelschorle bläst, und dann bleiben eben so Blubberblasen, und das sind dann die Löcher im Käse.« Na ja, der letzte Teil ist eher etwas populärwissenschaftlich geraten, aber schließlich soll es Constanze ja auch verstehen.

»Welche Gase sind das denn genau?«, will Matilda wissen.

»So Luftgase wie beim Pupsen?«, gibt Sebastian zum Besten und kichert.

Ich habe mich auch schon gefragt, warum mein Sohn immer so viele Löcher in seinen Hosen hat. Sind die etwa auf Blähungen zurückzuführen?

»Also, ääähmmm. Ich glaube, das ist Kohlendioxid… Nein… Kohlenmonoxid? Na ja, Käsegas eben!« Kein Wunder, dass ich früher in der Schule eine Fünf in Chemie hatte. Das ist alles viel zu abstrakt für mich.

»Und das Käsegas stinkt dann so wie die Pupser!«, erklärt mein Sohn das Phänomen der Löcher im Käse abschließend. Sebastian wird sicherlich auch keine große Leuchte in Naturwissenschaften, befürchte ich.

»Ja, aber wie heißt das denn nun?«, bohrt Matilda nach.

Mein Gott, ist das anstrengend. Ich fühle mich, als würde ich bei *Wer wird Millionär?* gegrillt werden. Darf ich vielleicht jetzt jemanden anrufen? Ich überlege konzentriert und krame mein naturwissenschaftliches Wissen zusammen, das so große Lücken hat wie besagter Schweizer Käse. Mein Joker heißt wie so oft »pseudowissenschaftliches Sprechen«. Wenn ich den Quatsch glaube, der auf Kosmetikpackungen steht, wird das doch auch bei Matilda klappen. Ich trumpfe auf: »Also wenn Fotosynthese und Hypotenuse zusammenkommen, ergeben sich dadurch Osmosegase!«

Sie nickt verständnisvoll und scheint wirklich überzeugt zu sein. »Meine Mama sagt immer, dass sie total viel aus der Schule wieder vergessen hat.«

Da kann ich Matildas Mama zur Abwechslung mal zu einhundert Prozent zustimmen. Zum Glück ist die Fragestunde nun für mich beendet. Die Kinder essen ihre Puddingteilchen und spielen den Rest des Nachmittages Rateshow im Kinderzimmer.

Meine Erklärungsnot hat mich jedoch ziemlich nachdenklich gemacht. »Wer nicht fragt, bleibt dumm.« Aber vielleicht bleiben meine armen Kinder trotzdem dumm, wenn sie mich fragen? Weiß ich einfach zu wenig? Die Antwort lautet wohl knallhart Ja. Dreizehn Jahre Schule haben nur wenige Spuren hinterlassen. Okay, ich kann die Grundrechenarten und weiß sogar, dass »Drosophila« keine griechische Göttin ist, sondern eine Fliege. Aber ansonsten habe ich mir aus meiner Schulzeit nur skurrile Sachen gemerkt, wie zum Beispiel den »Reichsverweser« oder den ersten Satz meines Französischbuches aus der siebten Klasse (»La famille Roussel est sur le balcon.«). Dann erinnere ich mich noch an die Dinge, die mich einfach interessiert haben, beispielsweise jede Literaturverfilmung, die wir uns als Klasse ansehen durften. »Ich habe das Buch gesehen«, Sie wissen schon. Grammatikalische Wissenslücken habe ich auch, wenn ich ehrlich bin. Bin ich müde, sage ich Sachen wie »Kommas« und »Cellos« und kann Dativ und Genitiv nicht richtig benutzen. »Das ist dem Sebastian sein Puddingteilchen, Constanze!«

Dabei sind die einfachsten Kinderfragen ja oftmals die kniffligsten. Wenn meine Tochter wissen möchte, was eigentlich die Wörter »sonst« oder »plötzlich« bedeuten, komme ich ins Schlingern beim Versuch, ihr das zu erklären, und verfluche meine Germanistikprofessoren. Ich könnte ihr natürlich erläutern, was »plötzlich« auf Mittelhochdeutsch heißt, aber das interessiert sie einfach nicht so wirklich.

Die Uni hat mich wissenstechnisch also auch nicht gerettet, denn ich habe ja Orchideenfächer studiert. Kinderfragen beziehen sich ja leider unpraktischerweise oft auch auf Naturwissenschaften, und die kann ich ihnen erst recht nicht beantworten. Wahrscheinlich hätte ich damals im Physik- und Chemieunterricht in der Oberstufe einfach besser aufpassen sollen, anstatt mit meinem zukünftigen Mann Briefe unter der Bank auszutauschen. (»Willst Du mit mir gehen?«, »Vielleicht, wenn Du mir das mit der Erdanziehungskraft erklären kannst.«)

Ich kann ja schließlich vor Constanze und Sebastian schlecht zugeben, dass ich keine Ahnung habe. Die Fassade der Allwissenheit ist immerhin noch ein Erziehungswerkzeug, das mir noch nicht abhandengekommen ist. Auf dem Podest steht es sich einfach auch noch sehr bequem. Meine Kinder denken, sie hätten eine schlaue Mutter, die (fast) alles weiß. Nein, von diesem Sockel will ich einfach noch nicht herunter. Für die Entlarvung meiner Unwissenheit ist in der Pubertät noch genug Zeit. Bis dahin gebe ich die Bildungsbürgerin. Im Zeitalter der Smartphones ist es ja auch recht einfach, diesen Anschein zu erwecken. Wenn die Fragestunde nicht gerade im Auto stattfindet, kann man schnell und heimlich immer sein Telefon zurate ziehen und kurz mal Wikipedia aufrufen. In den allermeisten Fällen weiß das Internet dann Bescheid.

Am Wochenende ist es einfacher, denn dann kann ich meine eigene Unwissenheit praktischerweise auf Benedikt abwälzen. Wenn Sebastian und Constanze Samstag und Sonntag zusammen sind, kommt es natürlich zu noch mehr Streit als in der Woche. Wenn keine »Einzelkinder sind ganz traurige Menschen«-Geschichten mehr funktionieren, hilft uns meist die »Familiendisco«. Wir drehen ordentlich auf, und meine Kinder tanzen sich Stress, Wut und Eifersucht wegen angeblich ungerecht verteilter Puddingrationen einfach so von der Seele.

So eine »Heimdisse« samt Mitgrölen der Liedtexte ist auch für uns Eltern eine wunderbare Sache. Es macht Spaß, und wenn jemand falsch singt und noch nicht so richtig Englisch versteht, ist das auch egal. Wenn alle mal wieder von allen genervt sind (»Ich kriege später mal das Haus, bäbäbbäbäää«, »Nein, ich«, »Nein, ich«, »Du kannst dann ja den Geräteschuppen haben«), stecken wir einfach das Handy in den Streamer, und los geht's. Wir Eltern werden natürlich gerne nostalgisch und wollen unseren Kindern unsere musikalische Jugend näherbringen. Echte Oldies aus den 80er- und 90er-Jahren sind das, die »frühe« Madonna, U2, Nirvana. Und zu jedem Song haben wir Erinnerungen: »Weißt du noch, damals, als wir in der Turnhalle zu *Smells like teen spirit* gerockt haben… Und der Cola-Schoppen hat damals nur 2,50 Mark gekostet. Ja, ja, das waren noch Zeiten… herrlich.«

Insbesondere Constanze hat aber leider ganz andere Vorstellungen von guter Tanzmusik als wir. Wie der Rest von Deutschland ist sie auch vom »Helene-Fischer-Virus« befallen. Okay, die Dame kann singen, sieht gut aus und ist sympathisch, aber nach fünf Mal »Atemlos« in der Dauerschleife muss ich buchstäblich mal wieder Luft schnappen und etwas anderes hören. Nicht so meine dreijährige Tochter. Wenn Helene bei einer unserer Familiendiscos nicht gespielt wird, tritt sie in den Tanzstreik. Also gut, dann grooven wir eben alle zu den Klängen der Schlagerqueen. Hört ja keiner, nur vielleicht die Nachbarn, die komplexen Fünf-ton-Jazz bevorzugen, aber darauf können wir jetzt keine Rücksicht nehmen. Meine Tochter singt enthusiastisch mit: »...Emlos durch die Nacht, bis der neue Tag bewacht.« Na ja, an der Textsicherheit müssen wir noch feilen, aber die Freude am Singen zählt doppelt. Nach solch einer Sing- und Tanzsession stellte uns Constanze kürzlich eine knifflige Frage.

»Mama, wie kommt Helene Füschers Stümme in das Handy-Musikding?«

Sebastian weiß offenbar Bescheid: »Helene Fischer sitzt nebenan bei Peter und Maja im Wohnzimmer und hat den Mund an der Wand, so dass wir sie auch hören können.« Meine Tochter macht große Augen. Eben hat sie doch noch unsere Nachbarn im Garten gesehen, und da war weit und breit keine Helene Fischer.

»Schatzi, die Musik aus dem Handy wird vom Strea-ming-Gerät abgespielt, dein Bruder macht nur Quatsch.«

»Und wie kommt Helenes Stimme ins Handy?«

»Na ja, also, die Helene ist eben ein Phänomen. Und der Wind trägt ja auch ihren Namen.« Meine Tochter versteht meine Schlagersprache nicht, was nachvollziehbar ist. Ich versuche es anders. »Also wir haben erst Geld bezahlt, und dann haben wir die Helene, ich meine, ihr Lied, aus dem Internet downgeloadet.«

Ich klinge ganz schön bekloppt, »gestreamt«, »down-geloadet«. Ich verstehe selbst kaum, was ich da rede. Mein Mann macht es kurz. »Die Mama meint Strom, Elektrizität. Der Strom macht, dass wir Helenes Musik hören können.«

»Und was ist Strom, Mama?« Das ist eigentlich eine ein-fache Frage, aber gar nicht so leicht zu beantworten. Ich schaue Benedikt an. »Jetzt sag du auch mal was, du hast doch den Einser-Abschluss.« Mein Mann merkt, trocken wie immer, an: »Ja, ich kann dir was zur Pfadfinderbewegung in Frankreich von 1939 bis 1945 sagen. Von Strom habe ich leider auch keine Ahnung. Aber du weißt das doch bestimmt, wo du doch schon in der siebten Klasse immer so angeberisch bei *Trivial Pursuit* warst.« Nun hat er mir den Ball wieder zugeworfen, na toll. Das kommt davon, wenn man sich so lange kennt. In *Trivial Pursuit* war ich wirklich große Klasse. Bei Fragen wie: »Welche ungarische Tänzerin hat als UfA-Star mit einem Herzen aus Paprika Karriere gemacht?« war ich einfach unschlagbar. Das wusste ich immer als Einzige, weil ich quasi religiös und permanent Schwarz-Weiß-Filme auf den dritten Programmen anschaute, die kamen immer nachmittags direkt nach dem Testbild. Folgerichtig habe ich das dann zu meinem Spezialgebiet an der Uni gemacht, »irgendwas mit Medien eben«. Nun haben wir den Salat. Zwei Geisteswissenschaftler haben sich vermehrt und können nun schon nicht mal mehr die simpelsten Fragen ihrer Kinder beantworten. Ich drücke Benedikt sein Smartphone in die Hand: »Na, dann googel mal ein bisschen.« Zu meiner Tochter gewandt sage ich: »Der Papa weiß sooo viel, der erklärt dir das mit dem Strom.«

Mein Mann macht sich einen Espresso und geht in den Garten. Offenbar plant er längere Zeit ein, um der Sache auf den Grund zu gehen. Ich tanze derweil noch ein bisschen mit meinen Kindern zu Helenes Weisen. Nachdem wir »Marathon« und »Villa in der Schlossallee« durchhaben, kommt mein Mann mit einem triumphierenden Lächeln auf den Lippen wieder ins Wohnzimmer. »Also, das ist eigentlich gar nicht so schwer, Constanze. Das mit dem

Strom funktioniert so: Der Strom kommt aus der Steckdose, und durch das Stromsignal hören wir die Musik aus dem Handy.«

Ja, so weit waren wir ja schon.

Unsere Tochter fragt auch sofort nach: »Wie kommt er da denn rein?«

»Unser Strom kommt über ein Kabel aus einem Kraftwerk. Dort wird zum Beispiel Kohle verbrannt. Mit der Hitze wird Wasser zum Verdampfen gebracht. Der Wasserdampf läuft durch Rohre und treibt eine Maschine an. Diese treibt wieder eine andere Maschine an, die dann den Strom erzeugt. Du hast aber auch schon Windräder gesehen, denn auch der Wind hat eine enorme Kraft. Der Wind treibt den Propeller an, und im Inneren des Windrads wird mit einer Maschine Strom erzeugt, die dann wieder zu uns geleitet wird.« Mein Mann strahlt über das ganze Gesicht, als ob er es auch zum ersten Mal verstanden hat.

»Ist doch super babyleicht«, sagt Sebastian.

»Ja, ist VOLL babyleicht, Alter«, setzt Constanze noch eins obendrauf. Wenn sie es auch nicht so ganz verstanden hat, die Blöße will sie sich jetzt nicht geben.

Die nächste Zeit fragen die Kinder uns weiterhin Löcher in den Bauch. Um hier effizient und nervenschonend vorzugehen, teilen mein Mann und ich uns die Geschichts-, Film- und Popkulturfragen gerecht auf. Jeder von uns darf vor den Kindern mal etwas wissen, ohne mit dem Handy im Garten oder im Bad zu verschwinden, um die Antworten schnell mal zu googeln.

Dabei bin ich besonders stolz auf die Antworten, die kreativ sind, Wissen vorgaukeln und die Kinder gleichzeitig erziehen. Auf Constanzes Frage kürzlich, warum Meerwasser denn salzig sei, wusste ich sehr schlau kundzutun: »Damit die Fische keine Karies bekommen. Stell dir doch mal vor, das Meer würde süß schmecken.« Eigentlich eine schöne Vorstellung, wenn ich es mir recht überlege. »Oder das Meer wäre aus Cola und Fanta. Dann würden Karies und Baktus zu den Fischen kommen. Und alle Fische müssten dann zum Zahnarzt.«

»Gibt es Zahnärzte für Fische, Mama?«

»Ähhm, das würden wahrscheinlich dann normale Tierärzte übernehmen... glaube ich.«

Die Kinderfragen hören nie auf. Ich überlege mir, ob ich mir nicht doch mal so eine Google-Brille anschaffen sollte. Sieht bescheuert aus, aber ist gut für den »allwissenden Look«.

15

»Heute kannst du ›Let's Dance‹ anschauen. Aber morgen gibt's wieder nur ›Sandmännchen‹.«

Wie man, je nach elterlichem Arbeitsaufkommen und Restenergie, total inkonsequent erzieht und dabei trotzdem glaubwürdig bleibt.

Die Medienerziehung unserer Kinder ist eng mit dem Aufräumen in unserem Haus verzahnt. Natürlich nur, wenn wir das langweilige allabendliche Ausmisten auch konsequent durchhalten. Dann gibt es (für uns) auch mal, wie bereits berichtet, eine Party mit den Nachbarn zur Belohnung. Wenn die Putzeimer schon parat stehen, gehen Sebastian und Constanze nach der Wetterkarte ohne zu murren ins Bett. Dann klopfen Benedikt und ich uns auf die Schultern und gratulieren uns dazu, wie prima wir unsere Kinder im Griff haben. Gebildet, vielfältig interessiert und vor allem: pünktlich im Bett. Ein ganz wichtiger Aspekt. So sind sie eben, unsere beiden Herzchen! Das haben sie nur uns zu verdanken, weil wir so geradlinige Eltern sind. Na ja, meistens jedenfalls. Wir sind eigentlich immer super konsequent – bis auf die Momente, in denen wir gerade mal wieder total inkonsequent sind. Als ich mit meinem Sohn schwanger wurde und noch überhaupt keine Ahnung davon hatte, was Erziehung eigentlich bedeutet, dachte ich immer, wie irrsinnig standhaft und unerschütterlich ich mal sein würde, wenn er erst einmal auf der Welt sei. Daneben bildete ich mir noch weitere mütterliche Tugenden ein, die auch dann niemals zutage traten, wie zum Beispiel grenzenlose Geduld und unerschütterliche Sanftmut. Tja, falsch gedacht, auch hier. Der Familienalltag bietet unglaublich viele Chancen, inkonsequent zu sein. Jedenfalls für mich.

So wie im vergangenen Winter, als sich Infekte und Magen-Darm-Grippen in unserem Haus abwechselten. Bei uns ist es eine Tradition geworden, dass Constanze und Sebastian nur die Überträger verschiedenster teuflischer Viren und Bakterien sind und dabei selbst quietschfidel. Die Einzige, die diese Killer-Kindergarten-Bazillen immer für mindestens drei Wochen komplett aus der Bahn kegeln, bin ich. Ob das wohl daran liegt, dass mein Körper schon lange kein Tempel mehr ist, sondern eher ein Lazarett? Mein Arzt jedenfalls, der alte Witzbold, schlug mir letztes Jahr vor, mich mal richtig auszukurieren. Mein Husten vermischte sich in der Sprechstunde also noch zusätzlich mit einem Lachanfall. Auskurieren? Wie bitte? Was ist das, und wie soll es gehen? Sich in Ruhe seiner eigenen Gesundung zu widmen ist für eine Mutter mit kleinen Kindern ungefähr so realistisch wie ein Sechser im Lotto. Und so ist das mit dem Kranksein und wieder Gesundwerden leider gestrichen, sofern man nicht eine Horde Kinderfrauen, einen zu Hause arbeitenden Partner oder eine in der Nähe wohnende Oma zur Verfügung hat. Also heißt das für mich leider oft, bunte Pillen zu schlucken, deren Namen auf -yxin oder -cillin enden, und die Nachmittage mit den Kindern möglichst im Liegen zu überbrücken. Aber wie stellt man das nur an? Den Kids einfach sagen: »Jetzt beschäftigt euch mal schön und ruhig«?

Das klappt bei uns leider nicht.

Doch zum Glück gibt es ja elektronische Babysitter.

Normalerweise haben wir das ganz gut raus mit dem Medienkonsum unserer Kinder. Abends läuft das *Sandmännchen* und im Anschluss die *Nachrichten*. Das ist zwar ein harter Kontrast, hier der Sandmann, dort die Separatisten, aber bei uns klappt es so ganz gut. Bei den schlimmsten Szenen halten wir den Kindern die Augen zu.

Wenn ich aber krank dahinsieche und für nichts mehr Kraft habe, geht die »Glotzkurve« bei uns steil nach oben. Meistens ergeben sich am Nachmittag im Elternschlafzimmer regelmäßig Szenen, bei denen sich jeder bildungsbeflissene Vater, jede medienkritische Mutter die Haare raufen würde. Wir liegen also da, und man hört nur mein röchelndes Husten, das Zischen von Laserschwertern aus *Star Wars* und die Erkennungsmelodie von *My Little Pony*. Ein bildungsbürgerlicher Albtraum, aber auf diese Weise kann ich mich ein bisschen ausruhen. Oder vielmehr: Die Kinder entfleuchen in Zeichentrickwelten, starren gebannt auf den Bildschirm und sind zumindest beschäftigt.

Nach so einem Nachmittag plagt mich dann meistens das schlechte Gewissen, was mich natürlich auch nicht schneller genesen lässt. Was hat Constanze denn heute gelernt? Dass es nicht nur lila Einhörner mit goldenem Sattel und silberner Glitzermähne gibt, sondern auch rosafarbene mit grünem Sattel und blauem Haar. Und Sebastian? Kommt er der Gymnasialempfehlung näher, weil er gecheckt hat, dass ein Klon der Nachfahre des Kampfdroiden ist? Egal, ich lasse sie schauen, bis mein Mann von der Arbeit nach Hause kommt und ich mich dann endlich richtig »auskurieren« kann.

Früher war doch alles viel einfacher mit dem Medienkonsum. Wir hatten damals ja nun wirklich noch keine Tablets und Smartphones. Computer waren groß und klotzig und blinkten grün. Okay, es gab Pac-Man. Aber irgendwann war es auch nicht mehr so spannend, blinkende Punkte zu fressen und von verpixelten Gespenstern gejagt zu werden.

Die *Sesamstraße* wurde erst am frühen Abend gebracht, bis dahin lief das Testbild. Am Wochenende gab es zusätzlich noch Peter Lustigs *Löwenzahn*. Und da hieß es am Ende ja immer: »Und jetzt ausschalten.« Das fand ich als Kind immer ein wenig bevormundend. Meine Eltern ermahnten mich ja schon ständig, nicht so viel zu »glotzen«, also warum auch noch der Mann im Fernsehen? Mmmpf. Aber was Latzhosen-Peter sagte, habe ich auch gemacht und (meistens) ausgeschaltet.

Wenn ich heute nach so einer Grippe wieder genesen bin, sind meine Kinder natürlich vollends verdorben, was die modernen Medien angeht. Wie selbstverständlich setzen sie sich nachmittags auf mein Bett und klicken, wischen und scrollen, als hätten wir nie eine andere Vereinbarung gehabt. Ausschalten geht gar nicht mehr. Mein schlechtes Gewissen meldet sich dann wieder, und ich versuche mit allen Mitteln, sie von den mobilen Bildschirmen loszueisen.

»Kinder, jetzt glotzen wir aber nicht mehr so viel, ja?«, versuche ich es zunächst freundlich.

»Wir glotzen nicht, wir schauen«, belehrt mich meine Tochter. Soso.

»Also, dann schaut ab heute nicht mehr so viel. Das war ja, weil ich krank war und mich nicht um euch kümmern konnte.«

»Und? Du kannst dich ja trotzdem ins Bett legen. Du bist doch bestimmt noch ein bisschen krank, oder? Ruh dich mal aus, Mama.« Mein Sohn ist ja ganz besonders schlau heute.

Ich probiere eine andere Methode, und zwar schnöde Ablenkung: »Wollen wir was Schönes basteln? Ich habe neue Sticker gekauft!« Ich bin eigentlich nicht die größte Bastelmami, aber normalerweise lieben meine Kinder es, Aufkleber in ihre Malbücher oder wahlweise auch auf alle Möbel im Haus zu kleben.

»Och nee. Das ist langweilig«, beschwert sich Sebastian.

»Och nee, ist voll langweilig, Alter«, bekräftigt meine Tochter. Wo hat sie eigentlich dieses ungeliebte Wort des andauernden Anstoßes her? Unterhalten sich so die Einhörner in ihren Sendungen? Sagt da das eine zum anderen: »Ey, Alter, guck mal, mein Glitzersattel!« Und kriegt es dann als Antwort zu hören: »Krass, Alter! Ohne Scheiß, mein Horn ist voll neonrosa, ey!«? Es ist mir ein Rätsel.

Ich gebe aber nicht auf, wir müssen wieder zu unserer *Sandmännchen-Nachrichten*-TV-Aufteilung zurückfinden.

»Aber ich habe Prinzessinnenaufkleber und Rittersticker!« Das ist ja wirklich nicht einfach heute. Augenrollend schalten meine Kinder Tablet und Handy ab und schlurfen ins Wohnzimmer an den Esstisch, wo ich schon alle Bastelsachen hingestellt habe. Zunächst etwas widerwillig, aber dann mit wachsender Begeisterung wird geklebt, ausgeschnitten und gemalt. Ich bin beruhigt. Nun ist es an der Zeit, bestärkend einzuwirken und ein wenig zu erziehen.

»Ist doch toll, wie ihr hier bastelt. Zu viele Filme schauen und Computerspiele spielen ist auch ganz ungesund. Da bekommt man ganz viereckige Augen!« Die Geschichte von den viereckigen Augen ist eine klassische Elternlüge in unserer Familie und wird von Generation zu Generation weiter überliefert, seit es bei uns Fernseher gibt.

Als ich ein einsames, trauriges Einzelkind war, schaute ich manchmal aus purer Langeweile auch das Testbild. Nach der »Viereckige-Augen-Theorie« hätte ich damals sicher eine OP benötigt, um meine quadratischen Augen wieder in ihre Ursprungsform zurückzubringen. Ob mir meine Kinder diese Lüge heute abnehmen?

»Aber wieso denn viereckig?«, will meine Tochter nun auch folgerichtig wissen.

»Na ja, wenn ihr so viel auf einen viereckigen Bildschirm starrt, dann werden die Augen eben auch so … wie die Bildschirme.« Für mich hört sich das relativ plausibel an. Finden Sie nicht auch?

»Aber die Augen werden immer wieder normal, auch wenn man soooo macht.« Mein Sohn hat sich beide Daumen in seine Nasenlöcher gesteckt und zieht mit seinen anderen Fingern die Augenlider Richtung Haaransatz. Constanze ist begeistert von der Grimasse ihres Bruders und versucht, ihren Augenbereich in eine quadratische Form zu drücken.

»Also zu viel fernsehen schadet einfach. Ab heute gibt es wieder nur *Sandmann* und *Nachrichten*.«

»Menno, warum denn?«, nölt mein Sohn. Offenbar reichen überfrierende Nässe und Hochnebelfelder nun nicht mehr aus.

»Das ist einfach so. So machen wir das bei uns, und an diese Regel halten wir uns auch!« Wow, ich klinge total geradlinig und konsequent und bin schwer von mir selbst beeindruckt.

Dieser Optimismus hält sich bis zum nächsten Tag.

Es ist sieben Uhr abends, und meine Freundin Uta hat gerade angerufen, um mir von ihrem neuen Job zu berichten. Meine Kinder sind derweil mit ihrer täglichen TV-Ration beschäftigt. Sandmann und Separatisten eben. Ich habe mich gemütlich auf die Treppe gesetzt. Als Uta mir ihren neuen Chef beschreibt, höre ich den Abspann der *Heute*-Sendung. Da ich mich gerade so nett unterhalte, will ich noch nicht auflegen, gehe ins Wohnzimmer und zappe schnell einhändig nach einer kindgerechten Sendung, also einer, wo nicht gleich geballert wird oder die Leute halb nackt herumlaufen. Ich bleibe bei *Let's Dance* hängen. Das ist doch okay, denke ich. Herr Llambi ist zwar relativ Furcht einflößend, aber all die Rüschen, Federn und die schöne Musik machen das wieder wett. Die Kinder sind begeistert und imitieren sogleich Rumba und Cha-Cha-Cha in ihrer ureigenen Interpretation. Ach toll, das ist ja richtiggehend kreativ, denke ich mir und verziehe mich wieder auf meine Treppenstufe im Flur. Uta erzählt weiter von den neuen Kollegen und wer wen in der Kantine so offensichtlich schief angeguckt hat, dass sogar ihr es aufgefallen ist, und ich höre gebannt zu. Als ich das nächste Mal auf die Uhr schaue, sind weitere 45 Minuten um. Na ja, konsequent war das nun ja nicht, und sofort ist mein schlechtes Gewissen wieder da. Uta und ich beenden unser Gespräch, und ich gehe zurück ins Wohnzimmer, bereit, sofort den Aus-Knopf der Fernbedienung zu betätigen.

Dort angekommen hat sich auf dem Bildschirm gerade

Carmen Geiss in einer Wolke aus Chiffon, Federn und Gold auf die Tanzfläche begeben. Nun kann ich natürlich auch nicht ausschalten. Der langsame Walzer zu »Three Times a Lady« ist herrlich kitschig und außerdem wirklich gut getanzt.

»Ist das eine Prinzessin, die da tanzt, Mama? Schmöschte auch so ein Prinzessinnenkleid!«, sagt Constanze, während sie sich weiter vor dem Fernseher zur Musik dreht und ihr Schlafanzugoberteil abspreizt wie ein Ballkleid. Ich kann mich auch nicht loseisen und setze mich zu den Kindern. Wir schauen also noch die weiteren Tanzpaare an und fiebern mit ihnen bei den Bewertungen der Jury mit. Morgen ist ja auch Schule erst zur zweiten Stunde, also nicht ganz so schlimm. Als ich die Kinder dann nach dem Tanzspektakel recht müde ins Bett bringe, baue ich gleich für den nächsten Tag vor.

»Also, heute *Let's Dance* war okay, aber morgen wieder nur *Sandmännchen*!«

»Aber ich will morgen auch die Prinzessinnen anschauen«, jault meine Tochter, während sie sich total übermüdet die Augen reibt.

»Morgen müssen sich die Tänzer ausruhen, da gibt es die Sendung nicht.«

»Und nächste Woche?«, fragt mein Sohn. Das Tanzen fasziniert ihn sehr, vielleicht auch, weil Herr Llambi ihn an einen Sith-Lord aus *Star Wars* erinnert.

»Nächste Woche gibt es das dann nicht mehr, das war ja das Finale.« Wow, hier kann ich tatsächlich mal bei der Wahrheit bleiben. Na toll, ich brauche schon das Fernsehprogramm als Krücke, um konsequent sein zu können. Vielleicht sollte Herr Lustig aus der Rente zurückkehren und auch mir wieder das Ausschalten beibringen.

Bei Tisch zeigt sich auch immer, wie gut erzogen die (ganze) Familie eigentlich ist. Hier hilft nur Konsequenz, ist klar. Als Familie essen wir zusammen, es wird nicht mit vollem Mund geredet, keiner unterbricht den anderen. Alle bleiben sitzen, bis fertig gegessen ist. Das sind die Regeln. Wer sie bricht, wird vor die Tür geschickt. Wir Eltern sind natürlich das strahlende Vorbild, also meistens.

»Ich will mehr AVOCADO!«, schreit Constanze laut und verzweifelt auf. Sie ist leider gerade in der Wortmeldungskette ganz hinten. Zunächst durfte Sebastian von seinem Ausflug ins Naturhistorische Museum erzählen, und nun diskutieren die Eltern über die richtige Wandfarbe für den Flur.

»Country Crimson fände ich toll.«

»Nein, Concrete Grey ist viel geschmackvoller.«

»Nein.«

»Doch.«

»Nein.«

»Doch.«

»Ich will AVO...«, setzt meine Tochter wieder an.

»Jetzt unterbrich uns nicht dauernd. Ich will mich mal mit Mama unterhalten.«

»Außerdem hatte Constanze viel mehr als ich, und das ist unfair«, wirft mein Sohn ein.

Ich teile kurzerhand die letzte Scheibe der Avocado und reiche sie an die Kinder weiter. Die nächsten drei Minuten kann ich mit Benedikt ungestört über die verschiedenen Farbbedeutungen sprechen. Das nehmen die Kinder zum Anlass, aufzustehen und vom Wohnzimmer in die Küche zu schleichen. Ziel ist natürlich der Küchenschrank mit den Süßigkeiten.

»Kommt sofort wieder an den Tisch, wir sind noch nicht fertig mit essen.«

»Aber dann esst doch auch mal auf, ihr redet ja nur.« Sebastian kommt mit Constanze widerwillig zurück. Sie langweilen sich und fangen einen Streit darüber an, wer in seinem Leben schon mehr Avocado gegessen hat. Als der Disput im unweigerlichen »Bäbäbäbäbäää« einen Höhepunkt findet, reicht es mir.

»So, raus, beide. Dass ihr nicht fünf Minuten anständig am Tisch sitzen könnt!« Ich befördere die Kinder aus dem Wohnzimmer, wonach sie dann lautstark im Flur weiterstreiten.

Als ich wieder an den Tisch komme, hat Benedikt sämtliche seiner Smartphones und Tablets herausgesucht, um mir zu zeigen, wie gut »Concrete Grey« auf verschiedenen Fotos aussieht.

Ich zücke sofort mein Handy und suche nach meinen bevorzugten Rottönen. Nebenher essen wir stumm und einhändig noch eine Stulle, während wir mit der anderen Hand auf unseren Geräten herumwischen. Wir haben gar nicht gemerkt, wie die Kinder sich wieder ins Zimmer geschlichen haben. »Mama, Papa, was macht ihr denn da?«

Wir schauen auf und uns an. Hm. Gehobene Tischkultur war das ja jetzt auch eher nicht. Schweigen, aufs Handy starren und nebenher essen? Dringende Fragen der Einrichtung klären hin oder her – wir haben unsere eigenen Regeln gebrochen. Und sind aufgeflogen.

»Also... ähm... wir haben nur ganz schnell mal unsere Mails gecheckt, für die Arbeit«, versucht sich mein Mann herauszureden.

»Das war wichtig«, schiebe ich hinterher.

Mein Sohn kommt zu uns und schaut auf mein Handy-display. Ein Kontrollblick genügt, und er hat uns überführt. »Das hat nichts mit Arbeit zu tun. Ich muss eure Handys jetzt behalten. Das macht die Frau Kurze in der Schule auch immer so.«

In der Tat war der Tagesordnungspunkt eins auf dem letzten Elternabend die neu eingeführte Regel, dass die Schüler ihre Handys im Unterricht ausschalten müssen. Bei Nichtbefolgen wird nun offenbar hart durchgegriffen. Und so auch bei uns zu Hause.

Sebastian präsentiert uns folgende Regel: »Während des Essens dürft ihr nicht eure Handys benutzen, sonst können wir aufstehen. Und wenn ihr uns rausschickt und sie dann heimlich doch benutzt, bekommen wir etwas Süßes, egal ob das Essen schon vorbei ist oder nicht.«

»Und ihr kriegt dann keine Avocado ab«, droht Constanze.

Okay, das ist ein Deal. Spätestens jetzt knicken wir Eltern ein. Und lernen nun endlich auch, wie man konsequent erzogen wird.

16

»Dein Lehmklumpenkunstwerk hat die Putzfrau leider weggeschmissen.«

Wie man als Mutter lernt, die wichtigen Werke des Künstlers von den unwichtigen zu unterscheiden, und anständig recycelt.

»Wo ist mein Wutmonster? Ich finde es nicht! Hast du das weggeschmissen? Du schmeißt doch immer alles weg!« Mein Sohn rennt aufgeregt von Zimmer zu Zimmer und wird immer verzweifelter.

»Ich weiß gar nicht … Was war das denn für ein Monster … Vielleicht hast du es mit in die Schule genommen?«

»Nein, habe ich nicht. WO IST ES? Das große Bild! Ein Monster mit vielen Zähnen und Beinen. Ist es im Müll? Daran habe ich so lange gearbeitet. MANNO!«

»Vielleicht hat es ja deine Schwester genommen.«

Sebastian geht in Constanzes Zimmer, die an ihrem kleinen Tischchen sitzt, »arbeiten muss« und »Briefe malt«. Sie ist gerade sehr beschäftigt und extrem wichtig. Nun kommt der nervige Bruder herein. Sebastian stellt sie zur Rede und fragt, ob sie sein Wutmonster genommen hätte.

»Monsters sind doch gruselig, außerdem muss ich Briefe malen, das ist wüschtüsch.«

Von dieser Seite ist also keine Hilfe zu erwarten. Plötzlich bekomme ich ein ganz ungutes Gefühl im Magen: Das schlechte Gewissen meldet sich. Mir ist nämlich gerade eingefallen, dass ich gestern Papiermüll zum Müllplatz gebracht habe. Und da sich sowieso schon so viel Kram auf dem Schreibtisch meines Sohnes angesammelt hatte, war das Wutmonsterbild wahrscheinlich versehentlich mit hineingewandert. Das kann schon mal passieren, denn ich kann leider nicht so richtig erkennen, welche der Kunstwerke meiner Kinder wichtig sind und welche nicht. Das in zwei Stunden mühsam gelegte Bügelperlenbild ist am nächsten Tag egal, aber das »Feuerwerk« meiner Tochter (Sebastian: »Das ist Krikelkrakel«) soll dringend aufgehoben werden. Wer blickt denn da noch durch?

Und vor allem, oh Mann, wie komme ich jetzt wieder raus aus der Nummer? Da hilft wahrscheinlich nur eins. Vielleicht könnte man ja mal kurz in die Papiertonne steigen? Der Müllwagen war noch nicht da, und möglicherweise ist der Fehler so wiedergutzumachen. Also los! Ich ziehe mir und den Kindern Jacken an und nehme gleich noch einen Tritthocker mit. Sebastian und Constanze: begeistert. Endlich machen wir das, was sie sich schon lange wünschen und wir noch nie erlaubt haben. Im Müll spielen! Der Müllplatz unserer Siedlung ist nämlich der Sehnsuchtsort meiner Kinder. Mein Sohn findet sogleich mehrere Schätze, die es nicht in die Tonnen geschafft haben. Ein altes Billy-Regal mit Aufklebern der Nationalmannschaft von 2006 drauf und dazu ein Stück verrostetes Heizungsrohr. Meine Tochter stöbert eine alte Shampooflasche auf, die das Bild eines Einhorns ziert. Soso. Von Mülltrennung halten die Nachbarn offenbar wenig. Und wenn ich schon mal bei der Müllinspektion bin, kann ich es ja auch gleich richtig machen. In der Hoffnung, dass wenigstens der Papiermüll ordnungsgemäß getrennt ist, erklimme ich mit Hilfe meines Hockers den Rand der blauen Tonne.

»Mama, pass auf«, ermahnt mich Sebastian.

»Sind da gruselige Monsters drin?«, fragt meine Tochter.

Mir ist das Ganze auch nicht geheuer. Was, wenn jemand seine Nacktfotos hier entsorgt hat? Nachdem ich den Deckel ganz geöffnet habe, steige ich in die Tonne. Zum Glück ist sie noch halb leer, so dass ich relativ bequem stehen kann. Das ist ja direkt spannend. Ich fühle mich ein bisschen wie bei George Clooney und seinen »Monuments Men« auf der Suche nach versteckten Kunstwerken. Nur ist das Gemälde hier nicht geklaut, sondern fälschlich »entsorgt« worden. Für Sebastian ist es auch ein regelrechter »Kunstkrimi«. Neugierig stellt er sich auf die Zehenspitzen und verfolgt gespannt meine Suchaktion.

»Das ist aber schön, dass Sie bei der Müllentsorgung helfen, Frau Nachbarin«, ruft mir eine ältere Dame entgegen, die sich gerade zu uns gesellt hat. »Viele hier können ja noch nicht mal ihre alten Pakete und Verpackungen zerkleinern, und dann ist die Tonne immer gleich so voll.«

Ob sie mich meint? Wir sind auch ganz eifrige Katalogbesteller, und ich bin mir sicher, dass ich nicht immer alles vorschriftsmäßig zerlegt habe.

»Wir suchen mein Wutmonster im Müll«, informiert mein Sohn die Dame.

»Ja, da sind ganz ekelige Monsters in der Tonne. Uaaahhh«, fügt Constanze hinzu.

Die Nachbarin schaut etwas verwundert. »Na, die heutige Elterngeneration macht sich ja wirklich Mühe mit der kreativen Beschäftigung ihrer Kinder, das muss man sagen. Aber wenn Sie schon mal in der Tonne sind, können Sie ja auch gleich die Verpackungen zerreißen, oder?«

Wie bitte? Es gibt wirklich Wichtigeres als Recycling, schließlich bin ich eine »Monuments Woman«. Die Suche gestaltet sich allerdings etwas schwierig. Überall sperrige Pappkartons meiner Nachbarn. Ich muss feststellen, dass die Leute in unserer Siedlung offenbar noch viel größere Katalogenthusiasten sind als ich. Kartons und Kataloge von *Die moderne Hausfrau, Die englische Country Lady* oder *Der Staudengigant* sind nur einige Anbieter, von deren Existenz ich bisher nichts wusste.

Warum habe ich auch nur das offenbar so wichtige Wutmonsterbild weggeschmissen? Ich könnte jetzt wunderbar auf der Couch sitzen und einen Kaffee trinken, stattdessen wühle ich mich durch fremden Müll. Und soll mich dazu noch ehrenamtlich als menschlicher Schredder engagieren?

Nach einer guten Viertelstunde ist der Inhalt der Papiertonne einmal durchgearbeitet und auch »Das Wutmonster« findet sich zum Glück wieder. Zerknüllt, aber durchaus noch restaurierbar. Ich schwinge mich zurück ins Freie, und wir gehen wieder ins Haus, um Sebastians Werk zu retten. Ich habe augenscheinlich ein Talent als Restauratorin, denn nach mehrmaligem vorsichtigem Bügeln des Bildes ist es praktisch einwandfrei wiederhergestellt. Mein Sohn ist besänftigt und pinnt sein Kunstwerk an die Wand über seinem Bett. Uff, das wäre geschafft.

Eine unserer wichtigsten Aufgaben als Eltern ist es, unseren Kindern Vertrauen in die eigenen Fähigkeiten zu vermitteln. Dazu gehört auch, die kreativen Arbeiten unserer Nachkommen zu loben, zu sammeln und auszustellen. Wirklich... alle? Die Geschichte mit dem Wutmonster beflügelt meinen Sohn zu einer weiteren intensiven gestalterischen Phase. Ich würde jetzt nicht so weit gehen und es Kunst nennen, aber was weiß ich schon. Jeden Nachmittag hat er eine Inspiration und hantiert hingebungsvoll mit Knete, Malkasten und Zeichenblock. Mit großem Engagement malt er Linien, Kästchen und andere Muster und verkauft mir Punkt-Punkt-Komma-Strich als Porträtmalerei. Ich bin wirklich unentschlossen, ob ich ihn mit sanfter Kritik zu künstlerischen Höchstleistungen treiben (»Aber eine Hand hat ja nun fünf Finger«) oder ihn für diese Werke per se loben soll (»Also ganz toll, ganz ganz toll… Was soll das denn genau sein?«).

Seit der Wutmonsterepisode in der Mülltonne hat er auch einen sehr guten Überblick über sein gesamtes Oeuvre. Heimliche Entsorgung wird also immer schwieriger.

»Mama, wo ist eigentlich die U-Bahnschranke, die ich gestern gemalt habe?«

»Ähh… U-Bahnschranke… Meinst du das Stück Papier mit den Strichen drauf?«

»Nein, ich suche meine U-BAHNSCHRANKE!!!«

»Mhh… die habe ich… glaube ich… auf den Dachboden geräumt. Wenn wir in drei Monaten die Sommerklamotten herunterholen, bringe ich dir die U-Bahnschranke mit.«

Auch meine Tochter lässt sich von so einer Banausin wie mir überhaupt nichts sagen und hat für sich die absolute künstlerische Freiheit gepachtet. Wenn Constanze malt, vergisst sie die Welt um sich herum. Malen ist bei ihr eine sehr wichtige, ernst zu nehmende Angelegenheit. Sie »arbeitet« dann, und wehe, man würde ihr mal kurz einen schnöden Notizblock oder Kuli reichen. Nein, das Material muss stimmen. Am liebsten malt sie mit den Stiften aus der Federtasche ihres Bruders, was sie aber nur sehr selten darf. Ich bestärke sie natürlich darin, etwas »Wichtiges« zu tun, insbesondere wenn mein Sohn Hausaufgaben macht. Neben Textaufgaben und Einmaleins meldet sie sich gerne zu Wort: »Guck mal, Mama, ein Mensch!«

Ich schaue ihr Bild an. Sie hat einen Kopf, zwei Striche als Haarpracht und einen Strichmund mit einem Zahn gezeichnet.

»Na ja, das ist ja erst mal nur ein Kopf. Jetzt musst du auch zwei Arme malen, Süße.«

»Aber dieser Mensch hat keine Arme.«

»Und dann braucht der Mensch noch einen Körper, zum Beispiel einen Bauch…«

»Dieser Mensch hat keinen Bauch, weil er nichts essen soll.«

»Aber warum denn nicht?«

»Der soll nicht dick werden.«

Ach.

Meine Kinder haben höchstwahrscheinlich sehr recht, sich gegen meine unnötigen Eingriffe in ihre »Kunst« zu wehren. Die Künstler wissen es eben selbst am besten und müssen nicht auf die kleinliche Mama hören, die Menschen mit Armen und Beinen bevorzugt. Mein Mann ist da ganz anders. Benedikt lobt alle Erzeugnisse von Sebastian und Constanze. Krude, aufeinandergehäufte Lehmklumpen aus dem Töpferkurs sind »ein ganz einzigartiges Symbol für Mutter Erde«. Verunglückte Dreiecke und Kreise: »Mein Gott, das ist ja regelrechter Kubismus! Du bist ja ein kleiner Picasso, mein Schatz!« Und dann stehe ich bei solchen Lobgesängen immer daneben wie die zwei Damen, die die Badewanne von Joseph Beuys mal so richtig schön sauber geschrubbt haben. Irgendwie muss ich das »Kuratieren« beziehungsweise »Entsorgen« auslagern. Ich habe eine Idee.

Neulich bekam ich doch so einen tollen Gutschein eines neuen Dienstleistungsunternehmens im Internet geschickt. Auf www.deine-perle24.com kann man sich stundenweise eine Putzkraft mieten, die dann genau das erledigt, wozu man selbst nicht kommt (oder keine Lust drauf hat). Hemden bügeln, Fenster putzen, Tonkunstwerke entsorgen. Na ja, das hoffe ich zumindest. Bereits am übernächsten Tag kann ich meinen Gutschein einlösen, und eine Frau mittleren Alters namens Renate steht vor der Haustür.

»Da bin ich, jetzt wird geschafft.«

So rede ich ja nie mit mir selbst, wenn es wieder heißt, den wöchentlichen Hausputz zu erledigen. Vielleicht sieht es deswegen so unordentlich bei uns aus? Und wieso kommt es mir so vor, als wolle sie mit ihren Worten andeuten, ich solle mitmachen?

»Sie haben einen Gutschein für drei Stunden. Wenn das Haus heute sauber werden soll, müssen Sie wohl oder übel mithelfen. Fangen Sie schon mal an, das Lego vom Kinderzimmerfußboden aufzusammeln.«

Hab ich's doch geahnt, Mist. Aber ich gehorche. Ich bin sozusagen die Vorhut für Renate und bereite jedes Zimmer auf den Perle24-Einsatz vor. Ich räume auf und alles im Turbogang in Schränke und Regale. Frau Renate wirbelt anschließend mit Staubsauger und Wischlappen durch die Zimmer. So gründlich geputzt habe ich noch nie in meinem

Leben. Als ich mich kurz aufs Bett lege, um mich auszuruhen, steht plötzlich die Perle neben mir.

»So wird das nichts, die Finger müssen laufen, junge Frau. Jetzt holen Sie mir mal drei Microfasertücher in den Stärken grob, mittelhart und weich, okay?«

Micro… was? Ich habe offenbar in den letzten Jahren die Entwicklung auf dem Markt der Reinigungshilfen komplett verschlafen. Bei mir gibt es nämlich nur alte Unterhosen und Socken als Putzlappen. Aber auch damit schafft Renate es, unsere Wohnung porentief zu reinigen. Nach zweieinhalb Stunden sind wir im Zimmer meines Sohnes angelangt. Diskret packe ich mehrere seiner Tonhaufen in eine alte Edeka-Tüte. Der grasgrüne Weihnachtsengel mit dem abgebrochenen Flügel, die lila Schlange auf dem Berg und ein Klumpen mit Kugeln und kleinen Würstchen drauf. Da klingelt es. Sebastian ist gerade aus der Schule nach Hause gekommen und steht nun verwundert im Flur. »Wie sieht es denn hier aus?«

»Das ist Sauberkeit und Ordnung, junger Mann«, kommt mir Renate zuvor. Nun, sie hat recht. So sieht es normalerweise nicht bei uns aus.

»Hoffentlich habt ihr nicht mein Zimmer aufgeräumt, das soll so bleiben, wie es ist«, merkt Sebastian besorgt an. Er läuft ins erste Stockwerk, um nachzusehen, was wir in unserem Putzwahn alles zerstört haben könnten. Offenbar kennt er mich gut, denn er schaut zuallererst in seinem Regal nach, ob die Erzeugnisse aus dem Töpferkurs noch da sind. Plötzlich ein wütender Schrei.

»Wo ist das Getöpferte? Mamaaaaaa? Hast du das weggeworfen?«

Mistmistmist. Warum muss er auch gerade jetzt heimkommen? So kurz vor dem Ziel! Wo ist die Edeka-Tüte? Ich spurte die Treppe hoch und sehe meinen Sohn, wie er gerade die Tüte öffnet. Ertappt! Schon wieder!

»Mama, wie kannst du nur, sogar die Igelhöhle hast du weggeworfen!«

Was, die Igelhöhle? Meint er jetzt den Klumpen mit den Kugeln und Würstchen drauf? Perle Renate, vom Lärm aufgeschreckt, läuft, bei der Gelegenheit gleich das Treppengeländer abwischend, zu uns hoch.

»Was ist denn hier los, da kann ja keiner in Ruhe abstauben!«

Ich schaue sie an und finde meinen Buhmann. Es macht mich nicht stolz. Aber eine Denunziation ist gerade so einfach. Renate, die sich nur aufgrund eines gewonnenen Gutscheins in unserem Haus betätigt, werde ich ja höchstwahrscheinlich nie wieder in meinem Leben sehen.

»Sie war's.« Ich zeige auf die Perle. »Diese Frau … also, Frau Renate, die mir heute freundlicherweise beim Saubermachen hilft, hat wohl gedacht, die Tonsachen könnten weg, Sebastian. Einige davon sind ja auch schon gesprungen …«

Die Augen meines Sohnes verengen sich bedrohlich, während er die Putzkraft fixiert.

»Machen Sie das nie wieder, das ist meine Kunst«, sagt er wütend und knallt die Tür zu. »Außerdem bin ich ein kleiner Inkasso, sagt Papa!«, ruft er uns durch die Tür zu.

So sind sie, die Künstler. Alle denken, sie wären Picasso, und immer sind sie so emotional.

Ich wende mich der 24-Stunden-Perle zu. »Es tut mir wirklich leid, aber ich konnte es einfach nicht übers Herz bringen.«

»Geht klar, ich kenne das schon. Immer auf die kleinen Leute. Ja, ja. Sie können jetzt mal das Altglas zum Müll bringen, sonst komme ich im Flur ja gar nicht mit meinem Mopp durch.«

Peinlich berührt senke ich den Kopf und tue, was mir aufgetragen wurde. Auf dem Müllplatz kenne ich mich ja mittlerweile ganz gut aus.

Der von mir noch zu entsorgende Abfall ist mittlerweile auch Bestandteil der kreativen Masse meiner Kinder geworden. Constanze hat sich zu einer regelrechten Installationskünstlerin entwickelt. Ihr Kinderzimmer mit all dem schönen Spielzeug darin ist vergessen, denn unser Haus ist ihre persönliche Ausstellungsfläche geworden. »Installationen« sind dabei ihre Spezialität. Tupperdosen, Streichhölzer, Plastikflaschen. Im Grunde beschäftigt sie sich ununterbrochen mit dem Um- und Ausräumen der Küche und des Wohnzimmers.

»Schatzi, wo sind denn meine Tupperdosen? Ich will die Suppe einfrieren.«

»Aber die brauche ich, Mama. Ich arbeite, das ist wüschtüsch.«

Ein Blick ins Wohnzimmer genügt. Meine Tochter hat mindestens zehn Plastikdosen und die dazugehörigen Deckel kunstvoll in einem Haufen arrangiert und wirft in einem Anflug von freigesetzter Kreativität eine Großpackung Streichhölzer darüber.

»Aber was ist das denn? Was soll die Unordnung?«

»Das sind Nudeln, und ich mache gerade Käse drüber. Ist lecka.«

Ich frage mich zum tausendsten Mal, warum sich mir

moderne Kunst nicht erschließt. Bin ich vielleicht doch eher so der Typ für Röhrenden Hirsch und Obststillleben? Es hat auch überhaupt keinen Sinn, der Künstlerin mit so profanen Dingen wie »Ordnung« zu kommen oder einfach nur zu fragen, warum sie etwas gemacht hat. Bei Jackson Pollock zu Hause sah es ja wahrscheinlich auch nicht aus wie geleckt.

Warum Constanze also die alten Batterien in das Osterkörbchen gelegt und die Strohhalme (circa 150) darüber ausgekippt hat? »Die Ziegen haben Hunger!«

Die Erklärung für zwanzig Leergutflaschen, nebst Kochlöffeln, auf denen Schnuller liegen und die alle sorgfältig mit Feuchttüchern zugedeckt wurden? »Babys, die schlafen!«

Oder ihre ganz persönliche Interpretation der *Venus in Lumpen*, wann immer mehrere Körbe Wäsche zum Zusammenlegen auf mich warten: Liebend gerne verstreut sie die frische Wäsche kunstvoll auf dem nicht ganz so frischen Küchenfußboden und drapiert sich selbst mitten drauf. Ich muss mich eben immer wieder daran erinnern, dass unser Haus eine Kunsthalle ist.

Seit meine Tochter Christo, Pistoletto und Konsorten Konkurrenz macht, suche ich auch ständig etwas.

»Constanze, hast du die Teelichter weggeräumt?«

»Die kleinen Käfers schwimmen im Klo!«

Als ich Constanze kürzlich im Kindergarten abholte, zeigten mir ihre Erzieherinnen ihre »Werke«, und ein Blick darauf hat mich für immer bekehrt. Raketen aus Klorollen und Kronen aus Eierkartons. Kunst aus Alltagsgegenständen und Müll ist eben keine Erfindung von bildenden Künstlern, sondern von dreijährigen Kindern. Von sehr talentierten Kindern, wohlgemerkt. Documenta, wir kommen! Ordnung ist echt was für Spießer.

Trotzdem ist es manchmal einfach praktisch, die Kunst nach außen zu verlagern. Die Natur bietet sich ja auch an, bearbeitet zu werden. Auf dem Spielplatz lassen sich sehr gute Materialien finden, die außerdem dann nicht von Mama aufgeräumt werden müssen. Wenn man doch mal gerade wieder spießig ist. Vor Kurzem saß ich mit Constanze auf dem Spielplatz, der an diesem Tag geöffnet hatte. Neben mir die *Gala*, darin verborgen, genau, eine Tüte Gummibärchen.

Schon eine ganze Zeit buddelt meine Tochter in der Sandkiste und baut einen stattlichen Hügel. Oh, guck mal, wie der Schweden-Gustav wieder so schlecht gelaunt schaut… Oh, und die Mary hat ein neues Paar Louboutins… muss ich gleich mal googeln, wie teuer die sind… Da flötet mir plötzlich eine bekannte Stimme entgegen:

»Ach hallo! Bist du wieder bei den Gummibärchen und der *Gala*? Du kannst mir auch mal eins abgeben, ich brauch nämlich eine Stärkung.« Oh nein, Andrea, die Mama des Mathewunderkindes Johann aus Kapitel 6! Sie schwingt ein Bein in kessen Laufleggings neben mir auf die Bank und beginnt sich zu dehnen.

»Ich laufe ja jetzt immer mit dem Stefan, der ist ein gaaanz toller Coach. Mein BMI ist der Hammer! Machst du jetzt eigentlich auch irgendwas Aktives?«

Ah ja, ich erinnere mich. Die Dame, die mit knapp 40 noch nicht laufen konnte und dringend Hilfe von meinem durchtrainierten Nachbarn brauchte. Auf den Schreck angele ich mir erst mal ganz aktiv eine Handvoll Gummibärchen aus der Tüte. Meine Tochter kommt zu uns und zeigt stolz auf ihren Sandhügel. »Mama, schau mal, wie toll!«

»Oh super, mein Schatz... Was ist das denn?«, frage ich sie, erleichtert, nicht auf die Frage der unerträglichen Sportskanone antworten zu müssen.

»Das ist eine Maushöhle!« Meine Tochter verdreht die Augen, als ob ich ein bisschen langsam im Kopf wäre. »Kann ich ein Bumbibärchen, ja?«

»Ach, die Kinder machen sich ja immer sooo dreckig auf dem Spielplatz«, tönt die nun gedehnte Johann-Mama.

Halt, das ist meine Chance! Innerlich höre ich die Mundharmonika aus *Spiel mir das Lied vom Tod*. Der Showdown ist gekommen! Mein Kind ist *doch* superererer, und das werde ich dir jetzt beweisen!

»Du, ich mache ja mit meiner Tochter diesen tollen Kunstkurs für Kinder. Gerade nehmen sie ›Land Art‹ durch. Da hat meine Tochter ein ganz besonderes Talent!«

Andrea schaut mich interessiert an. »Ach was, wo kann man denn sein Kind anmelden? So'n bisschen was Kreatives fehlt dem Johann noch.«

»Ist leider ganz schwer. Da kommt man nur nach bestandener Aufnahmeprüfung hin.«

»Och.«

Mit dem Vorwand, wir müssten nun noch mal den Andy-Goldsworthy-Bildband durcharbeiten, schnappe ich mir mein begabtes Kind und verschwinde schleunigst vom Spielplatz.

Der andere Künstler der Familie, Sebastian, hat sich erfreulicherweise weg von der Keramikkunst hin zur Kalligrafie gewandt. Ich finde das sehr praktisch, da man Papier und

Stift immer dabeihat und sich nicht mit den hartnäckigen Lehmflecken auf den Kleidern herumquälen muss. In seiner »Schriftkunst« setzt sich mein Sohn mit seiner Familie auseinander. Er hat hier offenbar zunächst eine Sturm-und-Drang-Phase durchlaufen, denn Bilder wie »Mir reichtz. Ich vill nicht ins Bett« oder »Meine Schwesta nerft. Foll« sind eindrucksvolle Zeugnisse einer kreativen Bewältigung kindlicher Familiendramen.

Die Kunstwerke meines Sohnes aus seiner Schaffensphase »Briefe an die Mutter« habe ich allesamt aufgehoben, gerahmt und in unserem Hausflur ausgestellt. Endlich kann auch der unerfahrene Kunstbetrachter darauf etwas erkennen, nämlich: die Wahrheit! Herausragend an diesen Bildern ist der Gebrauch von realitätsnahem Text: »Mama, du bist toll. Du bist sehr nett. Danke, dass du mir hilfst. Danke, dass du mich so gut erziehst.« Weiterhin darauf zu entdecken sind zwei Strichmännchen, die sich ähneln. Das weibliche von ihnen hat sehr lange Wimpern, sehr lange Beine (die unter den Achseln anfangen), Haare bis zum Po und einen grünen Bauch. Bis auf letzteres Detail natürlich absolut naturgetreu! Ich denke, es liegt auf der Hand, was uns der Künstler damit sagen will. Die Mutter ist zentraler Bezugspunkt in seinem Leben und wird es auch immer bleiben. Er bringt seine große Liebe für sie zum Ausdruck. Außerdem wird deutlich, dass diese Mutter die weltbeste aller Mütter und, wenn man Strichmännchen-Maßstäbe anlegt, ein totales Mega-Babe ist.

Dann ist auch noch mein Lieblingskunstwerk meines Sohnes zu nennen, welches sicherlich in zehn Jahren bei Sotheby's höchstbietend versteigert wird. Zwar recht reduziert, aber mit klarer, starker Aussage. Der Künstler kommt hier mit wenigen Mitteln aus. In der Mitte ist ein Darth-Vader-Aufkleber prominent positioniert. Rechts und links davon ergeben Glitzerbuchstaben in Neongrün und Neonlila zwei eindrückliche Sätze: »Mama, vühr dich. Du bist supa.«

Wer braucht da denn noch einen echten Inkasso – pardon – Picasso?

17

»Wir können wegen des Schnupfens gerne den Notarzt rufen, aber dann musst du auch drei Liter Salbeitee trinken.«

Wie man den Alltag mit hypochondrischen Kindern meistert.

Unsere Kinder regieren uns mit ihren Wehwehchen. Sie entwickeln schon als Babys ausgeklügelte Strategien, wie sie sofort unsere Aufmerksamkeit gewinnen können. Wenn mein Sohn oder meine Tochter als Baby weinte, bin ich – wie alle anderen Eltern sicherlich auch – sofort aufgesprungen und habe von »Anti-Pups-Massage« über Kümmelsalbe und leider völlig wirkungsfreiem Kolikmedikament hektisch alles ausprobiert, um die Schmerzen zu lindern. Das »Aua« von Klein-Sebastian war dann aber oft einfach Langeweile, und was Klein-Constanze so drückte, war keine Blähung, sondern einfach Müdigkeit.

Dass ich auf das kleinste Zeichen meiner Kinder reagiere, ist auch heute noch so. Wenn meine Tochter in ihrem drei Kilometer entfernten Kindergarten jammert, höre ich das. Tatsache! Entweder ich habe den Beschützerinstinkt einer Steinzeitmama. Oder meine Kinder haben mich nur einfach sehr gut erzogen. Sie wissen nämlich genau, was für ein fürchterlicher Angsthase ich bin und wie ich mitleide, wenn es ihnen nicht gut geht. Sobald eines meiner Kinder »Aua« sagt, lasse ich alles stehen und liegen und bin sofort mit einer Auswahl an mehr oder minder wirksamen Heilmethoden zur Stelle.

Meine Kinder genießen die Aufmerksamkeit natürlich in vollen Zügen. Es ist so schön, wenn Mama sofort pariert. »Mama, kannst du mal bitte kommen« – Aufforderungen dieses Kalibers gibt es bei uns zu Hause nicht. »Auaaaaa! Oh Gooooottt! Mein Beeiiiiin«, ist doch eine wesentlich effektivere Ansprache, weil viel dramatischer. Das Problem ist aber, dass die Kinder mittlerweile selbst an ihr übertriebenes Schmerzempfinden glauben. Jede Unpässlichkeit ist gleich ein Weltuntergang, und warum eigentlich nicht noch ein paar Krankheiten hinzuerfinden? Ich fürchte, ich habe mir zwei veritable Hypochonder herangezogen, die mich als ihre persönliche Krankenschwester fest im Griff haben.

Mein Sohn ist besonders begabt in der Rolle als *Der eingebildete Kranke*. Bei gemeinsamen Mahlzeiten, die ihm zu lange dauern, bekommt er oftmals eine schlimme Magenverstimmung. Sebastian wird dann plötzlich still und setzt einen wehleidigen Zug um den Mund auf. Manchmal zittert auch seine Unterlippe bedrohlich. Die Stimme versagt ihm fast: »Mama, ich habe Bauchweh.«

Meistens falle ich darauf rein. »Schatz, dann leg dich doch gleich mal aufs Sofa, soll ich dir ein Kirschkernkissen warm machen?«

»Ich weiß nicht, ob das hilft.« Großer Seufzer, bei dem sich seine Augen vor unermesslicher Erschöpfung langsam schließen.

Ich schaue meinen Mann an, der seelenruhig weiterisst.

»Was hat das Kind bloß?«, frage ich ihn besorgt. »Gerade geht wieder Magen-Darm in der Schule rum... Ob er sich angesteckt hat?«

»Gar nichts hat er, außer vielleicht eine akute Form von galoppierender Gummibärchensucht. Schau doch mal im Süßigkeitenschrank nach. Die Haribo-Tüte ist leer.«

Ich gehe zu meinem Sohn, der sich einen Arm über das Gesicht gelegt hat und leise vor sich hin wimmert. »Hast du vor dem Essen alle Gummibärchen verputzt, Sebastian?«

Der Patient nimmt nun beide Arme vor das Gesicht, und es schüttelt ihn. Ich erschrecke. Hat das vielleicht doch nichts mit dem Süßkram zu tun? Hat er Schmerzen, und sind sie so schlimm? Muss er sich übergeben? Soll ich schnell den Putzeimer holen? Da höre ich ihn leise giggeln.

»Sebastian...?«

»Mama, kann ich was Kleines auf YouTube gucken? Mir ist irgendwie so langweilig, und Gemüseauflauf mag ich auch nicht.«

Augenaufschlag, heftiges Wimpernklimpern. Breites Grinsen. Das ist zwar mein Sohn, aber ganz so gut lügen wie ich kann er dann doch noch nicht.

»Ausnahmsweise. Aber das nächste Mal nur maximal vier Gummibärchen essen. Mehr vertragen Kinder auch nicht. Ich helfe dir dann gerne beim Aufessen. Weißt du, Erwachsene können einfach mehr vertragen.«

Mein Sohn nickt und stimmt zu. Er möchte sich nun dringend zum 500. Mal die entscheidende Phase des WM-Endspiels auf meinem Handy reinziehen und verspricht sogar, in Zukunft seine Gummibärchen mit mir zu teilen.

Um den Gemüseauflauf wirklich nicht essen zu müssen, wird beim YouTube-Schauen noch vorsorglich ein paar Mal geseufzt und die Hand auf dem Bauch gehalten (komischerweise gelingt das »Marioooo-Göööötze-Jubeln« aber trotzdem ganz hervorragend). Auch später, als er das kleine Einmaleins üben soll, ist das Unwohlsein noch nicht ganz verschwunden. Ob er nun wirklich etwas hat? Ich weiß es nicht. Es sieht immer so echt aus bei ihm.

Die Voraussetzung für eine erfolgreiche Karriere als Hypochonder scheint zu sein, dass man die eingebildeten Krankheiten nicht nur trefflich vortäuschen kann, sondern vor allem auch selbst daran glaubt. Dabei hilft es auch gar nichts, den maladen Menschen mit der Wahrheit zu konfrontieren. Appelle wie »Es ist doch nicht so schlimm«, »Das ist doch nur ein kleiner Kratzer« oder gar »Stell dich mal nicht so an« sind alle komplett kontraproduktiv.

Auch Drohungen wie »Dann fahren wir jetzt ins Krankenhaus« können nach hinten losgehen. Denn die Aufnahme in einem Krankenhaus ist ja die Existenzberechtigung für den eingebildeten Kranken. So geschehen, als mein Sohn einmal in der Notaufnahme unseres örtlichen Krankenhauses landete. Sebastian war damals drei Jahre alt und musste seinen ersten großen Schnupfen erleiden.

»Mama, ich habe ganz viel Aua an der Nase, das ist ganz schlimm.« Keine Tropfen, kein Dampfbad halfen. Er litt und litt. Vielleicht war ja doch etwas Ernsteres die Ursache? Man kann ja nie wissen. Natürlich war es ein Sonntag, und unser Kinderarzt hatte keine Sprechstunde.

Ich zog meinem Kind also die Jacke an und erklärte ihm: »Wir fahren jetzt ins Krankenhaus, da sind ganz liebe Menschen, die dir mal in die Nase schauen, damit es bald wieder besser ist.«

Dort angekommen sahen wir ein Mädchen, das sich vor

Schmerzen den Bauch hielt, und einen kleinen Jungen mit sehr hohem Fieber. Die Eltern versuchten, ihre Kinder zu beruhigen. Ich kam mir etwas schäbig vor, und das Ganze ist mir heute noch entsetzlich peinlich. Ich hoffte damals fast, dass der Arzt wirklich etwas feststellen würde. Quasi als Legitimation für unsere Anwesenheit. Gleichzeitig wollte ich natürlich nicht, dass Sebastian eine ernste Krankheit hat.

Mein Sohn saß zufrieden in der Spielecke und schien seine schlimme Nase vergessen zu haben. Es ist nicht einfach, Eltern von hypochondrisch veranlagten Kindern zu sein. Soll man sie nun mit Durchhalteparolen zur Tapferkeit anspornen oder doch lieber »mitleiden«? Und was ist, wenn wirklich etwas nicht stimmt? Zum Glück mussten wir nicht lange warten, und ich konnte den müßigen Gedanken weit von mir schieben, ob wir gerade die Vorzüge unseres Gesundheitssystems ausnutzten.

Eine junge Ärztin rief uns auf, mein Sohn strahlte sofort bei ihrem Anblick. »Mama, die Frau hat ja gelbe Haare«, flüsterte er mir zu.

»Die Haarfarbe heißt blond, Sebastian. Sie ist aber bestimmt nett und hilft dir mit dem Schnupfen.«

»Pikst du mich jetzt?«, wollte mein Sohn sofort wissen, nachdem ich ihn auf die Liege im Behandlungszimmer gesetzt hatte. Weiße Kittel assoziierte er automatisch mit Spritzen.

Die Ärztin lächelte ihn an. »Was hast du denn, mein Kleiner? Erzähl doch mal.«

»Zue Nase, gaaanz schlimm. Ich kriege keine Luft, und die Popels kommen nicht raus.« Er seufzte dankbar. Endlich ein Mensch, der ihn ernst nahm. Damals lernte ich: Es ist gut, einer hypochondrisch veranlagten Person den Rücken zu stärken. Für zu Hause muss ich mir eindeutig eine bessere Strategie zurechtlegen. Öfters mal »Du Armer« sagen oder »Das muss ja schlimm sein«, zum Beispiel.

Die Ärztin hörte ihn ab und schaute ihm in Nase und Ohren. Dabei fiel ihr immer wieder eine blonde Strähne in die Stirn, die sie sich aus dem Gesicht pustete.

Mein Sohn blickte sie beseelt an. »Darf ich auch mal pusten?« Er verliebte sich gerade ein bisschen in die nette Medizinerin.

»Du darfst jetzt ganz feste pusten, und dann merkst du auch gar nicht, wenn ich dich kurz pikse.«

Die Ärztin hatte die Kanülen zur Blutabnahme schon vorbereitet und setzte die Nadel an. Oh Gott, Nadeln. Ich kann doch keine Spritzen sehen. Mein armes Baby, mein armes, krankes Kind, dachte ich.

»Guck mal, deiner Mama geht es nicht so gut, gib ihr mal den Teddy hier.«

Sebastian drückte mir einen als Arzt verkleideten Teddy in die Hand und nickte mir aufmunternd zu. Während er eine Sekunde später die blonde Ärztin kräftig anpustete, nahm sie ihm geschwind Blut ab, und ich quetschte den Arztteddy fast bis zur Besinnungslosigkeit.

Geschafft. Während wir auf das Ergebnis des Bluttests warteten, schmiedete mein Sohn neue berufliche Pläne. Arzt sei vielleicht doch ein besserer Beruf als Müllmann, denn »da kann man wenigstens jeden Tag mit Kranken zusammen sein«. Und außerdem: »Die Frau mit den gelben Haaren wäre dann immer bei mir.«

Das Ergebnis des Bluttests war zum Glück unauffällig. Der Sohn hatte einen Schnupfen, nicht mehr und nicht weniger. Und dafür hatten wir nun die Notaufnahme eines Krankenhauses bemüht. Die Ärztin schien das jedoch nicht weiter zu stören.

»Du musst jetzt aber ganz viel Salbeitee trinken, damit alles aus der Nase rauskommt«, riet sie meinem Sohn beim Verabschieden.

»Und dann muss ich nie wieder ins Krankenhaus kommen?« Sebastian klang fast enttäuscht.

»Nein, wenn du immer gut deinen Tee trinkst, musst du erst mal nicht mehr kommen.«

Auf dem Nachhauseweg befand der kleine Patient, dass er doch keinen Salbeitee möchte, sondern lieber pusten und piksen mit der netten Ärztin im Krankenhaus.

Vom Schnupfen war mein Sohn glücklicherweise ein paar Tage später geheilt. Von der Hypochondrie leider nicht.

Meine Tochter steht ihrem Bruder übrigens in nichts nach. Immer wenn Sebastian gerade »Aua« hat und dementsprechend Aufmerksamkeit bekommt, entwickeln sich ihre außergewöhnlichen hypochondrischen Talente.

»Ich habe ein Aua an meinem Finger von dem Holz, wo ich darübergereibt habe.«

(Sie spielt gerade Holzeisenbahn.)

»Aua, meine Backe, die ist sooo rot und heißßßß.«

(Constanze hat auf der rechten Seite geschlafen und ist jetzt aufgewacht.)

Ich habe aber ja bereits gelernt, dass man mit Realismus bei meinen Kindern nicht weiterkommt. Und die Episode aus dem Krankenhaus damals hat mich einiges gelehrt. Placebo erleichtert das Leben ungemein. Wir pusten zwar nicht bei uns zu Hause, aber im Laufe der letzten Jahre habe ich andere, ebenfalls sehr wirksame Heilmittel gefunden.

Als meine Tochter kürzlich zu lange auf dem Steinboden kniete und bestürzt zu mir lief, »weil mein Bein ist sooo kalt, aua aua!«, hatte ich die perfekte Medizin parat.

Ein Griff in Mamas Handtasche förderte unser Heilmittel für diese wirklich ernst zu nehmenden Beschwerden hervor. Und zwar die »Wundercreme«, die eigentlich ein »Liposomen-Hand-Fluid mit Ceramid-Komplex für die Haut ab 40« ist. Unser Allheilmittel-Tonikum wird seitdem als hochwirksames Placebomedikament im Wechsel mit Motivpflastern eingesetzt.

Pflaster scheinen ja interessanterweise eine große Wirkung gegen jegliches Wehwehchen zu haben, so dass ich fast versucht bin, sie auch mal gegen mein kleines Stirnfaltenproblem einzusetzen. Allerdings darf es bei den Kids nicht irgendein banales Blümchenmotiv sein. Auch die herkömmlichen und langweiligen hellbraunen Pflaster bringen leider rein gar nichts.

Als ich meinem Sohn vor Kurzem einen Verband aus Prinzessin-Lillifee-Pflastern anlegen wollte, um seinen eingerissenen Nagel zu behandeln, lehnt er dankend ab: »Nein, die Lillifee-Pflaster helfen bei mir nicht, weißt du das nicht, Mama?«

Ich als Privatschwester bin nachmittags aber noch im Drogeriemarkt gewesen, um unseren Bestand an Motivpflastern aufzufüllen. Ich ziehe also stolz eine Packung mit *Capt'n-Sharky*-Pflastern hervor.

Wieder nichts. »Das ist doch Kindergarten, Mama, ich brauche *Star Wars*.«

Natürlich! Welch grober Fehler. Warum bin ich da nicht von selbst draufgekommen? Ich fühle mich wie eine ahnungslose Studentin der Medizin im ersten Semester. Jeder Patient reagiert eben anders auf Medikamente, das ist doch nun wirklich kein Geheimnis! Auch helfen zum Beispiel gelbe *Hello-Kitty*-Pflaster nicht so gut wie rosafarbene. Die gelben bringen nur dann was, wenn die Puppe Kopfweh hat. Manchmal glaube ich wirklich, ich benötige für die richtige Auswahl an Pflastern noch eine fachärztliche Ausbildung.

Ein gemeinsamer Urlaub ist auch so eine Sache. Denn der ist neben Planschen und im Sand buddeln für meine Kinder auch immer eine interessante Erfahrung. Ich spreche hier nicht von Museen und Kirchen, die einem Einblicke in andere Kulturen geben können, sondern von Apotheken und Arztpraxen. In unserem letzten Mallorca-Urlaub haben wir neben Paella und dem hingebungsvollen Bauen von Strandburgen nämlich auch das spanische – Pardon, deutsche – Gesundheitssystem der Insel sehr gut kennengelernt.

Nach unserem Südtirol-Urlaub, wo es ja auch schon Sprachverwirrungen in der Kinderbetreuung gab, wollen meine Kinder es dieses Mal schon gar nicht mehr mit spanischen Altersgenossen probieren, weil die ja auch »Ausländisch« reden. Sebastian und Constanze sind also auf sich alleine gestellt und spielen hauptsächlich »wir streiten uns«. Bis sie ein neues Spiel erfinden: »krank sein«. Nun herrscht geschwisterliche Harmonie, und wir alle können unseren Urlaub genießen.

Das Spiel geht so: Wechselweise ist eines der Kinder furchtbar schlimm dran, liegt darnieder und wird vom anderen Kind medizinisch versorgt. Diese Beschäftigung eignet sich hervorragend für einen langen Tag am Strand. Alles, was man braucht, ist eine Strandliege – und die sollten wir als Deutsche ja eigentlich problemlos an der Hand haben. Und dann heißt es kreativ sein. Die Brille zum Schnorcheln dient meinem Sohn beispielsweise als »chirurgische Kopfleuchte«, der benutzte Strohhalm wird als HNO-Endoskop benutzt: »Jetzt gucke ich dir in die Nase... ihhhgitt!«

»Kinder, ihr seid aber vorsichtig, ja?«

Nachdem Patientin Constanze nach Gabe einer halben Dose »Fanta Limón« wieder genesen und zum Glück die Nase noch dran ist, beginnt die Sprechstunde für Sebastian. Kardiologin Constanze möchte nun wohl eine Herzschwäche bei ihrem Bruder ausschließen, denn ihm wird ein »EKG« aus Muscheln angelegt. Meine Tochter nimmt jede Muschel von Sebastians Brust sorgfältig in ihre Hände und horcht daran. Wohl doch eher eine zukünftige Naturheilerin, meine Tochter. Während mein Mann ein bisschen schnorchelt und ich die *Mallorca-Zeitung* lese, spielen meine Kinder fröhlich weiter. Constanze legt Sebastian Wadenwickel aus Seetang an, während er mit mir die Zeitung durchsieht. »Mama, warum ist die Zeitung denn eigentlich auf Deutsch?«

Ich erkläre ihm, dass die Baleareninsel als das 17. Bundesland bezeichnet wird, da die Deutschen hier am liebsten Urlaub machen und im Laufe der Jahre erfolgreich Bettenburgen und Restaurants namens »Renates Gulaschtöpfchen« und »Heidis Schnitzelpfanne« eingeschleppt haben. Unsere nationale Fixierung auf Fragen der Gesundheit haben die

Einwanderer gleich mitgebracht. Auf einer Anzeige lächeln uns auf Seite 12 gerade zwei seriös ausschauende grau melierte Herren entgegen. »Praxisgemeinschaft Schmidtbauer/ Dagge – Ihre freundlichen Fachärzte für Proktologie. Nur fünf Minuten vom Strand entfernt.« Der deutsche Durchschnittspatient möchte offenbar nichts dem Zufall überlassen, gar einen spanischen Arzt konsultieren oder etwa seine Strandliege aufgeben, nur weil er darmtechnisch mal schnell etwas abklären will.

»Mama, was ist Prok...to...logie?«

»Das ist für Leute, die Probleme mit dem Po haben.«

»Ich hab auuuch Aua am Po«, sagt Constanze, die Sebastians Beine nun komplett mit Algen bedeckt hat. »Ich brauche Meduzin, Fanta Limón und Chips«, diagnostiziert sie ihr Leiden kurzerhand selbst.

Das Interesse meines Sohnes ist geweckt. Mallorca bietet offenbar sehr viel für echte und eingebildete Kranke. Er deutet auf eine andere Anzeige. »Guck mal, Mama, der Arzt sieht aber nett aus.« Zahnarztpraxis Dr. Heilmann. »Können wir da mal hingehen? Morgen soll es doch regnen!«

Eigentlich gar keine so schlechte Idee. Ich wäre ja auch froh, wenn wir nicht zu so einem überteuerten Indoor-Spielplatz müssen. Ein Familienurlaub ist ja irgendwie auch nicht komplett, wenn man nicht wenigstens ein Mal gemeinsam beim Arzt war. Aber wenn ich mir so meine Tochter anschaue, wie sie eifrig »Medizin« zu sich nimmt, landen wir morgen eher beim Gastroenterologen als beim Zahnarzt.

»Na ja, aber dir geht es doch gut. Vielleicht spielen wir dann einfach auf dem Zimmer Krankenhaus oder so?«

»Aber mein Zahn wackelt, und der tut ganz doll weh.« Tatsächlich, Sebastians Vorderzahn schwankt auf dem

Zahnfleisch wie eine Alge am umspülten Felsen. Er sieht auch irgendwie blass aus. Vielleicht hat er ja wirklich Schmerzen?

»Den ziehen wir dann einfach mit einem Faden raus, den wir an die Tür binden, so wie bei Michel aus Lönneberga«, bemerkt Benedikt ganz pragmatisch.

Am nächsten Tag ist der mallorquinische Himmel tatsächlich grau, und es regnet. Ich überlege kurz, ob ich heute nicht »wetterfühlig« sein könnte, um in Ruhe meinen historischen Roman zu Ende zu lesen, aber dann wäre mein Mann ja alleine mit den beiden Schwerkranken. Das kann ich ihm nicht antun – wir stehen das gemeinsam durch. So wie ich das sehe, haben wir zwei Optionen: ein überfüllter, überteuerter Indoor-Spielplatz oder »Sightseeing in der Zahnarztpraxis«. Wir entscheiden uns für die zweite Variante und fahren nach Port d'Alcúdia, einem Badeort, der neben einem großen Strand und vielen Luftmatratzengeschäften auch eine deutsche Kinderzahnarztpraxis zu seinen Attraktionen zählt.

Direkt am Ortseingang und im gesamten Ort weisen rote Neonpfeile auf die Praxis hin. »Deutscher Arzt bitte nach rechts«, »Zahnarzt (aléman) zehn Minuten Entfernung«. Der von Zahnschmerzen geplagte deutsche Tourist wird hier offenbar schnell und effizient zur Behandlung geleitet. Mein Sohn ist überglücklich, als wir endlich im Wartezimmer ankommen. Ich regele die Formulare mit der Sprechstundenhilfe Rita, die mit ihrem Mann Dr. Heilmann vor fünfzehn Jahren aus Köln eingewandert ist. Da wir die einzigen Patienten sind, kommen wir gleich dran. Ein gut gebräunter Mittfünfziger in rosa Poloshirt und blau getönter Brille erwartet uns.

»Na, wat machen denn die Zäng von dem Dubbeditzje hier?«

Mein Sohn schaut mich an und fragt leise: »Spricht der Mann Spanisch?« Es ist aber auch wirklich ein Graus, dass die Menschen in jedem Urlaub Ausländisch sprechen müssen. Sogar auf Mallorca.

»Sag ihm mal, wo du Aua hast.« Mein Sohn erklärt weitschweifig seine Beschwerden im Bereich des rechten wackelnden Vorderzahnes.

Dr. Heilmann lächelt freundlich und nickt. »Schön schwaade kannst du ja, junger Mann. Mach mal janz weit den Mund auf und sach Ahhhh!« Er untersucht Sebastians Zähne gründlich. »Kannze wieder zumachen, datt Mäulschen, und mal schön spülen.«

Mein Sohn greift bedächtig nach dem Plastikbecher mit dem Wasser und gurgelt wie ein Weltmeister.

Dr. Heilmann nimmt uns kurz zur Seite. »De Pänz essen ze vil Zucker hier auf der Insel. Da jitt es janz schnell Karies op de Zäng. Lieber Wässcherschen trinken als noch 'ne Zitronenlimo.«

Wie zu erwarten war, sind wir innerhalb von drei Minuten fertig. Außerdem bekommen wir noch eine zahnhygienische Aufklärung auf Kölsch und die Auswandergeschichte des Ehepaares Heilmann im Schnelldurchlauf (»Watt brauch ich Möckepess am Rhing, wenn ich Sunnesching op Mallorze haben kann. Dat jefällt mir hier.«).

Mein Sohn ist beruhigt. Den Rest des regnerischen Tages verbringt er mit den empfohlenen »Spül- und Gurgelanwendungen« im Bad, und abends beim Essen finden wir den Vorderzahn schließlich in einem Tintenfischring wieder.

Hypochondrie ist eine ernst zu nehmende Krankheit, die allerdings mit regelmäßigen Placeboanwendungen bei freundlichen Ärzten und dem einen oder anderen *Hello-Kitty-* und *Star-Wars*-Pflaster in Schach gehalten werden kann.

Bei Risiken und Nebenwirkungen fragen Sie bitte meinen Sohn oder meine Tochter.

18

»Mama, warum ist die Frau Müller denn eine Hexe?«

Wie man vor dem Kind respektvoll über
seine Mitmenschen spricht.

Die Grundschule unserer Wahl befindet sich in einem bürgerlichen Bezirk Berlins. Alte Bäume, herrschaftliche Villen und viele Automarken aus dem Süden Deutschlands. Ärzte, Anwälte, leitende Angestellte und auch normale Leute wohnen hier. Leute wie wir. Und dann gibt es da noch Frau Müller. Ihr nicht zu übersehendes Anwesen grenzt direkt an die Pestalozzi-Schule, die Grundschule unseres Sohnes Sebastian. Frau Müllers Haus ist ein lachsfarbener Neubau im südländischen Landhausstil. Mehrere griechische Säulen zieren die Fassade, und das überdimensionierte Gartenhäuschen erinnert an eine mallorquinische Finca. Man könnte das Ganze also als mediterranes Gesamtkunstwerk bezeichnen. Über dem Eingang prangt in goldenen Lettern der Schriftzug »Villa Müller«, damit es auch keinen Zweifel gibt, wo sich die Hausbesitzerin statusmäßig selbst verortet.

Frau Müller hat einen Obst-Großhandel in Berlin-Reinickendorf.

»Ick mache in Kürschen«, sagt Frau Müller, wenn man sie nach ihrem Beruf fragt. Mittlerweile läuft das Obst-Imperium so gut, dass sich die Chefin ins Private zurückziehen konnte und nur ab und zu bei den Birnen, Äpfeln und Kirschen nach dem Rechten sieht. Nun lebt also Frau Müller

seit fünf Jahren in ihrem großen Haus neben der Grundschule, und seit ebendiesen fünf Jahren gibt es Krieg zwischen den Schülern und ihr.

»Ick hab doch nüsch von Reinickendorf hier rüber-
jemacht, weil ick 'nen Hörschaden kriegen will, wa, Neukölln?«

Neukölln ist ihr Mitbewohner in der lachsfarbenen Villa.
Er kann nicht viel sagen, aber schnauft immer zustimmend,
wenn Frau Müller das Wort an ihn richtet. »Neukölln ist
der einzige Mann, der ma vasteht«, sagt sie gerne. Neukölln
ist ein sieben Jahre alter reinrassiger Boxer und meistens der
Meinung seines Frauchens.

Frau Müller und Neukölln versuchen, im Haus neben
der Schule ihren Lebensabend im ruhigen Berliner Südwesten zu genießen. Und tatsächlich ist unser Bezirk ein Refu-
gium für ältere Menschen. Grün, bürgerlich, gemächliches
Lebenstempo. Die Cafés hier, in denen sogar noch Filter-
kaffee serviert wird, heißen »Seeblick«, und die Geschäfte
für Oberbekleidung tragen Namen wie »Annemaries Läd-
chen« oder »Primadonna Moden«.

Tatsächlich fehlt die Altersgruppe von 18 bis 30 Jahren
vollends, denn die setzen sich bei der ersten Gelegenheit
nach Mitte ab. Aber es gibt viele Familien! So viele, dass die
Schulen hier immer gut besucht sind. Arme Frau Müller, die
wohl darauf gehofft hatte, das Versprechen des demografi-
schen Wandels würde nun endlich auch mal in ihrer Nachbarschaft eingelöst. Ihr Wunsch, dass die Schule dank fal-
lender Geburtenraten irgendwann schließen müsse, hat sich
nicht erfüllt.

Der Nachbarschaftsstreit mit Frau Müller fing damit an, dass sie sich jeden Morgen bei Schulbeginn mit Unterstützung des heftig schnaufenden Neukölln in ihrem Vorgarten postierte, um die Geräuschkulisse der Grundschule zu kommentieren und zu kritisieren.

»Wat'n hier los? Warum musste denn so schrein, Mädel?«

»Junger Mann, die Autotüren jehn ooch leiser zu!«

Anfangs störten sich weder Kinder noch Eltern daran. Verbale Zusammenstöße mit Rentnern gibt es in diesem Wohngebiet häufiger. Die einen sind jung und laut, die anderen älter und ruhebedürftig. Dieses Gemisch ergibt einen fruchtbaren Nährboden für Konflikte. Meistens findet man aber einen Konsens, und die Kinder schaffen es sogar, in der Zeit von 12 bis 15 Uhr ein bisschen leiser zu brüllen.

Kindern Rücksichtnahme und Respekt gerade gegenüber älteren Menschen beizubringen ist manchmal gar nicht so einfach; insbesondere dann, wenn eine Seite dies sowieso von vornherein als Einbahnstraße betrachtet. Wenn man Kinder hat, ist man sowieso ständig in der Defensive. Kindererziehung ist an vielen Tagen nichts mehr als der vergebliche Versuch, den Nachwuchs der Erwachsenenwelt anzupassen. »Sei nicht so laut«, »renn nicht so schnell«, »sag Danke«, »gib der Dame die Hand«, »nein, nicht die linke!«

Und wenn es nicht so klappt mit der Anpassung, entschuldigen wir uns: »Oh, er ist heute müde« oder: »Sie hat halt einen großen Bewegungsdrang.« Ständig muss man ausgleichen und erklären, Erwachsene mit den Kindern aussöhnen, so dass es einem manchmal vorkommt, als wäre man im diplomatischen Dienst auf besonders heikler Mission unterwegs!

Der Clash der Kulturen vollzieht sich interessanterweise meistens im Straßenverkehr. Wenn so ein Verkehrsteilnehmer älteren Datums in seinem Uralt-Mercedes über die Straße schleicht und gerne auch mal den Blinker vergisst, ärgert mich das zwar, ich kann mir das Hupen aber verkneifen. Denn beide, Familien und Senioren, brauchen einfach länger für alles. Ich benötige ja auch extra Zeit, wenn ich meine unwillige dreijährige Tochter im Kindersitz des Familienvans festschnallen will, und möchte dann nicht von aufgebrachten Senioren angehupt werden, die schnellstmöglich zu ihrem Ziel kommen wollen.

An meinem Sohn geht der Zwist mit Frau Müller indes nicht spurlos vorüber. Kinder, die sich eben wie Kinder benehmen, verstehen natürlich die Welt nicht mehr, wenn sie von Erwachsenen scheinbar grundlos angeblökt werden.

»Warum ist Frau Müller immer so böse, wenn wir an der Schule ankommen?«

»Frau Müller und Neukölln sind halt Morgenmuffel, und außerdem brauchen die ihre Ruhe.«

»Was ist ein Morgenmuffel?«

»Das ist jemand, der morgens schlechte Laune hat, weil er noch müde ist.«

»Aber Frau Müller ist doch auch mittags so blöd.«

»Da möchte sie auch nicht gestört werden, weil dann Mittagsruhe ist, ältere Menschen müssen sich öfters ausruhen.«

»Muss sie sich vom Meckern ausruhen?«

Wie erkläre ich meinem Kind nun, dass es ein guter Anfang einer Beziehung ist, wenn man anderen Menschen Rücksicht und Respekt entgegenbringt? Auch wenn sie Frau Müller heißen und hauptberuflich stänkern.

»Weißt du, Sebastian, wenn man freundlich zu anderen Menschen ist, bekommt man diese Freundlichkeit oft auch zurück. Auch wenn andere schimpfen, ist es am besten, ruhig zu bleiben. Nimm dir einfach ein Beispiel an deiner Mutter. Wie man in den Wald hineinruft, so schallt es auch zurück.«

»Aber wenn wir zu Frau Müller herüberrufen, schreit sie nur zurück. Und Neukölln kläfft.«

In der Tat. Frau Müller ist mittlerweile mindestens dreimal täglich am Gartenzaun präsent, um die Kinder anzumeckern. Auch kippen Ton und Lautstärke zusehends ins Negative. Die Kids werden mit Schimpfwörtern bedacht, und auch Neukölln bellt bekräftigend dazu.

Nun lassen sich Kinder eine solche Behandlung aber nicht einfach so gefallen. Wofür gibt es denn in unserem Bezirk so viele Bäume? Na klar, um Waffen und Wurfgeschosse bereitzustellen! Zur großen Pause, wenn Frau und Hund in ihrem Garten Stellung beziehen, wird nun zum Gegenangriff gepfiffen. Auf dem Schulhof wurden mehrere Waffenarsenale mit Stöcken und Tannenzapfen angelegt. Mit Hilfe von Gummis haben sich die Kinder schlagkräftige Katapulte gebastelt, die auf dem Rasen und manchmal auch auf den Köpfen von Frau Müller und Neukölln landen. Nun steht sie oft mit einem aufgespannten Regenschirm im Garten, um sich und ihren Hund vor Beschuss zu schützen.

Einmal feuerte mein Sohn ein Tannenzapfen-Wurfgeschoss direkt auf das »Villa«-Emblem ab. Etwas Schlimmeres hätte wohl nicht passieren können. Das »V« löste sich und fiel scheppernd zu Boden.

»Ditt is Beschädigung von Eijentum, du Bengel. Ditt is meine Filla, und die lass ick mir von dir Flejel nüscht kaputt machen. Ditt jibt ein Nachspiel. Sag mir sofort deinen Namen!«

Mein Sohn, der sich an unser Gespräch über das freundliche Miteinander erinnerte, verrät Frau Müller pflichtschuldig Namen sowie vollständige Adresse. Er entschuldigt sich sogar, was aber keine Wirkung zeigt. Das Nachspiel kommt trotzdem. Frau Müller installiert zunächst an jeder Hauswand ihrer »Villa« Bewegungsmelder und Kameras, die sämtliche Aktivitäten des Feindes, also der Schüler und Eltern, in einem Umkreis von 25 Metern aufnehmen. Zwei Tage später erhalten wir dann auch eine saftige Handwerkerrechnung zur Reparatur des güldenen Schriftzuges.

Beim Bezirksamt hat Frau Müller darüber hinaus einen Antrag zur Errichtung einer Schutzwand eingereicht, weil sie sich vor weiteren Tannenzapfenprojektilen schützen muss. Zu bezahlen von der Schule. Als die Väter und Mütter des Elternbeirates daraufhin mit einem großen Blumenstrauß vor Frau Müllers Tür stehen, um das konstruktive Gespräch zu suchen, werden sie per Gegensprechanlage mit den Worten abgefertigt: »Mit die Pestalotten-Schule rede ick nur noch über meine Anwälte.«

Die Fronten sind nun dementsprechend verhärtet. Die Kinder schießen weiter scharf, Neukölln hat Bellkrämpfe, und Frau Müller zetert und filmt fleißig Beweismaterial, das sie dem Bezirksamt vorlegen kann. Bei uns zu Hause bestimmen Frau und Hund das Gesprächsthema. Am Abendbrottisch kann ich meistens nicht an mich halten. Frau Müller wird mit allerlei Bezeichnungen bedacht, die eher nicht in die Kategorie des freundlichen Miteinanders fallen.

Nun haben wir Eltern leider noch nicht verstanden, dass unsere Kinder sehr, sehr gute Ohren haben.

Besonders wenn sich die Erwachsenen über Dinge unterhalten, die sie gar nichts angehen.

Ich: »Also die Villa-Tante hat mich ja heute wieder Nerven gekostet.«

Mann sagt nichts.

Sebastian: »Wer?«

Mann und ich unisono: »Keiner.«

Constanze: »Was ist das: Nerven?«

Ich zu Tochter: »Das haben nur Erwachsene, das kriegst du später auch.«

Ich zu Mann: »Die Frau nervt echt, die war doch auch mal ein Kind. Und immer ist dieses kläffende Tier bei ihr…«

Sebastian: »Ihr redet über die Frau Müller!«

Mann und ich unisono: »Nein, natürlich NICHT!«

Constanze: »Will auch Nerven haben.«

Sebastian: »Über wen redet ihr denn dann?«

Mann: »So eine Frau, die du nicht kennst.«

Constanze: »Welche Frau, welche Frauuuuuu?«

Ich: »So eine Frau eben. Die ganz weit weg wohnt… in Amerika!«

Constanze: »Will nach Amerika! Jetzt!«

Sebastian: »Seit wann wohnt Frau Müller denn in Amerika?«

Das geht also nicht mehr. Offenbar sind beide Kinder keine Babys mehr, in deren Gegenwart man unbemerkt über bekannte Personen sprechen kann. Nun müssen wir abends entweder unsere Französischkenntnisse auffrischen, damit die Kinder nichts verstehen, oder ich warte, bis sie im Bett sind, um meinem Mann von den neuesten Missetaten der Frau Müller zu erzählen.

Kürzlich wartete ich vor der Schule auf meinen Sohn, da sieht meine Tochter Constanze plötzlich eine Mauer, auf der sie noch dringend balancieren will. Nur leider gehört diese Mauer zur Müller-Villa. Egal, so ein balancierendes Kind ist ja nun keine Ruhestörung, denke ich.

Constanze probiert ein wenig ihren Gleichgewichtssinn aus. Dann steht sie noch ein bisschen auf dem Treppenabsatz des Hauses herum und singt. Die Sonne scheint, und die Vögel zwitschern. Alles ist gut. Plötzlich geht das Fenster auf. Die Müller'sche Überwachungskamera hatte zwei verdächtige Personen erfasst. Frau Müllers hochroter Kopf wird sichtbar, auch Neukölln schnauft schon unheilvoll neben ihr. Sie keift: »Nehmense Ihre Tochta da weg, die macht mir die Pflanzung kaputt.«

Nun bin ich eigentlich ein verbindlicher und freundlicher Mensch. An diesem Tag jedoch hatte ich mich schon pausenlos für irgendetwas entschuldigen müssen. Dass ich Mutter bin. Dass ich Kinder habe und diese nicht mit Lautstärkeregler auf die Welt gekommen sind. Die üblichen Sachen eben. Irgendwann verliert auch der beste Diplomat die Contenance.

»Welche Pflanzen? Ach, Sie meinen das Unkraut da?«, entfährt es mir.

Frau Müller kommt sofort aus dem Haus geschossen, denn sie wittert einen handfesten Streit, den sie sich natürlich nicht entgehen lassen will. In der rechten Hand einen Besen und in der linken Wachhund Neukölln an der Leine. Sie steht nun bedrohlich nah vor mir. Der Showdown steht uns bevor, es bleibt keine Zeit mehr für Freundlichkeit.

Ich hole zum gesamtgesellschaftlichen Rundumschlag aus. »Meine Tochter hat hier nur balanciert, außerdem ist sie die Zukunft unseres Landes. Dass Sie's wissen, MEINE Tochter wird IHRE Rente mal nicht bezahlen.«

Ich nehme Constanze schützend an die Hand, die sich gerade mit Neukölln anfreundet, und bin ein bisschen stolz auf meine volkswirtschaftlichen Spitzfindigkeiten.

Die Nachbarin kontert allerdings nur trocken: »Ditt is mir so wat von ejal. Ich kann mir allet koofen, wat ick will. Ick bin die Kürschen-Müller. Die Filla da habe ick mir mit Obstkisten uffjebaut, wenn Se vastehn, wat ick meine. Und außerdem: Ick warne Sie, junge Frau.«

Nun habe ich eines gelernt, seit ich in Berlin wohne. »Wie man in den Wald hineinruft, so schallt es zurück« funktioniert hier wenig bis gar nicht. Freundlichkeit und Verbindlichkeit werden nur als Schwäche ausgelegt. Immer schön zurückballern und nicht klein beigeben. Und wenn einer in Berlin »junge Frau« sagt, ist sowieso Gefahr im Verzug.

Mir ist jetzt alles egal. Ich zeige auf ihren Besen. »Machen Sie jetzt damit sauber, oder fliegen Sie gleich damit weg?«

Na, das saß doch jetzt, oder? Ob sie darauf was sagen wird? Innerlich mache ich eine kleine Gedankennotiz: »Wir leben in Berlin. Sohn in Zukunft realitätsnah erziehen und aufhören mit dem Freundlichkeitsquatsch.«

Meine Tochter, die gerade mutig Neuköllns breiten Schädel tätschelt, hat aufmerksam zugehört und kombiniert nun ihr Wissen aus unseren vorherigen Gesprächen über Frau Müller in einer unbefangen hervorgebrachten Frage. »Ist das eine richtige Hexe, Mama?« Sie zeigt mit ihrem kleinen Finger auf die Nachbarin.

»Na, ditt möchte ick ooch jerne ma wissen, JUNGE FRAU!«

Mist. Darauf fällt mir nun nichts mehr ein, auch nichts Gesamtgesellschaftliches. Warum muss Frau Müller auch so cool bleiben? Wahrscheinlich hat ihre Mutter sie realitäts-nah erzogen.

»Nein, so reden wir nicht mit anderen Menschen, Con-stanze«, töne ich wie aus dem Knigge. Im Ernstfall kann man in unangenehmen Situationen einfach eine Erziehungs-session für das Kind einschieben und so von seinen eigenen Verfehlungen ablenken.

»Aber eine dumme Kuh ist die Frau Müller? Hast du doch zu Papa gesagt!«

»Nu wird's ja immer dolla. Jetzt weeß ick es ooch wieder. Sie sind doch die Mutter von dem Tannenzapfenbengel. Der muss mir noch die Kienäppel uffsammeln. Und jetzt runter von mein' Grundstück.«

Oh. Erkannt und richtig zugeordnet hat sie uns also auch noch. Constanze und ich machen wortlos einen Ab-gang.

Die nächsten Tage denke ich intensiv über den Zwischen-fall mit Frau Müller nach. Mit Kindern tritt man ja viel mehr mit Leuten in Kontakt, als einem eigentlich lieb ist. Die Nachbarn, die Eltern der Schulfreunde, dazu noch zahl-reiche Trainer und Gruppenleiter. Elternsein ist nichts für Einzelgänger. Als kinderloses Pärchen in der Innenstadt war uns doch schnuppe, ob die Nachbarn von unten sich beschwerten, weil wir mal wieder die Möbel verrückt haben. Man konnte sich auch in einem Mehrfamilienhaus freundlich, aber nur kurz grüßend aus dem Weg gehen. In unserem Vorort machen mich meine Kinder mit jedem Nachbarn und Passanten auf der Straße bekannt, ob ich will oder nicht. Kinder sind manchmal laut, sie lachen und schreien auch außerhalb der Mittagspause und spielen nicht immer nur auf dem Spielplatz, sondern in der Nähe von Nachbars Vorgarten.

So muss man immer ein bisschen reden, die Stimmung verbessern, oftmals die Wogen glätten und sich entschuldigen. Und wenn man mal wieder den perfekten Diplomaten für seine Kinder abgegeben hat, plaudern sie dann zum Dank aus, was man wirklich von Nachbarin Müller hält. Wie einfach wäre es da doch zu sagen: »Frau Müller, ich kann versuchen, meinem Sohn beizubringen, nicht mehr Tannenzapfen in Ihren Garten zu werfen, aber versprechen kann ich nichts. Und ich fürchte, meine Tochter wird auch noch mehrfach Ihre Pflanzen zertreten, bis sie volljährig ist, auch wenn ich sie immer wieder ermahne. Und nichts für ungut: Sie sind wirklich eine Hexe.«

Manieren und Höflichkeit sind wichtig, obwohl sie auch immer viel mit Lügen zu tun haben. Jedem zu sagen, was man über ihn denkt, wäre wohl sehr befreiend, aber man stünde recht bald alleine da.

Die Handwerkerrechnung für die beschädigten Goldbuchstaben muss ich ja auch noch begleichen. Also rede ich noch mal mit meinem Sohn. »Du, Sebastian. Die Frau Müller ist zwar blöd, aber das mit den Tannenzapfen war auch nicht richtig. Gehe bitte morgen Nachmittag bei ihr vorbei und sammele die Dinger ein. Du kannst mit gutem Beispiel voranschreiten. Wie man in den Wald hineinruft ...«

»Aber dann schreit sie wieder, und vor Neukölln habe ich auch Angst! Du musst mitkommen!«

Sebastian hat keine Lust dazu, wieso auch. Würde ich mich freiwillig in den Garten zur Müller-Hexe stellen? Wahrscheinlich nicht.

Ich werde die nächsten Monate einen Sicherheitsabstand zur »Villa Müller« und ihren Bewohnern einhalten, das ist klar. Mein Sohn muss nun mein Diplomat sein, denn ich habe es ja das letzte Mal gründlich vermasselt.

»Aber man muss sich auch mal versöhnen und einen Streit beenden. Das ist für beide Seiten besser. Wir können dann ja auch noch mal über die *Darth-Vader*-Maske reden, die du dir wünschst.« Das ist zwar Bestechung, aber der Anreiz muss ja auch stimmen.

»Okeeeeee.«

Für *Star Wars* tut mein Sohn alles.

Am nächsten Nachmittag bringe ich ihn mit zwei großen blauen Müllsäcken bei Frau Müller vorbei. Nun, nicht ganz, denn ich parke ein paar Häuser weiter weg und verstecke mich hinter unserem Auto, bis ich sehe, dass Sebastian sicher angekommen ist. Dann drehe ich wieder ab. In den folgenden zwei Stunden räumt mein Sohn den Garten von Frau Müller frei von Tannenzapfen und lockert, wie sich später herausstellt, die verhärteten Fronten auf bemerkenswerte Weise. Am frühen Abend kommt er nach Hause. Dreckig und erschöpft, aber irgendwie zufrieden. Und er hat eine Tasche bei sich. Darin befinden sich drei noch warme Gläser mit Marmelade.

»Ja, was ist das denn?«

»Nachdem ich aufgeräumt hatte, bin ich zu Sabine ins Haus. Und die stand in der Küche und hat Kirschen entsteint, für Marmelade. Die ganze Küche war rot!«, erzählt mein Sohn.

Im Haus? Und Sabine, waren die jetzt etwa per Du? Marmelade? Ich verstehe nichts mehr. Sebastian fährt fort: »Na, die Sabine hat gesagt, dass ich fleißig war und mit ihr zusammen Marmelade kochen dürfte. Und dann hab ich ihr geholfen. Das war voll cool. Die Sabine ist eigentlich ganz nett, und Neukölln ist echt süß. Die Marmelade ist ein Geschenk von Kürschen-Müller, soll ich sagen.«

Wieeeee bitte? Frau Müller ist doch eine Hexe! Die soll jetzt plötzlich liebenswert sein?

»Sabine baut jetzt auch keine Schutzwand, und ich soll dir schöne Grüße von ihr ausrichten!«

Na gut, ich sehe es ein. Man muss auch mal verlieren können. Und ich habe wieder etwas gelernt: Kinder können Streit viel schneller wieder beilegen als Erwachsene, und vermeintliche Hexen können sich unter Umständen auch als ganz nett herausstellen. Und die Marmelade von »Kürschen«-Müller schmeckt leider vorzüglich.

19

»Wenn ihr den Müll nicht dem Müllmann gebt, wird der ganz böse und steckt euch in die Mülltonne.«

Wie man den vererbten, seltsamen Angewohnheiten der Kinder entgegenwirkt.

»Mein Moddo ist eben: Nix umkomme losse.« Das kann man wohl sagen! Mein Schwiegervater Max, der in Hessen wohnt, ist ein lebendes Depot für alles. Alles eben, was in seinen Augen noch »vollkommen in Ordnung« ist und prima wiederverwendet werden kann. Maggiflaschen aus dem Jahre 1986 (»bisschen mit Wasser verdünnen und dann schmeckt's wieder«), Zementreste von der Baustelle im Nachbardorf (»Ich muss bestimmt bald wieder etwas betonieren«), sogar das Wasser, in dem der Spargel gekocht wurde, wird weiterverwendet. Er lässt das Kochwasser abkühlen, gießt es sich in seine Lieblingstasse und trinkt es dann zum Abendbrot statt einer Apfelschorle. »Schmeckt doch wie Limo, und gesund isses auch.«

Jedes Mal, wenn sich der Großvater auf die lange Reise zu uns nach Berlin gemacht hat, gibt es Anschauungsunterricht in »nix umkomme losse« oder auch: »Wie man immer noch wie kurz nach der Währungsreform lebt und superglücklich wird«. In unserer Familie bin ich der Antagonist von Max. Ich kaufe gern und viel. Miste noch lieber aus, um noch mehr Platz für noch mehr Sachen zu haben, und fahre dafür gerne einmal die Woche zum Wertstoffhof der Berliner Stadtreinigung. Dieser ist für Leute wie mich ein Paradies des Feng Shui. All die überflüssigen, aussortierten Dinge werden dort fachgerecht entsorgt. Nach einem Besuch beim Müllabladeplatz fahre ich immer befreit und beschwingt nach Hause, denn mein Leben ist ja ein Stück ordentlicher geworden. Und das Beste: Es ist wieder Platz für Neues da!

Für Max ist der Wertstoffhof ebenfalls ein Paradies. Sein persönliches Nirwana der weggeworfenen Dinge, die noch »vollkommen in Ordnung« sind. Wenn mein Schwiegervater in Berlin ist, begleitet er mich manchmal zur Müllhalde. Natürlich nicht, um mich bei meinem persönlichen Ausmistungs-Feng-Shui zu unterstützen, sondern um zu verhindern, dass ich beispielsweise vollkommen funktionstüchtige Plastiktüten wegwerfe. Max hat sich mit den Müllmännern bereits angefreundet und so gut gestellt, dass sie ihm manchmal einen Tipp geben, wenn jemand gerade Betonverschalungen weggeschmissen hat oder einen Flachspüler aus dem Jahr 1976.

Beim letzten Opabesuch fuhren wir an einem Samstag mit Maxens Müllauto – pardon – Kombi Mercedes zum Wertstoffhof, vor dem sich bereits eine lange Autoschlange gebildet hat. Am Eingang sitzt ein grimmig dreinblickender BSR-Mann, Marke Urberliner, der die entsorgungswilligen Bürger koordiniert.

»Wat denn, wat denn, junger Mann. Dit is keen Baliner Kennzeichen, oder liegt Frankfurt nu an der Spree?«

»Ei guuude, Karl-Heinz, erkennst du denn ned mehr deinen Kumpel aus Hesse?«, antwortet mein Schwiegervater.

Karl-Heinz blickt seinen Gesprächspartner nun genauer an. Er realisiert, dass Max vor ihm sitzt, und seine Miene erhellt sich sofort. »Enrico, Ronny, Erkan, kommt ma janz schnell her, wir haben Besuch aus Westdeutschland«, ruft er seinen Kollegen zu. Es folgen typische Verbrüderungsszenen mit gegenseitigem Schulterklopfen.

Auch schon bei der Sanierung unseres Hauses war Max nach nur fünf Minuten des gemeinsamen Betonmischens per Du mit Vitali, Sergej und Vladimir gewesen.

Nach der herzlichen Begrüßung auf der Müllhalde werde ich auch vorgestellt. »Ich bin heute mit der Schwischätochtä do, die will ebbes wegwerfe. Aber mer losse se ned. Höhö-höhö!«

Ronny, Enrico und Karl-Heinz verstehen zwar nur Bahnhof, lachen aber freundlich mit. Während ich nun versuche, unbemerkt Altpapier zu entsorgen, wenden sich die vier Müllspezialisten Wichtigerem zu. Karl-Heinz hat nämlich heute einen Schatz geborgen.

»Max, ick habe wat janz Besonderet für dir. Von Rechts wejen is dit Eijentum vonner BSR, also quasi von dit Land Berlin, aber für meene Freunde aus'm Westen mach ick 'ne Ausnahme.«

Oh nein, das kann nichts Gutes bedeuten, schwant es mir. Ich überlege blitzschnell beim Abarbeiten des Altpapiers, wie ich das nahende Unheil abwenden kann. Max ist aufgeregt wie ein kleines Kind bei der Ostereiersuche. Was es jetzt wohl geben wird? Eine Sammlung alter Klorollen, Blechstangen oder etwas noch Wertvolleres?

Karl-Heinz geht zu einem Verschlag und holt eine sehr gebraucht aussehende Toilette sowie eine schwarze Plastikfolie heraus. Mir wird ein bisschen schlecht bei dem

Anblick, und Max wird ganz unruhig, ist doch nun sein Trüffelschweininstinkt geweckt. Fachmännisch begutachtet er den Abort von allen Seiten. Bevor ich Protest anmelden kann, ist das Urteil gefällt: »Das ist ein einwandfreies Klo! Guck emol, von Villeroy & Boch, so ebbes Feines! Das wäre eine himmelschreiende Sünde, diese Toilette auf den Müll zu kippen. Und die Teichfolie kann man ja noch als Abdeckung für eure Gartenmöbel nehmen.«

»Ich finde das Feng-Shui-technisch eher schwierig«, versuche ich es auf die diplomatische Tour. »Wir haben ja die Möbel aus Polyrattan gekauft, die können nass werden, und wir haben ja auch schon ein Klo, zum Glück!«

»Feng Shui, dass ich ned lache. Man weiß nie, wann man noch mal etwas brauchen kann. Und für diese beiden Schätzchen finde ich auch noch einen Abnehmer.«

»Ich will den Müll nicht bei mir, Max. Das ist immerhin unser Haus!«

Verschwendung und Sparsamkeit sind kritische Punkte bei einem Besuch von Max. Mittlerweile bin ich dazu übergegangen, kleine Fakesammlungen von Altpapier und anderen wiederverwertbaren Sachen anzulegen, einfach um unliebsamen Diskussionen mit meinem Schwiegervater aus dem Weg zu gehen. »Schau mal, Max, ich sammele ja auch so gerne Nützliches.« Potemkin'sche Dörfer für Max auf der Durchreise, sozusagen. Trotzdem, wenn Opa zu Besuch ist, wird eigentlich täglich darum gerungen, wie man denn nun richtig lebt. Für Max steht zu meinem großen Missfallen fest: Lieber weiterhin hamstern gehen wie 1945, denn »man kann ja nie wissen, ob die arme Zeit noch mal kommt«.

Außenpolitische Erläuterungen meinerseits, wie gut wir ja nun mittlerweile mit unseren Nachbarländern auskommen, werden ignoriert.

Die Kinder spüren natürlich solche Meinungsverschiedenheiten zwischen den Generationen und können nicht nachvollziehen, warum man sich wegen eines alten Klos streiten kann.

»Mama, warum sammelt der Opa Klos?«, will Sebastian wissen, als Max und ich samt unseren Fundstücken wieder zu Hause eintreffen.

»Nein, er hebt Sachen nur auf – für schlechte Zeiten oder für andere, die das brauchen könnten!«

»Warum nimmt er dann ständig irgendwelche Sachen mit, die Leute weggeworfen haben?«

»Weil er in seiner Jugend ganz wenig hatte.«

»Hatte der Opa kein Klo?«

»Doch, aber nur ein Plumpsklo auf dem Hof. Er ist halt in der armen Zeit groß geworden.«

»Was war denn die arme Zeit?«

»Also, es war Krieg in Deutschland, und da hatten die Leute ganz wenig. Manche hatten kaum genug zu essen. Und wenn man das erlebt hat, erinnert man sich das ganze Leben daran.«

»Aber jetzt kann der Opa doch genug essen, und bei Oma und Opa im Haus gibt es doch sogar drei Klos!«

»Schatzi, dann frag ihn das doch mal…«

Die besagte Kloschüssel jedenfalls wurde erfolgreich unserer Nachbarin Annemarie angedient, ebenfalls Jahrgang 1942. Was der Jahrgang 1974 als schrullige Sparwut und als manische Sammelleidenschaft bezeichnet, ist für die im Krieg geborenen Omas und Opas von heute offenbar ein verbindendes Element.

Max und meine Mutter, ebenfalls Jahrgang 1942, verstehen sich jedenfalls erst so richtig gut seit ihrem Umzug in eine kleinere Wohnung. Als Max uns damals beim Auszug half, fanden die beiden eine schon vergessene »Kollektion« von Trenchcoats aus den letzten vierzig Jahren. Woher diese denn stamme, wollte ich wissen. Na, von der Tante Anna, die im Mai 1945 »günstig« an eine Wagenladung von Mänteln aus Gabardine herankam und diese für schlechte Zeiten aufgehoben hatte, hieß es. Meine Mutter, die das Erbe von Tante Anna im Jahr 1982 angetreten hatte, wollte dieses natürlich nicht ausschlagen. So eine Garnitur von Trenchcoats kann ja durchaus der Grundstein eines ansehnlichen Vermögens werden.

Auch von ihrer italienischen Zuckertütensammlung, die sie bei unseren Familienurlauben in den 1980er-Jahren angelegt hat, wollte meine Mutter sich partout nicht trennen. Als ich beim Einpacken ihres Kleiderschranks unauffällig ein paar alte Socken in einem blauen Müllsack verschwinden lassen wollte, riss mir Max die Socken aus der Hand mit den Worten: »Wohl im Loddo gewonne, oddä was? Wie kann man des wegschmeiße, des kann doch noch ein vollkommen einwandfreier Spüllappen werden und wenn des ned mehr geht, putz ich des Rad damit!«

Am Ende musste ich mir hanebüchene Geschichten eines geheimen »Alte-Socken- und Zuckertüten-Recyclinghofes der BSR« einfallen lassen, um die zwei aufgeregten, nix umkommen lassenden Senioren zu besänftigen. Max und meine Mutter sind mit ihren 71 Jahren nicht mehr zu erziehen, am allerwenigsten von Tochter beziehungsweise Schwiegertochter.

»Was habe ich nur falsch gemacht in deiner Erziehung?«, fragt mich meine Mutter gelegentlich, von Selbstvorwürfen geplagt. Und in einem sind sich Frauen wie Annemarie und meine Mutter einig: »Also du hast ja einen ganz patenten und hilfsbereiten Schwiegervater. Weißt du überhaupt, was du an dem hast?« Jaa, das weiß ich.

Trotzdem ist das mein Haus, und kein Auffanglager diverser Utensilien für schlechte Zeiten. Das eigentliche Schlachtfeld jedoch sind die Kinder, denn mein Sohn und meine Tochter können ja noch »umgedreht« werden. Max arbeitet jedenfalls mit Hochdruck daran. Zumindest Sebastian merkt langsam, dass manches bei Opa »anders« gehandhabt wird als bei uns. Es ist zum Beispiel schöne Tradition, dass Max jedes Mal, wenn er zu Besuch kommt, den Inhalt des halben Kühlschranks mitbringt, weil »die Sachen ja noch gut waren«.

Klar, eine Banane oder zwei Äpfel würde ich jetzt auch nicht »umkommen lassen«, aber einen zu einem Drittel gefüllten Sahnebecher und ein winziges Stückchen Harzer Käse?

Das gemeinsame Essen gerät in unserer Familie regelmäßig zu einem diplomatischen Drahtseilakt zwischen den Generationen. Keine Seite will nachgeben. Wie letztens. Wir sitzen am Tisch. Max hat seinen Rest Harzer Käse ausgepackt und belegt damit einen Kanten altbackenen Brotes. Ich schneide die Rinden des Toastbrots ab, damit meine Tochter überhaupt etwas zu sich nimmt, und Sebastian fischt die Früchte aus dem Joghurt. Mein Schwiegervater atmet geräuschvoll ein und aus, in ihm beginnt es zu rumoren.

»Ist das nicht eklig, auch die Rinde vom Käse zu essen, Opa? Die Mama schneidet uns das immer ab«, sagt mein Sohn.

»Jaha, die Mama macht des vielleicht so. Die hat ja auch ned die arme Zeit erlebt. Weißt du, nach dem Krieg gab es nichts zu essen, und wir habbe uns über jedes noch so klitzekleine Stückschen Käse gefreut.«

»Wie alt warst du denn, als der Krieg aus war?«

»Isch war drei Jahre alt.«

»Und dann kannst du dich immer noch daran erinnern, wie das damals war?«

»Aber ja, der Obba hat ein ganz wunderbares Gedächtnis, weil er immer seinen Teller leer isst«, erklärt Max und schlabbert zur Verstärkung seiner Argumentation den Rest des Salatdressings auf, das sich noch auf seinem Teller befindet. Mein Sohn freut sich diebisch. Jede Einladung eines Erwachsenen, etablierte Regeln zu unterwandern, wird gut gelaunt angenommen. Der Opa, das große Vorbild, leckt den Teller ab? Super, dann darf ich das auch, denkt er sich, schnappt sich den guten Rosenthal-Teller und kleckert sich den Salat über das T-Shirt. Jetzt bin ich in der Bredouille. Was ist denn nun mit meinen Regeln, meinem »Erziehungsauftrag«?

Was tun? Ich muss eine diplomatische Ausrede finden! »Der Opa darf den Teller ablecken, weil er die vermaledeite arme Zeit erlebt hat«, sage ich gequält, »aber du darfst das nicht. WIR LECKEN IN DIESEM HAUS KEINE TELLER AB. DAS IST DIE REGEL! Und das weiß der Opa eigentlich auch«, schiebe ich noch hinterher. Mit diesen Worten stehe ich auf und kippe meinen Salatdressingrest beschwingt in den Abfluss. So! Wollen wir doch mal sehen, wer hier im Haus das Sagen hat!

Max lässt sich jedoch nicht beirren und beachtet meine Wegwerfaktion nicht weiter. Er beginnt, eine Geschichte zu erzählen. »Als isch so zehn Jahre alt war, Sebastian, war isch emol bei meinem Freund Reinhold. Die hatten einen Hof und immer oddentlisch zu esse. An einem Nachmittag bot uns die Muddä eine schöne frische Milsch an. Die kam direkt von der Kuh!«

Mein Sohn lauscht gebannt. Auch ich wollte als Kind immer von meiner Oma »Geschichten von früher« erzählt bekommen, auch wenn meine Mutter die nicht mehr hören konnte. Ich bin also besänftigt. Schöne Geschichten aus Hessen anno 1952 sind erlaubt, solange sie meine häusliche Vormachtstellung nicht untergraben.

»Und dann schmiss die klaa Schwestä vom Reinhold die Flasche um, und die schöne Milsch ergoss sich über dem Küschentisch. Und weißt du, was der Obba dann gemacht hat?«

»Nein, was denn, Obba?«, fragt mein Sohn ganz aufgeregt. Die Geschichte scheint ihn so zu faszinieren, dass er nun auch hessisch »babbelt«.

»Ich bin auf den Tisch gesprunge und hab die Milsch uffgeschlabbert. Nix ist umgekomme, und alles war in meinem Bauch. Höhöhöhöh!«

Max lacht sich kaputt und freut sich wie ein Schneekönig über seinen Sieg. Sebastian: begeistert. Was für einen verrückten Opa er doch hat, mit so tollen Ideen!

Einatmen, ausatmen, Nina, sieh es POSITIV, sage ich mir. Vielleicht lernt mein Sohn durch seinen Großvater ja den

Wert des Geldes kennen. Außerdem reist Opa Max morgen wieder ab gen Hessen.

Dann habe ich wieder das Sagen im Haus!

Am nächsten Nachmittag ist der Kühlschrank von den letzten Zeugnissen seines Aufenthaltes befreit. Die 35 Milliliter der aus Hessen mitgebrachten Sahne wurden verwertet, und auch das Stückchen Harzer Käse hat seinen Weg ins Maxens Bauch gefunden. Die gute, beruhigende Ordnung ist wiederhergestellt. Gerade habe ich mich mit der *Vogue* aufs Sofa gleiten lassen, da höre ich lautes Geschepper von der Straße. Kurz darauf klingeln die Kinder Sturm.

Als ich die Tür öffne, trifft mich glatt der Schlag: Constanze hat sich einen Klodeckel um den Hals gehängt, und auf Sebastians Schulter sehe ich mit Entsetzen eine alte Packdecke, die vor Schmutz nur so starrt. Mein sich anbahnender hysterischer Anfall wird von meinen begeisterten Kindern im Keim erstickt: »Mama, schau mal, das haben wir eben alles im Gebüsch beim Spielplatz gefunden! Wir sind jetzt König und Königin, mit Umhang und Halskette. Und Zepter sogar!« Eine hellbraune Klobürste baumelt bedrohlich nah vor meinem Gesicht.

Ekel ergreift mich, aber ein noch stärkeres, relativ verstörendes Gefühl bricht sich Bahn: Sind das wirklich meine Kinder? Oder wurden sie im Krankenhaus vertauscht? Hat die Frau von BSR-Karl-Heinz möglicherweise zur selben Zeit entbunden? Haben sie vielleicht durch Maxens dominante Gene, die eine Generation überspringen konnten, eine erbliche Begeisterung für Schrott und Abfall mitbekommen? Oder sind am Ende alle Kinder so, und im Alter schließt sich einfach der Kreis? Sind die wenigen Jahre, die man mit

Ordnung und Sauberkeit verbringt, im Grunde nur eine kurzes Gastspiel, bevor man ab spätestens 65 wieder anfängt, ausrangierten Müll zu sammeln? Mir gruselt vor dem Alter. Jetzt mehr denn je.

Andererseits: Wenn ich später einmal als alte Frau unter der Brücke sitze, mit nichts als einer ansehnlichen Kollektion von »It-Handtaschen«, werde ich bestimmt wehmütig an meine solventen Eltern und Schwiegereltern zurückdenken, die sich dank ihrer Sparsamkeit in den Goldenen 2000er-Jahren eines schönen Lebensabends erfreuen konnten. Die Renten unserer Eltern »sind sischä«, so viel steht fest.

Vielleicht muss ich aber auch nicht unter der Brücke leben. Ich werde sicherlich ganz vorzüglich altern und meinen Kindern immer eine reine Freude sein. Und mein Sohn, von Opa zu Sparsamkeit erzogen, wird mich mit offenen Armen in seinem Haus empfangen, von meiner zukünftigen Schwiegertochter ganz zu schweigen. Ich ziehe dann einfach unters Dach und erkläre den Enkeln, wie man richtig shoppt. Nun, meine Rente ist dank Opa Max also doch sicher. Wie schön! Die Zukunft sieht rosig aus!

Die Gegenwart leider nicht. Nach Opas Abreise muss ich fast täglich gegen die von Max vererbte Abfallbegeisterung meiner Kinder ankämpfen. Ich kann praktisch keine Plastiktüten mehr wegwerfen, und wenn ich mal wieder komplett hedonistisch ein Käsebrot essen will, deshalb die Rinde abschneide und sie dann auch noch wegschmeiße, heißt es aus dem Mund meines Sohnes: »Aber das DARFST du nicht, vielleicht kommt ja wieder die arme Zeit!«

Beim Putzen neulich sah ich den erneuten Beweis für die sonderbare erbliche Vorbelastung meiner Kinder. Ich finde unter dem Bett meines Sohnes eine Sammlung an leeren Gurkengläsern, in denen noch die Lake schwimmt. Meine Tochter hat noch ein paar Flaschen mit Rote-Bete-Saftresten dazudekoriert, die schon schöne Flecken auf dem Holzfußboden hinterlassen hatten.

»Sebastian, Constanze, was ist das denn bitte? Ihr solltet doch den Müll rausbringen!«

»Das Gurkenwasser ist noch vollkommen in Ordnung, das hebe ich auf«, bestimmt Sebastian.

»WIE BITTE? Wozu das denn?«

»Schmeckt doch wie Limo und ist auch gesund«, erklärt mir meine Tochter mit wichtiger Miene und nimmt einen Schluck aus dem Gurkenglas.

Was zu viel ist, ist zu viel.

Sparsamkeit in allen Ehren, aber das geht zu weit. Ich muss zu drastischeren Maßnahmen greifen. Einer Lüge eben.

»Wenn ihr den Müll nicht dem Müllmann gebt, wird der ganz böse und steckt euch in die Mülltonne. Der braucht den Müll, das ist doch sein Beruf.« Außerdem bin ich ja die Einzige in der Familie, die ab und zu in die Papiertonne steigt. Das sehen die Kinder ein, und so fahren wir samt Leergut beschwingt zum Wertstoffhof und entsorgen, was das Zeug hält.

Max ist zum Glück an diesem Tag bereits seit Stunden auf dem Weg in sein eigenes Heim, wo er schalten und walten kann, wie es ihm gefällt.

20

»Ist das nur eine Phase, oder sind die so?«

Schreibabys, trotzende Kleinkinder und die Pubertät:
Wie Eltern sich selbst anlügen müssen,
um nicht an ihrer Lebensaufgabe zu verzweifeln.
Und warum das meistens Quatsch ist.

»Das wächst sich alles aus, das ist nur eine Phase, und sie
werden ja sooo schnell groß.«

Wie ich mich als junge Mutter an diesen Satz immer
geklammert habe, in den schwierigen Zeiten, als meine
Kinder noch ganz klein waren und gerade mal wieder ir-
gendeinen »Schub« durchmachten: Zähne, Wachstum,
krabbeln, laufen lernen. Als mein Alltag von Müdigkeit,
Babygebrüll und totaler Überforderung geprägt war. Tatsächlich war ich wohl keine sonderlich begabte Baby-
mama. Nicht nur einmal habe ich gedacht: Ich geh zurück
ins Büro, Protokolle schreiben ist doch viel leichter. Ich
hatte nicht die leiseste Ahnung, wie das mit dem Mamajob geht. Gab es dafür vielleicht einen Kurs in der Volks-
hochschule? Warum war ich nur so unfähig? Es schien
mir, als ob alle anderen Mamas um mich herum das wunderbar gewuppt bekamen. Denn: Kaum ist das Kind ge-
boren, gehen die Lügengeschichten los. Und sie sind zahl-
reich:

»Jede Mutter weiß instinktiv, was zu tun ist.«
»Kinderkriegen ist die natürlichste Sache der Welt.«
»Du kennst dein Baby am besten.«

Meine damaligen Antworten darauf waren:

»Nein, ich habe keine Ahnung von nix.«

»Da bin ich mir nicht so sicher.«

Und: »Nein, können Sie mir vielleicht sagen, wer das ist, der da in meinem Arm liegt?«

Vor der Geburt meines Sohnes hatte ich mindestens dreihundert Erziehungsratgeber gekauft, vielleicht konnten die mir ja helfen? Wenn ich mal gerade eine Hand frei hatte, las ich alles, was mir zu Babypflege und Kindererziehung unterkam. Das Ergebnis? Viel Input, aber noch mehr Verunsicherung meinerseits. Heute, nach acht Jahren Mutterschaft, hätte ich mir eher Bücher gewünscht, die Titel getragen hätten wie:

»Jede Mutter kann lernen, nicht zu schlafen – Schlafprogramme für Erwachsene mit kleinen Kindern.«

»Jede Schwiegermutter kann Regeln lernen – ja, auch deine.«

»Mütter fordern uns heraus – willkommen auf dem Spielplatz.«

»Warum wir selbst Tyrannen werden – erst mal vor der eigenen Tür kehren!«

»Mütter brauchen Grenzen – Ich zähle bis drei!«

»Die glücklichste Mama der Welt – Wie ihr eurer Mama den täglichen Nervenzusammenbruch ersparen könnt.«

»Deine kompetente Mutter – Mama knows best. Widerstand zwecklos.«

Und natürlich: »Nicht stillen. Glücklich leben in der Verdammnis.«

Vielleicht kann diese Bücher bei Gelegenheit ja mal jemand schreiben. Stattdessen bestand alles, was ich las, aus immer neuen Regeln, Weltanschauungen, Dogmen. So musst du es machen, so ist es richtig. Wie, du willst nicht, du kannst nicht, das findest du zu aufwendig? Na warte mal ab, ob dein Kind mit dieser Einstellung die Gymnasialempfehlung bekommt.

Und was ist, wenn Unsicherheit und Zweifel aufkommen? Nein, diese Gefühle sind nicht akzeptiert. Man sollte immer glücklich sein als Mutter. Müde – aber glücklich; überfordert – aber trotzdem im siebten Himmel; hormonell wie auf Droge – aber total geerdet und ganz bei sich.

Die Realität sieht doch eher so aus:

Dein Schreien macht mich so mürbe, und ich wäre jetzt gerne woanders – aber wenn du dann endlich aufhörst, ist alles vergessen. Bis zum nächsten Mal.

Dein Trotzanfall nervt gerade, aber ich liebe dich. Und das werde ich immer tun, egal, wie oft du dich noch auf den Boden wirfst.

Deine Launen und dein Türenknallen nerven mich total. Warum redest du nicht mehr mit mir?

Ich werde trotzdem immer hier sein für dich und freue mich, wenn wir dann irgendwann beide erwachsene Menschen sind, die ganz normal miteinander reden können.

Auch ambivalente oder gar negative Gefühle gehören zum Muttersein dazu, und sie zu haben ist OKAY. Jetzt sage ich zur Abwechslung auch mal die Wahrheit. Man kann seine Kinder lieben (und zwar bedingungslos und allumfassend) und trotzdem manchmal am Mamajob verzweifeln. Und weil ich gerade bei der Ehrlichkeit bin: Es wird leider nichts einfacher, nur anders. Die Koliken verschwinden, aber dann kommen die Zähne. Die Breikocherei hört auf, aber dann wollen sie zehn Jahre nur noch trockene Nudeln essen.

Irgendwann muss man die Kinder nicht mehr tragen, aber dann laufen sie gerne auf die Straße, und zwar bevorzugt immer dann, wenn man nicht guckt. Sie spucken nicht mehr auf deine Schulter, sondern in den Nachtbus. Sie schreien nicht mehr so viel, aber sie können mit drei Worten deine schwache Stelle treffen.

Kürzlich sprach ich mit einer Freundin, die mich gut kennt. Ich beschwerte mich, dass meine Kinder ziemliche Drama-Queens seien. Aber dass ich mir sicher sei, irgendwann würde sich das ja bestimmt mal auswachsen. Sie ja unweigerlich älter, ruhiger und vernünftiger werden würden. Ihre Antwort: »Was hast du denn gedacht, wer da eigentlich aus DEINEM Bauch rauskommt? Liebe, ruhige Kinder? Schon mal was von Genen gehört? Hallo?«

»Aber Benedikt ist doch so ausgeglichen!«

»Drama-Queen-Gene sind dominant, das wusste schon Herr Mendel.«

»Äh, ach so.«

Wahrheitsliebende Freunde und Hobby-Genetiker in einer Person sind ganz schön anstrengend, aber ich fürchte, an dieser These ist was dran. Klar, es gibt die Launen, die kommen und gehen. Aber manchen entwächst man eben vielleicht doch nicht? Jede Begegnung mit anderen Müttern und Vätern während eines Elternabends macht einem unmissverständlich klar, dass gewisse schlechte Eigenschaften uns eben doch bis ins hohe Alter begleiten. Die Kinder, die damals mit Sand um sich warfen, tun es jetzt mit Worten. Die obercoolen 13-jährigen Jungs aus der Raucherecke rollen immer noch mit den Augen, die Streber dozieren.

Auch ich habe immer noch sehr starke »Schübe«. Fragen Sie mal meinen Mann oder meine Schwiegereltern. Allerdings bevorzuge ich den Begriff »Persönlichkeit«, um meine zahlreichen, natürlich hauptsächlich liebenswerten Macken zu beschreiben. Persönlichkeit ist die Summe von Stärken und Schwächen. Aus unserer Persönlichkeit kommen wir schwer raus, die ist wie eine zweite Haut, und das ist auch okay, denn diese Mischung macht uns unverwechselbar und einzigartig. Doch egal, wie ein Familienmitglied auch gestrickt ist, die Liebe untereinander ist immer da, sie ist das Sicherheitsnetz, das uns alle trägt und miteinander verbindet.

Familienleben ist normal und nicht besser oder schlechter als andere Lebensformen. Kinder und Eltern sind auch normal und keine besseren Menschen. Kinder machen einen glücklich, und manchmal eben auch nicht, egal, in welcher Phase wir uns alle befinden.

Wenn mich heute eine junge Mutter fragt: »Wann wird es einfacher?«, würde ich nie lügen. Ich würde sagen: »Es wird schon einfacher, aber eben auch nicht.« Die oftmals wehmütig vorgetragene Floskel älterer Mütter oder Omas, »Sie werden so schnell groß«, konnte ich im ersten Babyjahr wenig nachvollziehen, denn ich war leider damit beschäftigt, überfordert und müde zu sein. »Ist das nicht … gut?«, wollte ich dann immer antworten. Tatsächlich kann ich sie heute gut verstehen: Denn gerade lebe ich in einer wunderbaren Blase mit meinen Kindern. Sebastian und Constanze lieben mich, sagen mir das (noch) oft und gerne, lachen über meine Witze, finden mich außerdem cool und manchmal sogar schön und nur ganz selten peinlich. Sie wollen im Haushalt helfen und erzählen mir alles, ihre Sorgen und Freuden. Diese Phase soll bitte anhalten. Das bleibt doch auch so. Ganz bestimmt. Oder? Wenn nicht, lüge ich mich gerne wieder selbst an. Meine Kinder werden die Pubertät einfach überspringen! Ja, so wird es sein, ganz bestimmt.

Es ist schon ein Wunder und hat wohl mit der bedingungslosen Liebe zu tun. Die Kinder können noch so schreien, motzen, trotzen und nicht schlafen, und man fragt sich: »Hört das denn nie auf?«. Aber wenn es dann aufhört, ist man wehmütig. Vorbei. Nie mehr das zahnlose Babylächeln, nie mehr das erste Mal das schönste aller Wörter hören: »Mama«.

Am Tag des vierten Geburtstages meiner Tochter befiel mich plötzlich Panik. Beim Anzünden der Geburtstagskerzen sagte ich zu Benedikt: »Sie wird nie mehr so verkuschelt und süß sein wie jetzt. In zehn Jahren möchte sie nicht mehr zu uns ins Bett kommen und mir Küsse geben, bis ich aufwache.«

Auch mein Mann lächelte wehmütig. »Dann hat sie vielleicht sogar schon einen Freund.«

»Furchtbar! Dann will sie sich nicht mehr von uns umarmen lassen, weil wir ihr peinlich sind«, spann ich das Szenario weiter.

»Wir gehen dann einfach nicht an die Tür, wenn der Freund klingelt«, schlug mein Mann vor.

Oh Gott! Ein Freund, was für eine schreckliche Vorstellung! Sie wird älter, wir werden älter, kann ich denn gar nicht die Zeit anhalten? Die Pubertät wird kommen, unsere auch. Also die Pubertät für Erwachsene, die gefürchtete Midlife-Crisis. Manchmal würde ich schon gerne unser jetziges Leben in eine Zeitkapsel stecken, die ich später wieder hervorholen kann.

Mein Mann hat plötzlich eine Idee zur Lösung des Problems: »Willst du vielleicht noch ein Kind? Dann hätten wir noch länger Babys! Soll ich mal in der Excel-Tabelle nachschauen, wann wir Zeit dafür hätten?«

»So habe ich das nicht gemeint.«

Oder vielleicht etwa doch? Das dritte Kind wäre dann bestimmt ganz anders. Ruhig, ausgeglichen, keine dominanten Drama-Queen-Gene dieses Mal. Nur die Anlagen meines Mannes. Man müsste diesem Kind nur einen Trüffelhobel in die Hand geben, und es wäre glücklich. Ein Zen-Kind! Ja, ja, so wäre das, ganz bestimmt. Und ich wäre beim dritten Anlauf eine perfekte Mutter, ganz ohne täglichen Nervenzusammenbruch. Tolerant, geduldig, alles verzeihend. Und konsequent, ist klar. Gesund kochen für die Familie würde ich natürlich auch, und zwar dreimal am Tag! Nur noch gute Bücher lesen, basteln und kein Fernsehen. Die Yogamatte wäre mein zweites Zuhause … Moment! Ich bin ja schon wieder am Flunkern. Ich muss jetzt aber wirklich mal damit aufhören!

Danksagung

Meinen Kindern. Ohne Euch wäre das alles nicht passiert. Ich liebe Euch.

Meinem Mann für konstruktive Kritik, Geduld und Liebe.

Meiner Familie für ihre Unterstützung und kreativen Input.

Meiner Agentin Katrin Kroll und meiner Lektorin Doreen Fröhlich danke ich fürs Entdecken, das in mich gesetzte Vertrauen und die motivierende Begleitung.

Großer Dank gebührt auch den Lesern meines Blogs. Ohne Euch wäre das auch alles nicht passiert.

Unsere Leseempfehlung

224 Seiten

Kinder sind kleine Monster und sehr, sehr anstrengend. Auch die eigenen! Das Sexleben der Eltern liegt darnieder, die Schwiegereltern nerven, die Freunde melden sich nicht mehr, Arbeitgeber legen einem Steine in den Weg, das Geld ist knapp und die staatliche Hilfe ein Witz. Dumm nur, dass Elternratgeber sich ausgerechnet über diese Probleme konsequent ausschweigen. Julia Heilmann und Thomas Lindemann, selbst Eltern von zwei kleinen Kindern, haben die Nase voll von dem betulichen Ton dieser Werke und brechen eines der vielleicht letzten Tabus, den Heile-Elternwelt-Mythos, der um Mutterschaft und Vaterschaft gepflegt wird.

www.goldmann-verlag.de
www.facebook.com/goldmannverlag

 GOLDMANN
Lesen erleben

Unsere Leseempfehlung

208 Seiten
Auch als E-Book
und Hörbuch
erhältlich

Kinder, sagt man, sind die wahren Philosophen. Sie haben eine unbändige Neugier, und ihre Fragen bringen die Erwachsenen oft ins Grübeln. Wie erklärt man Kindern die Welt? Der Philosoph und Bestsellerautor Richard David Precht hat mit seinem Sohn Oskar einen Sommer lang Spaziergänge durch Berlin gemacht und ihm dabei auf viele seiner Fragen geantwortet. „Bin ich wirklich ich?", „Darf man Tiere essen?" oder „Warum haben Menschen Sorgen?". Auf spielerische Art und Weise und mit vielen Geschichten zeigt Precht den Kindern unsere Welt und hilft ihnen, sie besser zu verstehen.

Um die ganze Welt des
GOLDMANN-*Sachbuch*-Programms
kennenzulernen, besuchen Sie uns doch
im Internet unter:

www.goldmann-verlag.de

Dort können Sie
nach weiteren interessanten Büchern *stöbern*,
Näheres über unsere *Autoren* erfahren,
in *Leseproben* blättern, alle *Termine* zu Lesungen und
Events finden und den *Newsletter* mit interessanten
Neuigkeiten, Gewinnspielen etc. abonnieren.

Ein *Gesamtverzeichnis* aller Goldmann Bücher finden
Sie dort ebenfalls.

Sehen Sie sich auch unsere *Videos* auf YouTube an und
werden Sie ein *Facebook*-Fan des Goldmann Verlags!

www.goldmann-verlag.de
www.facebook.com/goldmannverlag

GOLDMANN
Lesen erleben